Reform der theologischen Ausbildung
Band 14

D1919899

GRUNDLAGEN DER THEOLOGISCHEN AUSBILDUNG UND FORTBILDUNG IM GESPRÄCH

Die Diskussion über die „Grundsätze für die Ausbildung und Fortbildung der Pfarrer und Pfarrerinnen der Gliedkirchen der EKD"
Dokumentation und Erträge 1988–1993

Im Auftrag der Gemischten Kommission
für die Reform des Theologiestudiums
herausgegeben von Werner Hassiepen und Eilert Herms

Kreuz Verlag

Originalausgabe

Die Deutsche Bibliothek – CIP-Einheitsaufnahme

Grundlagen der theologischen Ausbildung und Fortbildung im Gespräch :
die Diskussion über die „Grundsätze für die Ausbildung und Fortbildung der Pfarrer und Pfarrerinnen der Gliedkirchen der EKD" ; Dokumentation und Erträge 1988–1993 / im Auftr. der Gemischten Kommission für die Reform des Theologiestudiums hrsg. von Werner Hassiepen und Eilert Herms. – Orig.-Ausg. – Stuttgart : Kreuz-Verl., 1993
(Reform der theologischen Ausbildung ; Bd. 14)
ISBN 3-7831-1266-4
NE: Hassiepen, Werner [Hrsg.]; GT

1 2 3 4 96 95 94 93

© by Kreuz Verlag Stuttgart, 1993
Alle Rechte vorbehalten
Umschlaggestaltung: Jürgen Reichert
Satz: Steffen Hahn, Kornwestheim
Druck und Bindung: Clausen & Bosse, Leck
ISBN 3 7831 1266 4

Inhalt

Vorwort der Herausgeber

Vor 15 Jahren erschien im Band 12 dieser Reihe „Reform der theologischen Ausbildung“ (= RthA) der „Gesamtplan der Ausbildung für den Pfarrerberuf“ unter dem Titel „Theologiestudium - Vikariat - Fortbildung“ (RthA 12). Er faßt die Ergebnisse der Beratungsperiode der Gemischten Kommission für die Reform des Theologiestudiums seit 1967 zusammen in einer Reihe von Empfehlungen bzw. Aufgabenbestimmungen für das Theologiestudium, die Vikarsausbildung sowie die Fort- und Weiterbildung. Diese Empfehlungen stehen im Horizont eines Ausbildungsmodells, dessen Grundsätze und konstitutiven Elemente (RthA 12, 9–13) schon in das Jahr 1972 zurückreichen (RthA 9, 10–26). In dem Rahmen, den der „Gesamtplan“ von 1978 absteckt, bewegen sich bis heute Praxis und Ordnung der theologischen Aus- und Fortbildung im Gebiet der Bundesrepublik und der EKD fast ausnahmslos.

Mitte der 80er Jahre hatten die Erfahrungen mit dieser Ausbildungspraxis bei allen Beteiligten zu der Einsicht geführt, daß es wünschenswert sei, den formalen Rahmen des Gesamtplans inhaltlich zu konkretisieren und zu vertiefen. Die Gemischte Kommission wurde von ihren Auftraggebern - Deutschem Evangelisch-Theologischen Fakultätentag und Konferenz der gliedkirchlichen Referentinnen und Referenten für Ausbildung - um eine inhaltlich orientierte Besinnung auf den Gesamtzusammenhang von Theologiestudium, Vikariat und Fortbildung gebeten. Der Rat der Evangelischen Kirche in Deutschland hat diesen Auftrag bestätigt; die EKD hat seitdem die Arbeit der Gemischten Kommission ermöglicht. Mit diesem Band legt die Kommission das Ergebnis ihrer Arbeit und der dadurch ausgelösten öffentlichen Diskussion vor.

Der Band dokumentiert den Ausgangspunkt, die kontrovers behandelten Schwerpunkte sowie die sich abzeichnenden Erträge dieser Diskussion, die Ansätze einer Verständigung über wichtige inhaltliche Fragen der drei Phasen sowie des Gesamtzusammenhangs von Ausbildung und Fortbildung enthalten.

Den Ausgangspunkt bilden die 1988 als Manuskript für die öffentliche Diskussion zugänglich gemachten „Grundsätze für die Ausbildung und

Fortbildung der Pfarrer und Pfarrerinnen der Gliedkirchen der EKD". Mit der Abfassung dieser Vorlage beabsichtigte die Gemischte Kommission, das hinter dem Gesamtplan stehende Ausbildungsmodell von 1972 vor allem in drei Hinsichten zu präzisieren:

- (1) Die alte Bestimmung des Zieles aller theologischen Ausbildung an den Berufsanforderungen des Pfarramts – „Ziel der theologischen Ausbildung in allen drei Phasen ist es, dazu zu befähigen, kirchliches Handeln auf dem jeweiligen Handlungsfeld theologisch zu verantworten, kooperativ sowie gegenstandsgerecht zu planen, durchzuführen und kritisch zu revidieren" (RthA 9, 13; auch RthA 12, 11) – sollte festgehalten, aber so präzisiert werden, daß insbesondere die Orientierungsfunktion der kritisch angeeigneten *Inhalte der maßgeblichen Tradition* für alle praktischen Entscheidungen im pfarramtlichen Handeln herausgestellt wird.
- (2) Die einfache Nebeneinanderstellung der drei Phasen und ihrer spezifischen Schwerpunktleistungen sollte in einer Gesamtdarstellung überwunden werden, die das Ineinandergreifen der Phasen, ihre jeweiligen unverzichtbaren Ausbildungsbeiträge und deren *Funktionszusammenhang im einzelnen durchsichtig macht.*
- (3) Ferner sollte die Ebene genau angesprochen und beschrieben werden, auf der sich die Bildungsgewinne aller Schritte und Phasen der Aus- und Fortbildung zu einem Gesamtresultat summieren: die *Ebene der persönlichen und beruflichen Identität und Handlungsfähigkeit (Kompetenz)* der Pfarrerinnen und Pfarrer. Auf dieser Ebene liegt das Ziel, dem alle Aus- und Fortbildung dient: die Fähigkeit, den Grundauftrag des Pfarramts nach evangelischem Verständnis im Eingehen auf die wechselnden Herausforderungen eines im permanenten Wandel begriffenen Berufsfeldes sach- und situationsgemäß zu erfüllen.

Es liegt in der Natur der Sache, daß dieser Schritt über die formale Zurückhaltung der Jahre 1972/78 hinaus zur Skizzierung eines inhaltlich bestimmten Modells ins Gebiet des Strittigen führte. Der sich an die Vorlage der „Grundsätze" anschließende Streit war unvermeidbar und notwendig. Dadurch hat aber, wie uns scheint, das inhaltlich bestimmte Ausbildungsmodell der „Grundsätze" seinen exemplarischen Charakter nicht verloren – unbeschadet seiner sichtbar gewordenen Probleme und Unvollkommenheiten.

Die „Grundsätze" sind schon 1989 im Rahmen der regelmäßigen Konsultationen zwischen Vertretern der theologischen Disziplinen aus der Bundesrepublik und der ehemaligen DDR sowie auf einer gemeinsamen Sitzung der Ausbildungsreferenten der evangelischen Kirchen der Bundesrepublik und der DDR bekannt gemacht und zur Diskussion gestellt worden. Aufgrund solcher Vorbereitungen konnte sich auch die Gemischte Kommission sofort nach der Vereinigung beider deutscher Staaten um Vertreter aus den neuen Bundesländern erweitern.

Die „Grundsätze“ werden hier als Teil I abgedruckt.
Anschließend werden Schwerpunkte der kontroversen Diskussion dokumentiert, und zwar in doppelter Gestalt. Erstens durch den „Diskussionsbericht“ von 1991. Die Grundsätze waren 1988 ohne jede Einschränkung allen Interessierten zur Diskussion angeboten worden. Dementsprechend heterogen, aber auch breit fiel der Rücklauf aus[1]. Der „Diskussionsbericht“ bietet eine Auswertung dieses Rücklaufs unter dem Gesichtspunkt der sich in ihm abzeichnenden sachlichen Schwerpunkte. Er bildet Teil II dieses Bandes.
Zur Vertiefung und verbindlichen Gestaltung der Diskussion hat die Gemischte Kommission dann 1992 zwei nach regionalen Gesichtspunkten zusammengesetzte Konsultationen mit Vertretern der Instanzen geführt, die die theologische Ausbildung und Fortbildung von Pfarrern und Pfarrerinnen verantworten. Diese Konsultationen haben den kontroversen Charakter der Diskussion und ihre schon im „Diskussionsbericht“ benannten thematischen Schwerpunkte bestätigt, aber auch zu – von allen Teilnehmern einvernehmlich verabschiedeten – Fixierungen eines gemeinsamen Problembewußtseins bzw. Ansatzpunkten einer sachlichen Verständigung geführt. Teil III bietet Dokumente aus diesen Veranstaltungen.
Aufgrund der Materialien von Teil II und III konnte die Kommission dann die Bitte des Fakultätentages von 1990 erfüllen, diejenigen Punkte herauszuarbeiten, die sich in der Diskussion um die „Grundsätze“ als Konsens abgezeichnet haben. Dieser Ertrag der Diskussion wird in Teil IV festgehalten. Wir bedauern, daß die studentischen Kommissionsmitglieder diesen Versuch einer Zusammenfassung des Ertrags nicht mitgetragen haben.
Der Protestantismus kennt kein zentrales Lehramt. Alle inhaltlichen Fragen können nur einer Antwort zugeführt werden durch eine offene Diskussion unter allen Beteiligten auf dem Boden der maßgeblichen Tradition und angesichts der vielfältigen provozierenden Gegenwartserfahrungen. Der Ertrag solcher offenen Verständigungsprozesse hängt von wenigstens drei Bedingungen ab: von klaren Diskussionsvorgaben, von der Bereitschaft und Fähigkeit, darauf mit kritisch-konstruktiven

Voten zu reagieren, sowie schließlich von dem Willen, die in der Kontroverse selbst sichtbar werdenden Gemeinsamkeiten und Ansatzpunkte für einen Konsens zu erkennen und festzuhalten. Auch auf dem Boden des Protestantismus brauchen also komplizierte inhaltliche Fragen des christlichen Glaubens, der christlichen Lehre und des christlichen Lebens nicht einfach der individuellen Beliebigkeit ausgeliefert zu bleiben. Sie können vielmehr durch das genannte Verfahren zum Gegenstand einer öffentlichen Auseinandersetzung gemacht werden, die sich auch in Gestalt der Kontroverse noch als Verständigungsprozeß darstellt und Übereinstimmungen an den Tag bringt, die das Zentrale betreffen und praktische Orientierung bieten.

Die vorliegende Veröffentlichung versucht die hinter uns liegende Auseinandersetzung um die „Grundsätze" als einen solchen exemplarischen Prozeß öffentlicher Urteilsbildung durchsichtig und verständlich zu machen.

Wir danken allen, die mit der Kommission die Anstrengungen der Diskussion getragen haben. Gleichzeitig hoffen wir, daß Gehalt und Ertrag der Debatte allen Verantwortlichen eine inhaltliche Orientierungshilfe bieten bei den in Zukunft vor Ort zu planenden und zu treffenden Maßnahmen zur Weiterentwicklung und Reform der Institutionen von Ausbildung und Fortbildung der Pfarrerinnen und Pfarrer. Herrn Studienleiter Dr. Hein (Hofgeismar) danken wir für die umsichtige Tätigkeit als Sekretär der Kommission und für die Redaktion dieses Bandes.

Werner Hassiepen *Eilert Herms*

Anmerkung

1 Aus diesem Zeitpunkt der Veröffentlichung der „Grundsätze" erklärt sich, daß ostdeutsche Stimmen in der schriftlichen Diskussion dieser Zeit fehlen.

Teil I
„Grundsätze für die Ausbildung und Fortbildung der Pfarrer und Pfarrerinnen der Gliedkirchen der EKD“ (1988)

Vorwort

Die Gemischte Kommission hatte von den beiden Institutionen, die sie konstituiert haben, dem Fakultätentag der Evangelisch-Theologischen Fakultäten in der Bundesrepublik Deutschland und Berlin-West und der Ausbildungsreferentenkonferenz der Evangelischen Kirche in Deutschland, im Oktober/Dezember 1984 den Auftrag erhalten, den Ausbildungsgesamtplan von 1978: „Theologiestudium – Vikariat – Fortbildung" zu überarbeiten. Sie sollte die dabei bisher ausgeklammerten, aber inzwischen neu aufgekommenen Fragen nach den inhaltlichen Bestimmungen theologischer (pastoraler) Kompetenz aufnehmen, die inzwischen deutlich veränderte Situation der Studierenden bedenken und die sich abzeichnenden künftigen Herausforderungen für die Kirchen beachten. Der Rat der Evangelischen Kirche in Deutschland hat in seiner Sitzung vom 23./24. 1. 1986 einer Weiterarbeit der Gemischten Kommission zugestimmt und den ihr erteilten Auftrag bestätigt. Das eingeschränkte finanzielle Volumen machte es erforderlich, die Zahl der Mitglieder der Kommission gegenüber der Mitgliederzahl der Vorgängerkommissionen zu reduzieren und die Arbeit in dem jetzt abgeschlossenen ersten Abschnitt ausschließlich von den Kommissionsmitgliedern selbst leisten zu lassen. (Verzeichnis der Mitglieder: siehe Seite 251.)
Die Kommission hat sich zunächst den aktuellen Problemstand in den drei Ausbildungsphasen (Studium, Vikarsausbildung, Fortbildung) erarbeitet. Die dazu gehaltenen Referate wurden jeweils parallel von einem Hochschullehrer und einem Ausbildungsreferenten vorgetragen. Von studentischer Seite gingen zum Teil schriftlich vorbereitete Voten ein. Die Diskussionsergebnisse wurden von jeweils einem anderen Hochschullehrer und einem anderen Ausbildungsreferenten in Konsenspapieren festgehalten.
In der Gemischten Kommission hat sich rasch die Überzeugung ausgebildet, daß sie ihren Auftrag nicht dadurch erfüllen kann, daß sie Empfehlungen zur Strukturierung des Studiums, zur Erarbeitung von Studienordnungen und von Prüfungsordnungen, zur Gestaltung des Vikariats und der Fortbildung usw. formuliert. Solche Empfehlungen liegen vor, werden in unterschiedlicher Weise beachtet und sind in ebenfalls unterschiedlicher Weise wirksam.

Der der Gemischten Kommission erteilte Auftrag macht es vielmehr nötig, sehr präzise Ziele, Inhalte und Verfahren der theologischen Ausbildung und Fortbildung zu beschreiben und zu begründen. Solche Präzision ist insbesondere dann geboten, wenn die theologische Ausbildung und Fortbildung - wie von der Gemischten Kommission bejaht - als eine in drei Phasen gegliederte Einheit bestehenbleiben und weiterentwickelt werden soll. Die Leistungsfähigkeit jeder einzelnen Phase hängt nämlich direkt davon ab, daß auch die beiden anderen Phasen die ihnen zugewiesenen Leistungen erbringen und so ein System gegenseitiger Verläßlichkeit und darin eingeschlossener Entlastung entsteht.

Von Anfang an war die Frage nach dem Funktions- und Leistungszusammenhang der drei Phasen als einer Einheit leitend. Die Gemischte Kommission hat daher insbesondere diese Einheit der drei Phasen darzustellen versucht. Der hierüber in der gemeinsamen Arbeit und Diskussion erzielte Konsens ist in der vorliegenden Ausarbeitung zusammengefaßt.

Sie trägt grundsätzlichen Charakter. Das ist deshalb nötig, weil die Gemischte Kommission diese Vielfalt des Ausbildungsgeschehens nicht normieren kann und soll. Die Gemischte Kommission hofft vielmehr, daß sich die Vielfalt durch Rückbezug auf gemeinsame Grundsätze begründet und so für alle am Ausbildungsgeschehen Beteiligten transparent wird. Nur wer das Prinzipielle formuliert, ermöglicht Freiheit.

Die Gemischte Kommission übergibt die Ausarbeitung ihren Auftraggebern mit der Bitte, eine Diskussion in Fakultätentag und Fakultäten, in der Ausbildungsreferentenkonferenz und in den Gliedkirchen einzuleiten und in diese auch andere am Ausbildungsgeschehen beteiligte Institutionen (Konferenz der Predigerseminardirektoren, Fortbildungsreferentenkonferenz usw.) einzubeziehen. Sie erbittet *Rückäußerungen bis zum 1. September 1989* an das die Geschäfte der Gemischten Kommission führende

Kirchenamt der Evangelischen Kirche in Deutschland
Referat: Theologische Ausbildung
Herrenhäuser Straße 12
3000 Hannover 21

Die Gemischte Kommission bittet ihre Auftraggeber ferner, gemeinsam mit der Evangelischen Kirche in Deutschland die finanziellen Voraussetzungen dafür zu schaffen, daß der jetzt eingeleitete Diskussionsprozeß in seinen Ergebnissen breit aufgearbeitet werden kann - etwa durch Kooptation weiterer fachkundiger Kommissionsmitglieder, Einladung von Gästen, Durchführung von Konsultationen und/oder Hearings.

Von allen, die sich zur vorliegenden Ausarbeitung äußern, erbittet die Gemischte Kommission spezielle Aussagen zu den Fragen, zu denen sie selbst bis jetzt expressis verbis noch nicht Stellung genommen hat, die aber als Folgeproblem aus der vorliegenden Ausarbeitung unbedingt einer Antwort bedürfen. Solche Fragen sind:

- Wie müßte sich das Lehrangebot auf die veränderte persönliche Ausgangssituation der Studierenden einstellen (vgl. Teil II Ziffer 1.2)?
- Wie sind die Lehr- und Lernformen zu verbessern, damit in ihnen die erwarteten Leistungen erbracht werden können (vgl. Teil II Ziffer 1.3.2 B)?
- Welche Ordnungen und Verfahren für die Prüfungen am Ende der ersten Ausbildungsphase sind dem hier vorgestellten Verständnis angemessen?
- Wie können Ordnung und Verfahren der Zweiten theologischen Prüfung auf Verlauf und Verfahren der hier vorgestellten Ausbildung im Vikariat bezogen werden?
- Sind über die Kompetenzprüfungen am Ende der ersten und der zweiten Ausbildungsphase hinaus weitere Kriterien für Entscheidungen über die Zulassung zum Vorbereitungsdienst und über die Aufnahme in den Probedienst erforderlich, welche sind das und wie sind sie auf dem Hintergrund des hier vorgestellten Verständnisses theologischer Ausbildung und pastoraler Arbeit zu formulieren und zu begründen?
- Wie läßt sich die durch die Ausbildung in der zweiten Phase herbeizuführende Situation näher beschreiben, in der vom Kandidaten und von der Kirche über Ordinationsbegehren und Ordinationsgewährung zu entscheiden ist (vgl. Teil II Ziffer 2.1.1)?
- Welcher institutionelle Regelungsbedarf besteht in der dritten Phase?

Eine begründete Antwort auf diese Frage setzt eine Verständigung über die von der Gemischten Kommission ausgearbeiteten Grundsätze voraus.

Die Gemischte Kommission hatte nicht den Auftrag, Lösungen für die gegenwärtigen Anstellungsprobleme von Theologen zu entwickeln. Ihre Intentionen richten sich auf eine akademische Ausbildung, die für junge Menschen attraktiv bleibt und so leistungsfähig ist, daß die Pfarrerinnen und Pfarrer den absehbaren Herausforderungen ihres Amtes theologisch gewachsen sind.

I. Grundlagen

1. Amt und Ordination

Jesus Christus hat die Kirche durch das Evangelium begründet und mit der Evangeliumsverkündigung durch Predigt und Sakrament beauftragt. Damit ist der Kirche die Aufgabe gestellt, ihre Lehre und ihr Leben diesem Auftrag gemäß zu ordnen. Diese auftragsgemäße Ordnung der Verkündigung in Predigt und Sakrament ist die Bedingung dafür, daß die Kirchen untereinander als Glieder der einen, heiligen, allgemeinen und apostolischen Kirche Jesu Christi Gemeinschaft erklären und halten können (CA VII).

Zur auftragsgemäßen Ordnung der Kirchen gehört auch die Ordnung des Amtes der *öffentlichen* Evangeliumspredigt und Sakramentsverwaltung sowie die Beauftragung einzelner Glieder der Kirche mit der Wahrnehmung dieses Amtes (CA V und XIV). Eine solche Ordnung des öffentlichen Predigtamtes (Pfarramtes) haben alle Gliedkirchen der EKD jeweils durch die einschlägigen Bestimmungen ihrer Verfassung sowie ihres Pfarrerdienstrechtes vorgenommen.

Diese Ordnung des öffentlichen Predigtamtes schränkt nicht das Priestertum aller Gläubigen ein, sondern steht auf seinem Boden, wird von ihm gefordert und dient ihm wiederum. Die Kirche als ganze ist für die auftragsgemäße Ordnung des Amtes und seine Übertragung an geeignete Glieder verantwortlich. Und umgekehrt ist sie für die Wahrnehmung dieser Verantwortung auf den Dienst des geordneten Amtes und seiner berufenen Inhaber angewiesen.

Die Erklärung von Gemeinschaft zwischen den Kirchen schließt die gegenseitige Anerkennung von Ordnung und Führung des Amtes der öffentlichen Evangeliumsverkündigung ein (Leuenberger Konkordie Nr. 33).

Die Führung des Amtes wird einzelnen Gliedern der Kirche durch die Ordination anvertraut. Sie setzt voraus,

- daß die Ordinanden sich mit Auftrag und Ordnung des Amtes so weit identifiziert haben, daß sie zu seiner Übernahme persönlich bereit sind; und

- daß die Kirchen Grund haben, ihnen die Fähigkeit zur auftragsgemäßen Führung des Amtes zuzutrauen.

Der Inbegriff der dafür grundlegenden Kenntnisse, Einsichten und Fertigkeiten ist „theologische Kompetenz“. Diese ist also die Voraussetzung für die Ordination. Sie kann nur durch Ausbildung erworben und durch Fortbildung gefestigt und vertieft werden. Daher schließt der Auftrag der Kirchen zur Ordnung des Amtes auch den Auftrag zur Ordnung der Ausbildung und Fortbildung der Amtsträger ein. Diese hat sich an ihrem Ziel - der theologischen Kompetenz der Inhaber (bzw. Kandidaten) des Predigtamtes - zu orientieren.

2. Theologische Kompetenz

„Theologische Kompetenz“ ist der Inbegriff der Fähigkeiten, die für die *auftragsgemäße* und *professionelle* Führung des Pfarramtes erforderlich sind.

Der Auftrag des Pfarramts ist aus dem Gesamtauftrag der Kirche zu begreifen. Seinen besonderen Charakter erhält er aus der Übertragung der öffentlichen Predigt und Sakramentsverwaltung durch die Kirche an einzelne Menschen. Die grundlegende Beschreibung dieses besonderen Auftrags des Pfarramts ist in den Kirchenordnungen der Landeskirchen niedergelegt, in den Präambeln über die Bekenntnis- und Lehrgrundlagen der Kirche und in den Bestimmungen über das Pfarramt.

Die Beauftragung mit dem Pfarr- oder Predigtamt erfolgt in den Kirchen in der Regel und nach Möglichkeit als Beauftragung mit seiner hauptberuflichen Wahrnehmung. Diese nimmt - in Anknüpfung an die alte Tradition einer besonderen wissenschaftlichen Schulung von Amtsträgern der Kirche - in den meisten europäischen Kirchen und in allen Gliedkirchen der EKD die Form einer speziellen *Profession* an. Das heißt: Für das Pfarramt bestehen allgemein bekannte Zuständigkeiten und Leistungserwartungen. Seine Ausübung ist an bestimmte Zulassungsbedingungen und Zulassungsakte gebunden, denen entsprechende Befähigungsnachweise vorangehen müssen. Es entwickelt ein alle Amtsträger prägendes Bewußtsein der gemeinsamen beruflichen Verantwortung.

Diese Professionalisierung des Pfarramtes steht weder zum

Gesamtauftrag der Kirche noch zum Priestertum aller Gläubigen in Widerspruch. Denn sie läßt die Einheit des geistlichen Standes aller Christen unberührt. Sie ist nur die institutionelle Ausgestaltung einer Form, in der das Pfarramt seinen Dienst an der Gemeinde und in ihrem Auftrag wirksam erbringt.

Das heißt freilich auch: Der *Auftrag* des Pfarramtes ist für die Form seiner Professionalisierung *regulativ*. Wenn es zum Konflikt zwischen gesellschaftlichen Vorstellungen von Professionalität und dem Auftrag des Pfarramts kommt, sind nur solche Lösungen sachgemäß, die dem Auftrag des Pfarramts entsprechen.

Für eine solche auftragsgemäße und professionelle Führung des Pfarramtes ist „theologische Kompetenz" verlangt als: *die Fähigkeit, im Lichte der angeeigneten kirchlichen Lehre die gegebene Situation des Amtes zu begreifen, ihre gegenwärtigen Aufgaben (Probleme) zu erkennen, sowie Lösungen zu entwerfen und durchzuführen*. Dafür sind bestimmte Kenntnisse, Einsichten und Fertigkeiten grundlegend:

(1) Der Kandidat (bzw. Amtsträger) muß die tradierte, den Anspruch auf Auftragsgemäßheit (Evangeliumsgemäßheit) erhebende, rechtsgültige Lehre und Ordnung seiner Kirche *kennen und in ihren Intentionen verstanden haben*.

(2) Er muß darüber hinaus dasjenige Maß von eigener, persönlicher *Einsicht in die Stichhaltigkeit* dieses Anspruchs der geltenden kirchlichen Lehre und Ordnung auf Evangeliumsgemäßheit und *in die Wahrheit*, d. h. Vertrauenswürdigkeit und Zuverlässigkeit des Evangeliums selber gewonnen haben, das ihm seine persönliche Identifikation mit der Sache des Evangeliums, mit dem Auftrag der Kirche und mit den Aufgaben ihres Amtes ermöglicht.

(3) Der Kandidat (bzw. Amtsträger) muß aber auch die Fertigkeit gewonnen haben, diese seine eigenen Einsichten *persönlich zu vertreten*. Das heißt: Er muß die dafür erforderlichen Kommunikations-, Verstehens- und Artikulationsleistungen zuverlässig erbringen können.

Das Bisherige zusammenfassend gilt also: Der Kandidat muß verstanden und selbst eingesehen haben, daß und inwiefern das Wort vom Kreuz auch die heutige Lebenswirklichkeit der Menschen ganz umfaßt und betrifft. Und er muß diese Wahrheit des Evangeliums in persönlich glaubwürdiger Weise *zur Sprache bringen*, entfalten, begründen und bezeugen können.

(4) Aber über diese Fähigkeit zur persönlichen Vertretung der Wahrheit des Evangeliums hinaus muß der Kandidat (bzw. Amtsträger) auch imstande sein, sie *öffentlich*, im Zusammenhang der Institutionen des Amtes, ihrer Aufgaben und Funktionen zu vertreten. Und das heißt stets ein Zweifaches: Er muß die Wahrheit des Evangeliums in Predigt, Unterricht und Seelsorge situations- und sachgerecht *aussprechen* können. Er muß aber auch *für sich* den Inhalt der kirchlichen Lehre – das Wirklichkeitverständnis des christlichen Glaubens – als den maßgeblichen Entdeckungs- und Begründungszusammenhang für alle Maßnahmen und Entscheidungen seiner Amtsführung *gebrauchen* können.

(5) Schließlich muß beim Kandidaten (bzw. Amtsträger) die Fertigkeit ansatzweise vorhanden sein, einmal gewonnene Einsichten und Fertigkeiten angesichts fortschreitender Lebens- und Amtserfahrung kritisch und diszipliniert fortzuentwickeln.

Es liegt in der Natur der Sache, daß die zuletzt (4 und 5) beschriebenen Fertigkeiten nicht gewonnen werden können ohne die zuvor (3) beschriebene Grundfertigkeit zur persönlichen Vertretung der Wahrheit des Evangeliums; und diese ihrerseits nicht ohne die grundlegenden Kenntnisse und Einsichten (1 und 2). Umgekehrt schließen diese nicht automatisch die auf ihnen aufbauenden Fertigkeiten ein, sondern können u. U. auch ohne sie bleiben. Die beschriebenen Aufbauelemente von theologischer Kompetenz bilden also einen *unumkehrbaren* Konstitutionszusammenhang. Das gilt unbeschadet der Tatsache, daß der gesamte Prozeß *rekursiven* Charakter hat, daß also z. B. Erfahrungen auf den Stufen 4 und 5 neue Phasen des Erwerbs von Kenntnissen, Einsichten und Fähigkeiten (nach Art der Stufen 1–3) auslösen.

Der für das Gelingen alles Weiteren entscheidende Schritt ist die Aneignung des Wahrheitsgehaltes der in Geltung stehenden kirchlichen Lehre. Das ist im Blick auf die Gewinnung, die Ausübung und Beurteilung von theologischer Kompetenz durchgehend zu beachten. Die Beschreibung der Aufbauelemente theologischer Kompetenz enthält noch kein Urteil über den institutionellen Rahmen, in dem sie faktisch gewonnen wird. Dafür gibt es verschiedene und u. U. auch andere Möglichkeiten, als die in Europa und in Deutschland zur Regel gewordenen; etwa den Erwerb von theologischer Kompetenz im langfristigen Mitvollzug des Lebens der kirchlichen Basis, wenn geeignete überregionale Organe und Strukturen der Kirche fehlen. Wohl aber ist es undenkbar, daß es zu einer der *Fertigkeiten* theologischer Kompetenz kommen kann, ohne daß zunächst die für sie grundlegenden *Kenntnisse und Einsichten* gewonnen sind - ganz gleich, in welchem institutionellen Rahmen das geschieht.

Die Tatsache, daß die Aufbauelemente theologischer Kompetenz in verschiedenen institutionellen Zusammenhängen gewonnen werden können, schließt nicht aus, daß es zwischen diesen Kontexten Unterschiede in der Sachgemäßheit und Dienlichkeit gibt.

Jedenfalls gilt: In der Vollständigkeit ihrer genannten Aufbauelemente ist „theologische Kompetenz" die - hinsichtlich dieser ihrer Struktur *invariante* (1) - aufgaben*spezifische* (2) Qualifikation der Kandidaten (und dann der Inhaber) des Pfarramts.

2.1 Daß die Struktur von theologischer Kompetenz als solche *allgemein und invariant* ist, heißt: Wo immer in der Geschichte der Kirche ihr Amt theologisch kompetent geführt wurde, ist das Gegebensein der genannten Aufbauelemente von theologischer Kompetenz zu unterstellen. Und es ist keine theologisch kompetente Amtsführung zu erwarten, in der eins der genannten Aufbauelemente fehlt.

Freilich ist nur der beschriebene *formale Zusammenhang* dieser Elemente invariant. Seine einzelnen Elemente lassen je für sich unterschiedliche und wechselnde (wenn auch nicht: beliebige) *inhaltliche* Bestimmungen zu.

Daher schließt die strukturelle Einheit und Kontinuität von theologischer Kompetenz inhaltliche Vielfalt und Wandel ein. Das gilt in biographischer, regionaler, historischer und ökumenischer Hinsicht:

Biographisch ist die Bildungsgeschichte theologischer Kompetenz nicht mit der Etablierung einer fundamentalen Elementargestalt theologischer Kompetenz abgeschlossen, sondern verbleibt ständig im Prozeß einer wechselnden - und zwar in der Regel und aufs Ganze gesehen: zunehmend besseren - inhaltlichen Bestimmung der zu ihr gehörigen Kenntnisse, Einsichten und Fertigkeiten.

„*Regionale*" Unterschiede in der inhaltlichen Bestimmung von Kenntnissen, Einsichten und Fertigkeiten ergeben sich aus den lokalen Besonderheiten des Einsatzortes und den funktionalen

Besonderheiten des Arbeitsfeldes der Amtsträger. Aber alle diese Differenzen sprengen nicht die einheitliche Grundstruktur theologischer Kompetenz. Sie bilden sich nur innerhalb ihrer.

Historisch wandelt sich der Inhalt der Aufbauelemente theologischer Kompetenz aufgrund des ständigen Wandels des gesellschaftlichen Gesamtfeldes, auf dem die Kirche lebt und arbeitet. Das führt regelmäßig – je nach Schnelligkeit des gesellschaftlichen Wandels – zu Unterschieden in der theologischen Kompetenz verschiedener Generationen von Amtsträgern und zu entsprechenden Kommunikations- und Kooperationsschwierigkeiten. Aber diese sind nicht prinzipiell unüberwindbar. Denn sie sind sämtlich „nur" differente inhaltliche Bestimmungen einzelner Momente theologischer Kompetenz. Deren invariante Struktur berühren sie nicht.

Aus diesem geschichtlichen Wandel der gesellschaftlichen Gesamtsituation ergeben sich auch stets Veränderungen im *Berufsbild* des Pfarrers (d. h.: der sozial erlebbaren Erscheinungsform seiner Tätigkeit und den dadurch sukzessive aufgebauten gesellschaftlichen Durchschnittserwartungen an die Pfarrerrolle). Aber die Ursache davon ist nicht ein Wandel im Wesen theologischer Kompetenz, sondern die Tatsache, daß Pfarrer in wechselnden geschichtlichen Situationen, in verschiedenen Regionen und auf unterschiedlichen Aufgabenfeldern ihr Amt stets in der gleichen Weise führen, eben: kompetent. Das schließt nämlich ein, daß die *inhaltliche* Bestimmung der einzelnen Elemente ihrer theologischen Kompetenz jeweils der konkreten Situation entspricht und sich insofern ändert; aber auch, daß keins der wesentlichen Elemente fehlt und der Funktionszusammenhang dieser Elemente konstant ist. *Theologische Kompetenz orientiert sich nicht am Wandel des Berufsbildes des Pfarrers, sondern verursacht ihn.*

Schließlich ist theologische Kompetenz auch *ökumenisch* invariant, nämlich invariant über die Grenzen der jeweils ordinierenden Partikularkirche hinaus. Zwar baut sich theologische Kompetenz immer über der Aneignung der verbindlichen Lehre der ordinierenden Kirche auf. Aber die Besonderheiten der Lehre einer Partikularkirche beseitigen nicht die formale Einheitlichkeit des Aufbaus theologischer Kompetenz. Und außerdem enthalten die verschiedenen Gestalten kirchlicher Lehre selber jeweils Motive und Kriterien für die Anerkennung anderer Kirchen und für die gebotene Praxis der Gemeinschaft mit ihnen, einschließlich der Anerkennung ihres geordneten Amtes und seiner kompetenten Führung. Voraussetzung einer solchen Anerkennung ist freilich, *daß* sich die theologische Kompetenz der Amtsträger aller Kirchen über der Aneignung der verbindlichen Lehre ihrer Kirche aufbaut. Denn erst dieses Fundament macht theologische Kompetenz identifizierbar.

2.2 In ihrer invarianten Struktur ist theologische Kompetenz der aufgaben*spezifische* „Habitus" an Kenntnissen, Einsichten und Fertigkeiten der Inhaber (bzw. Kandidaten) des kirchlichen Amtes. Er wird nicht durch eine sakramentale Weihe, sondern durch Aus- und Fortbildung gewonnen. Er begründet keinen besonderen geistlichen oder Gnadenstand.

Daher tritt die theologische Kompetenz der Kandidaten (bzw. Inhaber) des Predigtamtes auch nicht in Konkurrenz zu der persönlichen Glaubens- und Handlungskompetenz aller Glieder der Gemeinde. Vielmehr ist die theologische Kompetenz der Inhaber des kirchlichen Amtes ein unverzichtbares Hilfsmittel für das Wachstum der persönlichen Kompetenz aller Glieder des Gottesvolkes und damit der missionarischen Kraft der Kirche insgesamt.

Darum muß dieses aufgabenspezifische Können, das als solches eben gerade nicht jedem Christen als solchem zuzumuten ist, auch in seiner Eigenart genau beschrieben und sorgfältig gepflegt werden. Die Kirche darf ihr geordnetes Amt nicht beliebigen Gliedern übertragen, sondern nur solchen, die auf die Erfüllung seiner spezifischen Aufgaben besonders vorbereitet sind. Nur unter dieser Voraussetzung kann das geordnete Amt der öffentlichen Evangeliumspredigt und Sakramentsverwaltung den Kirchen den spezifischen Dienst leisten, den sie von ihm erwarten und verlangen müssen. Der auftragsgemäßen Ordnung der Kirche *ent*spricht es, wenn sich ihre Glieder, die Inhaber des allgemeinen Priestertums, auf die auftragsgemäße Erfüllung der spezifischen Aufgaben des geordneten Amtes verlassen können; umgekehrt *wider*spricht es ihr, wenn die Inhaber des geordneten Amtes sich von dessen spezifischen Anforderungen an das allgemeine Priestertum aller Christen entlasten.

Dabei ist stets im Auge zu behalten, daß die spezifische theologische Kompetenz der Amtsträger der persönlichen Kompetenz aller Getauften und der missionarischen Kraft der Kirche insge-

samt dient. Darum ist auch die Gewinnung dieser Kompetenz der einzige dem Auftrag der Kirche gemäße Weg zur Gewinnung „missionarischer" Kompetenz für die Inhaber (und Kandidaten) des Pfarramts. Denn die hier beschriebene *theologische Kompetenz der Inhaber des geordneten Amtes* der Kirche leistet in sich selbst einen Beitrag zum Wachstum der *missionarischen Kompetenz der Gemeinde* und aller ihrer Glieder.
Soviel zur Bestimmung des Begriffes „theologische Kompetenz" und seines Gegenstandes. Er faßt den erworbenen Habitus desjenigen – strukturell invarianten und aufgabenspezifischen – Könnens in den Blick, das die Grundlage jeder auftragsgemäßen und professionellen Führung des Pfarramtes ist. Dieses Können wird nur durch eine geeignete Aus- und Fortbildung gewonnen und vertieft. Es definiert daher auch die Anforderungen, die an jeden derartigen Bildungsgang zu stellen sind.

3. Die Gewinnung von theologischer Kompetenz in der Ausbildung und Fortbildung

Die Ausbildung und Fortbildung der Pfarrer und Pfarrerinnen ist das Medium, in dem sie ihre theologische Kompetenz gewinnen, festigen und vertiefen. Von hier aus ergeben sich alle Anforderungen, die an die institutionelle Einrichtung der Ausbildung und Fortbildung zu stellen sind.

3.1 *Bildung und Ausbildung sind nicht verfügbar*

Bildung – persönliche ebenso wie berufliche – kann grundsätzlich nicht „produziert" und „erworben", sondern nur unter geeigneten Bedingungen „gewonnen" werden. Diese Einsicht des christlichen Glaubens gilt auch für die Bildung theologischer Kompetenz. Auch sie kann nicht durch irgendwelche Ausbildungsmaßnahmen zielstrebig produziert und garantiert werden. Vielmehr kann nur – soll aber auch – darauf vertraut werden, daß den Studenten, Kandidaten und Pfarrern in der aktiven Teilnahme an solchen Institutionen des Lehrens und Lernens (im weitesten Sinne), welche die *notwendigen* Bedingungen für die Gewinnung der wesentlichen Elemente theologischer Kompetenz bieten, die Grundlegung, Festigung und Vertiefung dieser Kompetenz auch zuteil wird.
Die für die Einrichtung und den Betrieb der Aus- und Fortbil-

dungsinstitutionen zuständigen Instanzen und Personen sind also dafür verantwortlich, daß in den Aus- und Fortbildungsinstitutionen die erkennbar notwendigen (also: „verheißungs"-vollen) *Bedingungen* für den Gewinn (bzw. die Festigung und Vertiefung) theologischer Kompetenz sichergestellt werden. Den *Erfolg* der Ausbildung und Fortbildung können sie nicht garantieren.

3.2 *Alle Institutionen der Ausbildung und Fortbildung bilden einen einzigen Funktionszusammenhang*

Theologische Kompetenz ist das Resultat eines *einheitlichen*, mit der Grundlegung nicht abgeschlossenen, sondern von sich aus auf ein ständiges Wachstum hin angelegten Bildungsprozesses.

Daher ist die erste unabdingbare Forderung an die Institutionen der Ausbildung und Fortbildung, daß sie konzipiert, eingerichtet und betrieben werden als Institutionen *eines einzigen, kohärenten*, vom Studium über den kirchlichen Vorbereitungsdienst und über die Fortbildung in den ersten Amtsjahren bis in die Pfarrerfortbildung allgemein hineinreichenden *Bildungsprozesses, der seine materiale Einheitlichkeit durch die Einheit seines Ziels erreicht*: die zunehmend umfassende, vertiefte und sichere Habitualisierung der für die auftragsgemäß professionelle Führung des Pfarramtes erforderlichen Kenntnisse, Einsichten und Fertigkeiten.

3.3 *Ausbildung und Fortbildung sind funktional unterschieden und aufeinander bezogen*

Unbeschadet der materialen Einheitlichkeit der Bildungsgeschichte theologischer Kompetenz sind in ihr zwei Abschnitte mit *prinzipiell verschiedenartiger* Leistung zu unterscheiden: Für den – lebenslang unabschließbaren – Prozeß der *Fortbildung* theologischer Kompetenz ist die vorangegangene *Ausbildung* sachlich fundamental.

Fortbildung setzt gelungene Ausbildung – den Gewinn der genannten Elemente theologischer Kompetenz in elementarer Gestalt – voraus. Sie bietet durch das Ganze ihres institutionellen Rahmens nur die notwendigen Bedingungen (und Chancen) für die Festigung und Vertiefung einer durch Ausbildung schon gewonnenen theologischen Kompetenz.

Demgegenüber setzen die Institutionen der Ausbildung nichts voraus – außer demjenigen Niveau der Teilhabe an der jeweils kultur- und gesellschaftsspezifischen Allgemeinbildung, das den

Zugang zum Hochschulstudium erlaubt und an der Hochschule interfakultär vertieft werden sollte. Vielmehr müssen sie ihrerseits die notwendigen Bedingungen (und Chancen) für die Gewinnung einer Elementargestalt theologischer Kompetenz bieten.
Wo Ausbildung nicht zum Gewinn einer Elementargestalt theologischer Kompetenz geführt hat, ist Ordination und Fortbildung unmöglich. Fortbildung bietet keine Chancen, einen nicht erzielten Erfolg von Ausbildung nachzuholen. Das ist – wenn überhaupt – nur durch die Wiederholung von Ausbildungsphasen möglich.

3.4 *Auch Ausbildung umfaßt zwei funktionsverschiedene Phasen*
Die in Ziffer 2. genannten Elemente theologischer Kompetenz stehen nicht additiv nebeneinander, sondern in einem unumkehrbaren, einsinnigen Konstitutionszusammenhang. Das jeweils frühere Element ist die notwendige (freilich nicht hinreichende) Bedingung für das jeweils spätere (zur Rekursivität dieses Prozesses vgl. o. Ziffer 2 gegen Ende).
Daher müssen die Lehr- und Lernprozesse der Ausbildung, die dem Gewinn der konstitutiven Elemente theologischer Kompetenz dienen, auch in der Abfolge institutionalisiert werden, die dem tatsächlichen Konstitutionszusammenhang zwischen den auszubildenden Elementen entspricht.
Bevor Gelegenheit zum Gewinn von Fertigkeiten geboten werden kann, muß also Gelegenheit zum Gewinn von Kenntnissen und Einsichten geboten werden.
Dabei ist freilich zu berücksichtigen, daß der Gewinn von Kenntnissen und Einsichten sowie der Fertigkeit zu ihrer Vertretung eine funktionale Einheit bilden. Denn vollendet ist der Gewinn einer Kenntnis der tradierten Ordnung von Lehre und Leben der Kirche erst, wenn er sich auch mit dem Gewinn einer Einsicht in die Stichhaltigkeit (bzw. Nicht-Stichhaltigkeit) ihrer Ansprüche verbindet; und diese Einsicht vollendet sich ihrerseits erst in der Fertigkeit, sie auch eigenständig zu artikulieren und zu vertreten. Erst in der Fertigkeit zur persönlichen Vertretung von theologischen Kenntnissen und Einsichten wird deren Gewinn überhaupt manifest.
Daher kann die Grenze zwischen den funktionsdifferent aufeinanderfolgenden Phasen der Ausbildung jedenfalls nicht einfach zwischen solchen Lehr- und Lernprozessen gezogen werden, die

auf den Gewinn theologischer Kenntnisse und Einsichten angelegt sind, und solchen, die dem Gewinn der Fertigkeit zur Vertretung von Einsichten dienen.

Vielmehr wird sich die Unterscheidung aufeinanderfolgender Phasen der Ausbildung insbesondere an einer Differenz der *Ausbildungskontexte* festmachen lassen: einerseits dem nicht selbst schon kirchlichen, sondern zum allgemeinen Ausbildungssystem der Gesellschaft gehörenden akademischen Kontext der Fakultäten; und andererseits dem kirchlichen Kontext des Vorbereitungsdienstes.

Die Ausbildungsprozesse in diesen beiden Kontexten können nur *zusammen* dem Gewinn der wesentlichen Elemente theologischer Kompetenz dienen. Und nur dann, wenn sie in *beiden* Kontexten *zugleich* auf die *Aneignung* von Kenntnissen und Einsichten *und* auf deren *Vertretung* angelegt sind.

Der *Unterschied* zwischen den aufeinanderfolgenden Ausbildungsphasen besteht dann in *Akzentsetzungen*, die sich aus dem unterschiedlichen Kontext ergeben: Im akademischen Kontext geht es um die Vollendung des Gewinns theologischer Kenntnisse in den dadurch provozierten theologischen Einsichten und wiederum die Vollendung dieser Einsichten in der Gewinnung der Fertigkeit, sie *persönlich zu vertreten*; in selbständigen und eigenverantwortlichen Argumentations- und Artikulationsleistungen. Hingegen geht es im Kontext des kirchlichen Vorbereitungsdienstes um die Gewinnung der Fertigkeit, diese eigenen theologischen Einsichten *als Inhaber eines (vorläufigen, aber verbindlichen) kirchlichen Auftrags zu vertreten*, in den institutionellen Verflechtungen des Amtes, unter seinen institutionellen Anforderungen und in seiner überpersönlichen – nämlich kirchlichen und gesellschaftlichen – Wirksamkeit und Verantwortlichkeit; was dann ipso facto auch seinerseits wiederum eine nochmalige Erweiterung der theologischen Kenntnisse und Vertiefung der theologischen Einsichten des Kandidaten einschließt.

3.5 *Zusammenfassung: Der Gesamtzusammenhang der Ausbildung und Fortbildung*

Für den Gesamtzusammenhang von Ausbildung und Fortbildung ist also festzuhalten: Er ist der Gesamtzusammenhang der Bildungsgeschichte theologischer Kompetenz und deshalb *der Sache nach eine innere Einheit*; ein zielstrebiger Prozeß des – Krisen

einschließenden – Wachsens und Reifens. Als solcher gliedert er sich in verschiedene Abschnitte und Phasen, die untereinander in einem unumkehrbaren Funktionszusammenhang stehen:
Der *grundlegende Abschnitt* ist die *Ausbildung*. Sie ist auf die Begründung einer elementaren Gestalt theologischer Kompetenz durch den Gewinn der für sie wesentlichen Kenntnisse, Einsichten und Fertigkeiten angelegt. Die Erreichung dieses Zieles ist die notwendige Bedingung für die Ordination. Nur die elementare Habitualisierung der theologischen Kenntnisse, Einsichten und Fertigkeiten, die den Kandidaten zur auftragsgemäß professionellen Führung des Amtes befähigen, erlaubt der Kirche eine verantwortliche Übertragung des Amtes. Ebenso erlaubt nur sie dem Kandidaten die persönliche Identifikation mit diesem Auftrag und seine verantwortliche Übernahme.
Dieses Ziel kann aus der Natur der Sache heraus nur durch *zwei* aufeinanderfolgende *Phasen* erreicht werden. Beide sind auf das einheitliche Ziel der Ausbildung gerichtet, verfolgen es aber in unterschiedlichen Kontexten und mit entsprechend unterschiedlichen Schwerpunkten: Die *erste Phase* legt im Kontext universitärer Bildung den Schwerpunkt darauf, durch den Gewinn unabdingbarer theologischer Kenntnisse und Einsichten zu der Grundfertigkeit vorzustoßen, diese Einsichten persönlich zu vertreten. Die *zweite Phase* legt im Kontext des kirchlichen Vorbereitungsdienstes den Schwerpunkt auf den Gewinn der Fertigkeit, theologische Einsicht im Amt und gemäß seinen Anforderungen zur Geltung zu bringen, und stößt auf diesem Wege zur Erweiterung und Konkretisierung der theologischen Kenntnisse und Einsichten vor.
Die *Fortbildung* erfüllt die in der verantwortlichen Übertragung und Übernahme des Amtes selbst begründete Pflicht zur Festigung und Vertiefung der persönlichen Fähigkeit zur auftragsgemäßen, professionellen Führung des Amtes.
Die einheitliche Aufgabe dieses Gesamtzusammenhangs theologischer Aus- und Fortbildung ist also: die Grundlegung, Festigung und Vertiefung des berufsspezifischen Könnens der Inhaber des kirchlichen Amtes.
Er wird dieser Aufgabe nur gerecht, wenn seine Abschnitte und Phasen unter dem Gesichtspunkt ihrer je spezifischen Funktion richtig unterschieden und einander zugeordnet werden. Das Kennzeichen dieser richtigen Zuordnung ist, daß kein Abschnitt

und keine Phase mit Aufgaben einer anderen *belastet wird*, sondern jede die andere *entlastet*.
Wenn im Studium nicht aufgrund von theologischen Kenntnissen und Einsichten die Grundfertigkeit der qualifizierten persönlichen Vertretung der eigenen theologischen Einsicht erworben ist, *kann* im Vorbereitungsdienst die Fertigkeit zu einer den Anforderungen des Amtes entsprechenden Vertretung der Sache des Glaubens nicht gewonnen werden. Und wenn im Vorbereitungsdienst *keine* Fertigkeit zu einer den Anforderungen des Amtes entsprechenden Vertretung theologischer Einsicht gewonnen worden ist, *kann* sie durch Fortbildung nicht gefestigt und vertieft werden. Die jeweils späteren Phasen der Ausbildung und Fortbildung können nur Kompetenz*schwächen*, die im Ergebnis der vorangehenden noch verblieben sind, *beheben*, aber keine Kompetenz*lücke schließen* (keinen Mißerfolg vorangegangener Phasen kompensieren).
Deshalb ist vor dem Übertritt in eine folgende Phase der Erfolg der vorangegangenen sorgfältig zu kontrollieren. Dem dienen die Examina nach der ersten und zweiten Ausbildungsphase. Beide haben die Funktion von *Kompetenzprüfungen*. Sie sind so anzulegen, daß sie diese Funktion erfüllen. (Daneben sind die dienstrechtlichen Bestimmungen zu erfüllen.)

II. Die drei Phasen der Aus- und Fortbildung von Pfarrern
Ziele, Ausgangssituationen, Wege, institutionelle Kontexte (Orte)

Aus den spezifischen Beiträgen der Abschnitte und Phasen zur Bildung theologischer Kompetenz ergeben sich die Anforderungen, die im einzelnen an die Einrichtung und den Betrieb ihrer Institutionen zu richten sind. Kurz zu beschreiben ist jeweils: ihr spezifischer Beitrag zur Bildung theologischer Kompetenz (*Ziel*), die typische Situation der Lernenden (*persönliche Ausgangssituation*), die sachgemäße Einrichtung der zieldienlichen Lehr- und Lernprozesse (*Wege*) und der Kontext von gesellschaftlichen bzw. kirchlichen Institutionen, in dem die Lehr- und Lernprozesse jeweils funktionsgerecht situiert sind (*Ort*).

1. Studium (erste Phase der Ausbildung)

1.1 *Ziel*

Das Studium zielt auf die Gewinnung der Grundfertigkeit, die für theologische Kompetenz unverzichtbaren elementaren Kenntnisse und Einsichten in eigenen Argumentations- und Artikulationsleistungen persönlich zu vertreten.

Darin ist eingeschlossen, daß der Studierende auch zu einer eigenen *Vorstellung* vom Auftrag des Pfarramtes – seinen Herausforderungen, aber auch von den Bedingungen und Formen des Bestehens dieser Herausforderungen und der Erfüllung des Auftrags – gelangt, die realistisch und attraktiv, hinreichend differenziert und klar, also so orientierend und motivierend ist, daß sie

(a) die Bereitschaft zum Eintritt in den kirchlichen Vorbereitungsdienst begründet,

(b) als funktionstüchtiger theoretischer Rahmen (Vorverständnis) für die Verarbeitung der Erfahrungen des Vorbereitungsdienstes und

(c) als Anknüpfungspunkt für dessen weiterführende Lehr- und Lernprozesse dienen kann.

1.2 *Persönliche Ausgangssituation*

Die Situation der Studierenden der Theologie gleicht einerseits der Situation der Studierenden anderer Fächer, unterscheidet sich aber auch von ihr.

Sie gleicht ihr biographisch. Wie die Studierenden aller Fächer müssen auch die Studierenden der Theologie die Suche nach ihrer persönlichen Identität zu einem ersten Abschluß bringen. Wie in den meisten Fächern geschieht dies auch im Studium der Theologie in Auseinandersetzung mit den inhaltlichen und methodischen Traditionen einer Wissenschaft, die im Hinblick auf die Anforderungen einer bestimmten gesellschaftlichen Praxis, eben einer Profession, entstanden sind und fortentwickelt werden. Daß das Studium dieser Wissenschaft nun in einen Prozeß der persönlichen Identitätsfindung eingreift, hat markante Folgen sowohl für diesen persönlichen Bildungsprozeß als auch für die Gewinnung der fachspezifischen Kenntnisse, Einsichten und Fertigkeiten:

Das Theologiestudium leitet die Studierenden dazu an, historisch-hermeneutisch nach dem *Sinn* der christlichen Überlieferung zu fragen und zugleich diese Überlieferung systematisch-argumentativ daraufhin zu prüfen, ob sie auch von ihnen als *wahr* und für sie selbst gültig vertreten werden kann. Für die Identitätsfindung heißt das zweierlei: Inhaltlich vollzieht sie sich in der Auseinandersetzung mit Gestaltungen und Deutungen des Lebens aus der Weite der christlichen, aber auch der nichtchristlichen Geschichte. Formal vollzieht sich diese Begegnung in methodischer Diszplin.

Durch beides bietet das Studium der Theologie – wie vergleichbarer Fächer – den Studierenden Gelegenheit zur Entwicklung einer „gebildeten" Identität. Das heißt zu einer Identität, die nicht nur die Kenntnis und Wahrnehmung anderer Lebensgewißheiten einschließt, sondern auch durch die methodische Disziplin des eigenen Faches geprägt ist. Diese „gebildete Identität" ist eine notwendige Bedingung theologischer Kompetenz. Sie hat aber auch einen Wert in sich selber, wenn sie nicht in eine kirchliche Berufpraxis eingebracht wird.

Umgekehrt befördert auch die Suche nach der eigenen Identität die Aneignung der Studieninhalte. Denn sie schließt die *Reflexion eigener Lebenserfahrung* ein, die ihrerseits erst den Zugang zu wichtigen Studiengegenständen eröffnet.

Damit kommen die Unterschiede des Theologiestudiums gegenüber anderen Studiengängen in den Blick:
Zunächst hängt vielleicht in einem höheren Maße als in anderen Fächern der sachliche Erfolg des Studiums eben von dieser Reflexion eigener Lebenserfahrung ab. Denn in ihr steht den Studierenden derjenige hermeneutische Schlüssel zur Verfügung, der sie - methodisch angewandt - überhaupt erst zur Begegnung mit der Sache der Überlieferung führen kann. Ohne eine solche Begegnung kann die Wahrheitsfrage nicht entschieden werden.
Damit hängt - zweitens - zusammen, daß es für den sachlichen Erfolg des Theologiestudiums nicht gleichgültig ist, ob es auf dem Boden eigener positiver Erfahrungen mit kirchlicher Gemeinschaft betrieben wird, oder nicht. Viele Studierende sind hier unsicher und suchend. Daher kann für sie persönlich, aber auch für den sachlichen Erfolg ihres Studiums die Erfahrung kirchlicher Gemeinschaft an der Universität (ESG, SMD, aber vor allem auch der Universitätsgottesdienst) hohe Bedeutung gewinnen.
Schließlich konfrontiert die Theologie, anders als die meisten anderen Fächer, ihre Studierenden mit Themen und Fragestellungen, die der zeitgenössischen Allgemeinbildung relativ schwer zugänglich sind und zu vielen Selbstverständlichkeiten der (post)modernen Lebenswelt querstehen. In vielen Fällen ist schon die Wahl des Theologiestudiums Ausdruck des Gefühls, daß die unübersehbare Erschwerung, die in der Rand- und Querständigkeit der Theologie liegt, zugleich eine Chance für die Gründlichkeit und Selbständigkeit der Begegnung mit der Wirklichkeit ist. Das Studium steht vor der Alternative, diese - in der Regel hochgespannte Erwartung - zu enttäuschen oder zu bestätigen. Einen Beitrag zur Ausbildung theologischer Kompetenz leistet es jedenfalls nur dann, wenn es die Erwartung der Studierenden auf eine persönlich förderliche Behandlung grundlegender Lebensfragen nicht enttäuscht.

1.3 *Wege*

Sowohl das Ausbildungsziel des Studiums als auch die Befriedigung der persönlichen Ansprüche der Studierenden an das Studium können nur erreicht werden, wenn seine Lehr- und Lernprozesse so eingerichtet werden, daß die Studierenden einem bestimmten Kanon zentraler Gegenstände begegnen und in die Disziplin ihrer methodischen Bearbeitung eingeübt werden.

Bei der Frage nach der geeigneten Institutionalisierung derartiger Lehr- und Lernprozesse sind zwei Aspekte konsequent zu unterscheiden: nämlich die Frage nach ihrem *Inhalt* (Gegenstände, Quellen und Methoden: s. 1.3.1.) und die Frage nach ihrer zweckmäßigen *Organisierung* (Fächer und Lehrveranstaltungsarten: s. 1.3.2.).

1.3.1 *Inhalte*

A. *Gegenstände.* – Nach dem Inhalt derjenigen Kenntnisse, die ein notwendiges Element theologischer Kompetenz sind, bemißt sich Art und Umfang der im Studium unverzichtbaren Gegenstände. Diese stammen aus dem geschichtlichen Leben der Kirche in der Welt und sind sämtlich im Medium von Tradition und Erinnerung gegeben, einschließlich der jüngsten – umgangssprachlich noch „Gegenwart" genannten – Vergangenheit. Alle Gegenstände des Studiums sind in dem Sinne „historisch", daß sie als geschichtliche Situationen, Ereignisse und Ereigniszusammenhänge vorgegeben sind; sie sind zu *studieren*, nicht aber zu *projektieren*. Diesen Charakter teilen die Gegenstände des Theologiestudiums mit den Gegenständen all der Studiengänge – wie denen der meisten Humanwissenschaften –, in denen das wissenschaftlich veranstaltete Experiment ausgeschlossen ist und durch das Studium von – ipso facto „historischen" – Fällen ersetzt werden muß.

Die für die Ausbildungsleistung des Studiums unverzichtbaren Gegenstände ergeben sich sämtlich aus den konstitutiven Dimensionen des geschichtlichen Lebens der Kirche in der Welt in Auseinandersetzung mit ihrer Umwelt. Diese Gegenstände sind:

1. Die *Aussagen und der Wahrheitsanspruch der verbindlichen Lehre der Kirche.* Vor allem deren Aussagen
   - über das Zustandekommen des Wirklichkeitsbezugs des Glaubens durch die geistliche Erschließung von Sinn und Wahrheit des in Predigt und Sakrament begegnenden Evangeliums;
   - über die durch dieses Geschehen des Wortes Gottes gesetzte und strukturierte Wirklichkeit der Kirche in ihrer Einheit als Gemeinschaft der Glaubenden in der Mannigfaltigkeit von Partikularkirchen;
   - über das Handeln des Glaubens (den aktiven Vollzug seines Gehorsams gegenüber dem Willen Gottes, der in seinem Wort offenbar ist).

2. Die *Institutionen und Ordnungen* des geschichtlichen Lebens der christlichen Kirche, durch deren Ausgestaltung ihre Glieder versucht haben, dem verpflichtenden Auftrag des Evangeliums im Wandel der Zeiten gerecht zu werden; insbesondere die für das Leben der Kirche *konstitutiven* Institutionenbereiche in ihrer geschichtlichen Bewegtheit; nämlich:
   - die Institutionen der christlichen Frömmigkeit (Festkalender, Gottesdienst, Amtshandlungen, Gebet, Gesang, Schriftlesung, Meditation etc.);
   - die Institutionen des christlichen Ethos (und zwar nicht nur in ihrer Prägekraft für die individuelle und gemeinschaftliche Lebensführung der Christen [z. B. Diakonie], sondern auch in ihrer Wirkung auf und Abhängigkeit von sozialen Systemen wie Staat, Wirtschaft, Wissenschaft);
   - das kirchliche Recht und die kirchliche Verfassung im Rahmen des gesamtgesellschaftlichen Rechtslebens und seiner Wandlungen, einschließlich der verfassungsmäßigen Ausgestaltung zwischenkirchlicher Gemeinschaft (Ökumene);
   - die Institutionen des kirchlichen Amtes, seiner konstitutiven Aufgabenfelder (als Hirtenamt in Gottesdienst, Seelsorge und Unterricht, als Lehramt in der Pflege der Lehre und als Leitungsamt in der Verantwortung für die verfaßte kirchliche Ordnung) und unterschiedlichen Zuständigkeitsbereiche (Gemeindeleitung, überregionale Wahrnehmung spezieller Funktionen, Kirchenleitung);
   - die Institutionen der Mission und der Auseinandersetzung der Kirche mit nichtchristlichen Religionen und Weltanschauungen sowie deren Gemeinschaftsgestalten.

   Wenn diese konkreten institutionellen Ausgestaltungen von Kirche unter den Gegenständen des Studiums ausfallen, dann fällt damit der konkrete Gemeinschaftscharakter des christlichen Lebens überhaupt aus.

B. *Quellen (Begegnungsgestalt).* – Alle diese Gegenstände sind geschichtliche Gegebenheiten. Sie begegnen daher sämtlich in der Gestalt von Quellen; und das heißt – abgesehen von den sog. „materiellen und abstrakten Relikten" – in der Gestalt von Texten höchst verschiedener „Sorten" (Mythen, Geschichtsberichte, Rechtstexte, Prophetensprüche, Evangelien, Briefe, Agenden,

Lieder, Predigten und andere Dokumente der Amtsführung, Flugschriften, theologische und philosophische Abhandlungen, Lehrbücher, etc.; die letzten Beispiele zeigen, daß die Unterscheidung zwischen Primär- und Sekundärquellen relativ ist).

Die *Kenntnis der unverzichtbaren Gegenstände* muß also stets – und meist so gut wie ausschließlich – *durch das Studium geeigneter Quellen* gewonnen werden.

Die Auswahl geeigneter Quellen (und die Begründung dieser Auswahl) ist Aufgabe der Lehrpersonen.

Nur ein verschwindend geringer Teil der geeigneten Quellen kann verbindlich vorgeschrieben werden. Dazu zählen aber *mindestens*:

- der biblische Kanon,
- die in der Ordnung der Kirche, in deren Dienst der Kandidat treten will, de facto als verbindlich festgehaltenen Lehrtexte (Bekenntnisse, Bekenntnisschriften, Lehrerklärungen),
- Kirchenordnungen (in ihren theologischen Grundaussagen).

Nur wenn dieser Kern von unverzichtbaren Gegenständen präsentgehalten wird, können im Studium die Kenntnisse gewonnen werden, die für theologische Kompetenz wesentlich sind.

C. *Methoden.* – Ebenso ist die Einhaltung eines bestimmten Kanons von unverzichtbaren Methoden die notwendige Bedingung dafür, daß im Studium über theologische Kenntnisse hinaus auch theologische Einsichten gewonnen werden und die Fertigkeit zu ihrer persönlichen Vertretung.

Alle für das Studium spezifischen Gegenstände begegnen in der Gestalt von Quellen, also in der Gestalt von – überwiegend, aber nicht nur sprachlichen – Texten. Daher sind die Methoden des Theologiestudiums sämtlich *Methoden des Erfassens und Verfassens von Texten.*

Diese Methoden gelten sämtlich nicht nur für die Arbeit der Theologie, sondern für *jeden* kunstgerechten Umgang mit Texten. Ihre Bedeutung erstreckt sich über Theologie und Kirche hinaus auf alle Bereiche der sprachlich vermittelten sozialen Praxis. Ihre Beherrschung ist das Fundament von *gebildeter* Identität und sozialer Handlungskompetenz überhaupt.

Sie bilden als solche de facto ein einheitliches und invariantes Ensemble. Nur weil dies der Fall ist, berechtigen sie zu der Zuversicht, sich mit ihrer Hilfe in einer unübersehbar mannigfaltigen Textwelt orientieren zu können. Die Einheitlichkeit des

Methodenensembles schließt weder die Mannigfaltigkeit von Meinungen und Überzeugungen noch den Streit aus. Sie ist nur die Bedingung dafür, daß dieser Streit methodisch – und nicht autoritär – geführt und ggf. überwunden werden kann.
Indem das Studium mit diesen Methoden vertraut macht, trägt es also zur Begründung derjenigen professionellen Kommunikations- und Kooperationsfähigkeit bei, die in allen späteren Ausbildungsphasen und auf allen Gebieten der kirchlichen und gesellschaftlichen Praxis Voraussetzung des Erfolgs ist. Das Studium ist für die Bildungsgeschichte theologischer Kompetenz *grundlegend, weil* es Methodenschule ist; aber auch nur, *wenn* es dies ist.
Welche Methoden des *Erfassens von Texten* sind unverzichtbar (C 1)? Wie verhalten sie sich zum *Verfassen von Texten* (C 2)? Was ist ihre *Bedeutung für die Bildungsgeschichte theologischer Kompetenz* (C 3)? Und für das *Verhältnis der Theologie zu Bildung und Wissenschaft* (C 4)? Schließlich: Welchen Stellenwert hat die *Methodenreflexion* (C 5)?

C 1. *Methoden des Erfassens von Texten.* – Grundsätzlich können und müssen Texte methodisch unter vier Aspekten erfaßt werden. Diese ergeben sich sämtlich aus der Natur von Texten als Sinngebilden, die von einzelnen (oder einzelnen Gruppen) zum Zweck der intersubjektiven Verständigung verfaßt (hergestellt, konstruiert) worden sind. Die Erfassung jedes Aspekts verlangt ein eigenes Verfahren. Die Eigenart dieser Verfahren muß in sich klar sein, wenn ihr Zusammenhang begriffen werden soll. – Texte können erfaßt werden:

(1) Unter dem Aspekt der *Kommunikationsabsicht ihres Verfassers.*

- Der Verfasser eines Textes ist (in der Regel) nicht mit dem Betrachter identisch. Dieser faßt daher mit der Kommunikationsabsicht des Verfassers grundsätzlich die *Fremdheit* des Textes in den Blick; dessen *Eigen*sinn.
- Zugänglich ist dieser fremde Sinn des Textes dem Betrachter nur dann, wenn er in den Umkreis dessen fällt, was sich der Betrachter überhaupt als Kommunikationsabsicht von Menschen vorstellen kann. Darum setzt jede Erfassung der Kommunikationsabsicht des Verfassers von Texten *allgemeine Annahmen* über

a) die Struktur interpersonaler Situationen (soziologische Annahmen) und
b) über das Innere, die „Psyche“ von Personen („psychologische“ Annahmen) voraus.

– Im Horizont solcher Annahmen kann ein Text erfaßt werden als Ausdruck der faktischen (nicht bloß der ausgesprochenen) Kommunikationsabsichten seines Verfassers.
– Insofern kann man dies die „soziologische“ oder „psychologische“ Interpretation eines Textes oder – beides zusammenfassend – seine „pragmatische“ Interpretation nennen.

(2) Unter dem Aspekt des *formalen Zusammenhangs der einzelnen bedeutungstragenden Textteile* (Worte, Satzteile, Sätze, Abschnitte etc.).

– Das setzt wiederum allgemeine Annahmen voraus; jetzt über den Sinn des rein formalen Zusammenhangs von bedeutungtragenden Redeteilen. Diese allgemeinen Regeln sind in der Grammatik der jeweiligen Sprache und in der (für alle Sprachen gültigen) formalen Logik formuliert. – Insofern kann hier von der Methode der „grammatischen“ oder „logischen“ Textinterpretation geredet werden; ganz allgemein von einer „syntaktischen“ (nach der Bedeutung der Syntax der Textteile fragenden) Methode.

(3) Unter dem Aspekt des inhaltlichen *„Sinnes“ oder der „Meinung“*, die der Text artikuliert.

– Dazu reicht es nicht mehr aus, bloß nach dem formalen Zusammenhang der Textteile zu fragen, sondern es muß die inhaltliche Bedeutung der Textteile in Rechnung gestellt werden, wie sie im „Lexikon“ einer Sprache festgelegt ist. *Dessen* Kenntnis wird also für diesen Interpretationsschritt vorausgesetzt.
– Insofern kann man dies die „lexikalische“ oder „semantische“ Interpretation nennen.

Diese Interpretationsverfahren sind zwar klar voneinander unterschieden, führen aber nur zusammen zu einem selbständigen Ergebnis; nämlich zur *„Erfassung des Literalsinnes“* eines Textes. Dabei wirken sie so zusammen, daß für die pragmatische (psychologische und soziologische) Interpretation die sprachliche Interpretation, die aus dem Zusammenwirken der semantischen und syntaktischen Interpretation resultiert, vorausgesetzt wird. Dann konkretisiert die pragmatische Interpretation ihrerseits die rein sprachliche.

Für die Stellung der kanonischen und wegweisenden Texte des Christentums ist ihre Wirkungsgeschichte grundlegend, die sie in immer neue Sinnzusammenhänge und Kontexte rückt. Auch die Dokumente dieser Wirkungsgeschichte sind jeweils auf *ihren* Literalsinn hin zu befragen. Dabei gilt, daß sowohl der Literalsinn des ursprünglichen Textes als auch der eines (ihn zitierenden oder verwendenden) späteren Kontextes jeweils ein zwar u. U. hochkomplexer, aber dennoch in sich *einheitlicher* ist. Nur weil das so ist, lassen sich etwaige Differenzen zwischen dem ursprünglichen Eigensinn eines Textes und demjenigen Sinn ausmachen, den ein späterer Kontext ihm gibt.

Für die evangelische Theologie – die ein zentrales Lehramt nicht kennt – ist die methodische Erfassung des Literalsinnes von Texten von grundlegender Wichtigkeit. Denn nur sie führt auf einem nichtautoritären Wege zu Ergebnissen, über deren intersubjektive Gültigkeit auf eine nichtautoritäre Weise entschieden werden kann.

Gleichzeitig unterliegt die Leistungskraft der methodischen Erfassung des Literalsinnes einer prinzipiellen Schranke, deren Beachtung für das Theologiestudium ebenfalls grundlegend ist: Mit der Erfassung des Literalsinnes eines Textes ist noch *keine* Einsicht in seine Wahrheit bzw. Unwahrheit gewonnen. Nur die „Meinung" eines Textes ist mit seinem Literalsinn erhoben; und u. U. sein „Anspruch" auf Geltung. Aber damit ist noch nicht einmal entschieden, ob sich der Text überhaupt auf einen unabhängig von ihm vorgegebenen Sachverhalt („realen Gegenstand") bezieht; und erst recht nicht, ob er die Bestimmtheit eines solchen vorgegebenen Sachverhaltes zuverlässig erfaßt, d. h. so, wie sie diesem selber unabhängig von seiner Beschreibung zu eigen ist – der Wahrheitsanspruch des Textes also stichhaltig ist. Daraus ergibt sich die Notwendigkeit eines vierten, über die Erfassung des Literalsinns hinausführenden Schrittes der Texterfassung:

(4) Es kann und muß nach der Stichhaltigkeit des Wahrheitsanspruchs von Texten (Quellen) gefragt werden, also nach ihrer Wahrheit.

- Auch diese *Stellung und Entscheidung der Wahrheitsfrage* folgt methodischen Regeln.
- Dabei erweist sie sich im Vergleich mit den bisher besprochenen Methodenschritten als ungleich voraussetzungsvoller:

Erstens setzt sie das Ganze der allgemeinen Annahmen und Kenntnisse voraus, das schon der Hintergrund der pragmatischen, syntaktischen und semantischen Texterfassung war. *Zweitens* aber darüber hinaus auch das Ganze aller vorgängigen Überzeugungen des Betrachters (Studenten) über die Gesamtsphäre realer Gegenstände; also sein gesamtes vorgängiges Verständnis von Wirklichkeit, einschließlich seiner eigenen Existenz.

- Unter diesen Voraussetzungen kann Einsicht in die Stichhaltigkeit des Wahrheitsanspruchs eines Textes dann gewonnen werden, wenn es dem Betrachter (Studenten) gelingt, den vom Text gemeinten Gegenstand in der Wirklichkeit seiner eigenen Erfahrung zu entdecken und im Blick auf ihn (also auf die Sache selbst) zu prüfen, ob es sich so verhält, wie es der Literalsinn des Textes behauptet.
- Die *positive* Einsicht in die Stichhaltigkeit des Wahrheitsanspruchs kann sich dabei stets auf zwei Weisen einstellen: Entweder vermag der Betrachter (Student) den vom betrachteten Text gemeinten Gegenstand schon in seinem mitgebrachten Vorverständnis von Wirklichkeit unterzubringen. Oder aber er wird durch den Text darauf aufmerksam, daß dieses mitgebrachte Verständnis von Wirklichkeit bestimmter Erweiterungen (Konkretisierungen) fähig und bedürftig ist.
- Ihren eigentlichen Bildungseffekt erzielt die methodische Stellung der Wahrheitsfrage da, wo sie diesen zweiten Ausgang nimmt. Dieser Bildungseffekt ist auch der theologisch wichtigste. Er ist offenkundig unverfügbar.

Soweit die vier im Theologiestudium unverzichtbaren Schritte der methodischen Texterfassung.

Ihre Anwendung steht unter einer Voraussetzung, die nicht immer erfüllt ist. Nämlich, daß der betrachtete Text eine *literarische Einheit* ist (von einem Verfasser als Einheit konstruiert). Wo das nicht sicher ist – wie z. B. bei zahlreichen Textkomplexen der biblischen Tradition –, müssen *text- bzw. quellenkritische* Überlegungen zur Identifikation der literarischen Einheiten angestellt werden.

Für alle derartigen Überlegungen gilt zweierlei. *Erstens* stellen sie stets eine Kombination der eben genannten Grundmethoden dar. Auch diese Kombination kann geübt werden. *Zweitens* erfüllen sie nur eine vorbereitende Hilfsfunktion für die eigentliche Texterfassung, die auf dem beschriebenen Weg über die Feststellung des Literalsinns zur Stellung und (positiven oder negativen) Entscheidung der Wahrheitsfrage führt.

C 2. *Erfassen und Verfassen von Texten.* – Der Vollzug jedes einzelnen Schritts zur Erfassung von Texten schließt in seinem Vollzug das *Verfassen* von Texten durch den Betrachter (Studenten) ein. Nämlich das Verfassen derjenigen „inneren Texte", in denen der Betrachter (Student) für sich selbst die Ausgangfrage, die Zielstellung, die Zwischenergebnisse und das Endergebnis seines Textstudiums fixiert. Ohne eine solche innere Textproduktion („Mitdenken") *kann* der *methodische* Charakter der Texterfassung nicht sichergestellt werden. Die Überprüfung, Korrektur und Verbesserung dieses methodischen Vorgehens verlangt, daß diese „inneren Texte" auch mündlich oder schriftlich veröffentlicht werden: in Gesprächsbeiträgen, Referaten und Arbeiten, in denen der Student sich und anderen explizit Rechenschaft über sein methodisches Können im Umgang mit exemplarischen Gegenständen des Theologiestudiums gibt.
Das Verfassen solcher Texte ist die notwendige Voraussetzung dafür, daß auch die Fähigkeit zur Verfassung von Texten erworben wird, in denen der Student seine eigenen Einsichten argumentativ vertritt.
Im Studium sind dafür die natürlichen Foren: die formelle Öffentlichkeit der Lehrveranstaltungen (Beiträge zur Seminardiskussion, Referate, Arbeiten) und die informelle Öffentlichkeit der Fakultät bzw. Universität.

C 3. *Methodisches Können und theologische Kompetenz.* – Beherrschung der beschriebenen Methoden ist unabdingbare Voraussetzung für den Gewinn der Grundelemente theologischer Kompetenz. Denn:
- Die Erfassung des Literalsinns von Texten (Quellen) ist Voraussetzung für den Gewinn *theologischer Kenntnisse.*
- Die methodische Stellung und Verfolgung der Wahrheitsfrage ist Voraussetzung für den Gewinn *eigener theologischer Einsicht.*
- Das Verfassen eigener Texte ist die notwendige Bedingung für den Gewinn der *Fertigkeit*, die erkannte Wahrheit überliefer-

ter Texte und das darin eingeschlossene eigene theologische Wirklichkeitsverständnis *selbständig zu vertreten.*

Methodisch gewonnene Einsicht ist im Durchgang durch den Streit gewonnen. Daher kann sie auch in ihm vertreten werden. Wird Einsicht im Streit *methodisch* vertreten, bleibt sie beweglich und verliert doch ihre Sache nicht.

C 4. *Die Bedeutung der Methoden für das Verhältnis der Theologie zur Wissenschaft und allgemeinen Bildung.* – Die genannten Methoden des Erfassens und Verfassens von Texten gewinnen ihren spezifisch theologischen Charakter ausschließlich durch die Gegenstände, auf die sie angewendet werden. Ihrer Form nach sind sie Teil der allgemeinen Bildung, durch die der Mensch die Textwelt seiner Kultur schafft, pflegt und sich in ihr bewegt. Diese Textwelt wird nicht durch die Christusoffenbarung, den Glauben und die Kirche geschaffen, sondern geht ihnen als ihre geschöpfliche Bedingung voraus. Die Offenbarung geschieht, Glaube und Kirche konstituieren sich *in* dieser vorgängigen Textwelt allgemeiner Bildung und unter ihren Bedingungen. Nur deshalb können sie *auf* sie wirken.

Diese Zugehörigkeit zur allgemeinen Bildung eignet insbesondere demjenigen allgemeinen Wissen – lexikalischer, grammatischer, logischer, anthropologischer, kosmologischer, erkenntnistheoretischer, ontologischer Art –, welches der notwendige Hintergrund für den Vollzug aller Methoden der Texterfassung ist. Ohne daß schon ein derartiges – u. U. nur schwach ausgearbeitetes – Wissen aus den allgemeinbildenden Sozialisationsinstanzen der Gesellschaft mitgebracht wird, ist kein methodisches Textstudium möglich.

Aber obwohl diese Elemente zeitgenössischer Allgemeinbildung die notwendige Voraussetzung für das methodische Textstudium sind, legen sie sein Ergebnis nicht fest: Die methodische Erhebung des Literalsinns von Texten macht deren Eigensinn deutlich und gegebenenfalls auch, daß sie zu mitgebrachten Selbstverständlichkeiten querliegen. Damit ist bei Texten der christlichen Überlieferung regelmäßig zu rechnen. Dann kann auch die unverfügbare Einsicht in ihre Wahrheit nur einhergehen mit einer mehr oder weniger tiefgreifenden Korrektur des ins Studium mitgebrachten Wirklichkeitsverständnisses.

Gerade – und nur – das *in* der Sphäre allgemeiner Bildung und *auf dem Boden* ihrer methodischen Regeln betriebene Textstudium bietet die Chance, daß die *eigentümlichen Inhalte* des christlichen Wirklichkeitsverständnisses erkannt und als wahr eingesehen werden, die für die gegenwärtige Allgemeinbildung nicht selbstverständlich sind und über sie hinausweisen. Das *Proprium der christlichen Botschaft* kommt *in der Textwelt der allgemeinen Bildung* zur Sprache und zum Verständnis. Es muß dann auch *in ihr* vertreten werden. Damit dies gelingt, ist zweierlei zu beachten: *Einerseits* müssen die gegenständlichen und inhaltlichen Besonderheiten der christlichen Botschaft erkannt und festgehalten werden. Es darf nicht aus dem Blick geraten, daß das Zustandekommen der Wirklichkeitssicht des Glaubens an die Begegnung mit den maßgeblichen Texten des kirchlichen Offenbarungszeugnisses gebunden ist. Die inhaltlichen Pointen dieser Sicht der Wirklichkeit dürfen auch - und gerade - dann nicht verschwiegen werden, wenn sie der Allgemeinbildung fremd sind. Durch den Vergleich mit anderen Sichtweisen ist vielmehr ihre inhaltliche Eigenart deutlich zu machen.

Dieser Vergleich setzt die *Vergleichbarkeit* des christlichen Verständnisses von Wirklichkeit mit jedem anderen voraus. Er macht sie auch bewußt. Sie liegt in der *Funktion*, die das Wirklichkeitsverständnis des Glaubens mit jedem anderen Gesamtverständnis von Wirklichkeit teilt: Sie alle orientieren und prägen von Grund auf und durchgehend die Erfahrung und Lebensführung der Menschen, die sie beherrschen. So wird deutlich, daß alle menschliche Erfahrung und alles menschliche Handeln - auch jenseits der Kirche - Profil und Richtung jeweils durch ein leitendes Verständnis von Welt und Mensch empfangen, das mit dem Wirklichkeitsverständnis des Glaubens nicht unbedingt identisch ist.

Diese Einsicht ist ein wichtiges Element theologischer Kompetenz. Sie bewahrt die Pfarrerinnen und Pfarrer vor einem Schaden, der ihre Amtsführung von Grund auf bedroht und durch nichts ausgeglichen werden kann. Nämlich davor, das Proprium des christlichen Wirklichkeitsverständnisses programmatisch zu ersetzen durch irgendeine zeitgemäßere, im Bereich der zeitgenössischen allgemeinen Bildung weniger anstößige Sicht. Unprogrammatisch, aber wirksam geschieht dasselbe durch den einfachen „Import“ von Theorien anderer Wissenschaften ohne kritische Reflexion auf das sie leitende Wirklichkeitsverständnis und durch die anschließende Erhebung dieser Importe zum sachlichen Kriterium des Redens und Handelns im Amt.

Andererseits aber hebt der eigentümliche Inhalt des christlichen Wirklichkeitsverständnisses nicht seine Zugehörigkeit zur allgemeinen Sphäre des Wissens und der Bildung auf. Denn alle – auch alle wissenschaftlichen – Positionen, die in dieser Gesamtsphäre bezogen werden, bewegen sich im Horizont eines sie de facto leitenden – wenn auch häufig nicht klar ausgesprochenen – Grundverständnisses von Wirklichkeit; jedes hat seine propria; keines ist erfahrungswissenschaftlich gewonnen (denn jedes ist eine konstitutive Voraussetzung für das Machen von Erfahrung und ihre theoretische Verarbeitung). Keine dieser verschiedenen Sichtweisen scheidet wegen ihres eigentümlichen Inhalts aus der allgemeinen Sphäre von Bildung und Wissen aus; darum auch nicht das Wirklichkeitsverständnis des christlichen Glaubens in seiner inhaltlichen Eigentümlichkeit. Von der Sphäre allgemeiner Bildung *trennen* können es nur *methodische* Mängel in der Art, wie sein Wahrheitsanspruch vertreten wird, aber nicht die Eigenart seines *Inhalts*. Nur deshalb ist auch die *Vertretung* dieses eigentümlichen Wirklichkeitsverständnisses und aller Einsichten, die sich in seinem Horizont bewegen, *in* der Sphäre der allgemeinen Bildung möglich – und geboten.

C 5. *Bedeutung der Methodenreflexion.* – Diese Einsichten ergeben sich aus der Reflexion auf die Methoden des Theologiestudiums, wie sie von der Theologie selbst in einer intensiven Diskussion über „Hermeneutik" und „Wissenschaftstheorie" vollzogen wurde.

Diese Debatte hat zeitweilig als sachliche Irritation gewirkt. Diese Gefahr droht auch weiterhin. Aber rückblickend muß auch ihr bleibender Gewinn gesehen werden; nämlich die Einsicht:

- Daß es für die Gewinnung insbesondere des zweiten und dritten Grundelementes von theologischer Kompetenz (Einsicht in die Stichhaltigkeit des Wahrheitsanspruches theologischer Texte und Fertigkeit zur persönlichen Vertretung solcher Einsicht) grundsätzlich nicht ausreicht, die beschriebenen Methoden bloß anzuwenden, einzuüben und zu „trainieren". Vielmehr müssen auch die Gründe für die Unverzichtbarkeit gerade dieser Methoden klar werden, ihre Funktionsweise und die Voraussetzungen ihrer spezifischen Leistungsfähigkeit. Methodenkurse, z. B. exegetische Proseminare, können andernfalls steril werden.

- Daß in dieser Abhängigkeit der Gewinnung des zweiten und dritten Elements theologischer Kompetenz nicht nur vom Training bewährter Methoden der Texterfassung, sondern auch von der systematischen Rechenschaft über sie die Gründe dafür liegen, daß das Studium der Theologie so außerordentlich anspruchsvoll, und das heißt praktisch: meist *subjektiv sehr schwierig* ist.
- Daß aber *diese* Schwierigkeit genau benennbare Sachgründe hat und deshalb auch durch didaktische Maßnahmen nicht beseitigt, sondern nur handhabbar gemacht werden kann. Denn das Studium ist *objektiv ergebnislos*, wenn am Schluß gesagt werden muß: *Methoden nicht verstanden, Methoden nicht gekonnt, Literalsinn nicht erfaßt, Wahrheitsfrage nicht gestellt und daher nicht entschieden.*
- Daß daher das Sicheinlassen auf diese Schwierigkeiten der Methodenreflexion auch geboten ist. Denn: *Erstens* führt sie, wie gezeigt, nicht von der Sache des Evangeliums weg, sondern – im Kontext der spezifischen Gegenstände und verbindlichen Texte des Theologiestudiums (also dort, wo Bibel und Bekenntnis nicht „unter die Bank gesteckt" werden) – genau auf sie hin (eben auf die Sicht der Weltwirklichkeit als Kommen des Reiches Gottes). *Zweitens* kann die Einsicht des Theologen nur so diejenige inhaltliche Prägnanz gewinnen, die ihn einerseits vor der unbemerkten Überwältigung und Steuerung seines Denkens, Redens und Handelns durch eine andere als die evangelische Sicht der Wirklichkeit bewahrt, ihn aber zugleich andererseits zu einem dauernden kritischen Dialog mit und zum kritischen Lernen von allen Erfahrungen, Beschreibungen und Deutungen von Wirklichkeit befähigt, die ihm in der allgemeinen Sphäre des Wissens und der Bildung begegnen. Und *drittens* können dem Theologen auch nur unter der Voraussetzung solcher Einsicht nicht nur der *Mut*, sondern vor allem auch die – berufsbefähigende – *Fertigkeit* zur *öffentlichen* Vertretung der Wirklichkeitssicht des Evangeliums zuwachsen.

Soweit die Inhalte (Gegenstände, Quellen und Methoden) der in der ersten Phase der theologischen Ausbildung institutionalisierten Lehr- und Lernprozesse. Nun zu ihrer Organisation.

1.3.2 *Organisation*

A. *Fächer*

Die Organisation des theologischen Studiums muß sicherstellen, daß eine geordnete Beschäftigung mit der ganzen Breite seiner wesentlichen Gegenstände (2.1.3.1 A) erfolgt. Dem dient die Aufgliederung in eine Reihe von klassischen Fächern (in der Reihenfolge der Vorlesungsverzeichnisse): Altes Testament, Neues Testament, Kirchengeschichte, Systematische Theologie, Praktische Theologie. Neuere - nicht an allen Fakultäten vertretene - Fächer sind übergreifenden Fragen gewidmet; etwa: Religionswissenschaft, Missionswissenschaft, ökumenische Theologie. Im folgenden beschränken wir uns auf den Fächerkanon, der den Grundbestand der evangelisch-theologischen Fakultäten ausmacht.

Dieser Fächerkanon ist dem Inbegriff der Gegenstände des Theologiestudiums angemessen. Das beweisen die *Motive*, die bei der sukzessiven Ausdifferenzierung der klassischen Fächer wirksam waren: Ausgehend von der ursprünglichen organisatorischen Einheit der Schultheologie („scholastischen" Theologie) und der systematisch zusammenfassenden Darstellung ihrer Ergebnisse in der *Systematischen Theologie* (ursprünglich als Einheit von Dogmatik und Ethik) hat sich zunächst die *exegetische Theologie* (biblische Theologie) gegenüber der Dogmatik verselbständigt. Dafür war zunächst die Bibelorientierung reformatorischer Theologie, inspiriert auch durch den Humanismus, sodann der Widerstand der Frömmigkeitsbewegung des 17. Jahrhunderts gegen Einführungen der Schulorthodoxie und schließlich die Aufklärung maßgeblich. Das Vordringen des historischen Bewußtseins verstärkte die Aufmerksamkeit auf die Geschichtlichkeit der Existenz von Glaube und Kirche und löste - in Aufnahme älterer Ansätze - die organisatorische Verselbständigung der *Kirchengeschichte* aus. Das Geschichtsbewußtsein schärfte aber auch das Bewußtsein dafür, daß das Handeln im Amt der Kirche durch die Probleme einer geschichtlich bestimmten Gegenwart herausgefordert wird, die einem dauernden Wandel unterliegen, und führte so schließlich zur Verselbständigung der *Praktischen Theologie.*

Der in Deutschland bestehende Fächerkanon evangelischer Theologie geht also nicht auf einen konstruktiven enzyklopädi-

schen „Entwurf“ zurück. Er verdankt sich vielmehr der geschichtlichen Selbsterfahrung der Theologie im Kontext der gesamtgesellschaftlichen Entwicklung von Bildung und Wissenschaft und einer darin begründeten *Ausdifferenzierung der Beziehung auf ihren – einheitlichen – Gegenstand: den christlichen Glauben in seiner geschichtlichen Wirklichkeit und sozialen Verfaßtheit als Kirche.*
Dabei sind die Fächer von ihren Ursprüngen her auf die beiden wesentlichen Aspekte dieses Gegenstandes bezogen: Vorwiegend auf die *Lehre* der Kirche (Gegenstandsbereich 1: s. o. Ziffer 1.3.1 A 1.) beziehen sich die systematische *und* die exegetische Theologie; vorwiegend auf das *Leben* der Kirche (Gegenstandsbereich 2: s. o. Ziffer 1.3.1 A 2.) die historische und die praktische Theologie.
Der Fächerkanon evangelischer Theologie ist also der Institution gewordene Ausdruck ihres durch geschichtliche Selbsterfahrung gewachsenen Gegenstandsbewußtseins, oder: Sachverstandes.
Durch die Beziehung auf den Gegenstand wird auch das *Verhältnis der Fächer* zueinander geregelt:
Die Fächer sind auf unterschiedliche Gegenstandsgebiete bezogen. Daher besitzen sie fachspezifische Kernbestände an Quellen. Aber die Fächer sind nicht von solchen Quellenbeständen her definiert. Darum besitzt keines eine ausschließliche Zuständigkeit für irgendwelche Quellen; nicht einmal den fachspezifischen Kernbestand.
Das gilt noch deutlicher von den Methoden: Beim Studium jedes Gegenstandes und aller Texte kommen alle Methoden ins Spiel. In der Methodenschulung erbringen daher alle Fächer ähnliche Leistungen.
Der besondere Ausbildungsbeitrag jedes Faches besteht darin, daß es sein besonderes Gegenstandsgebiet zur Geltung bringt. Von hier aus ergeben sich im einzelnen folgende Anforderungen:

A 1. *Systematische Theologie.* – Ihr spezifischer Gegenstand ist die kirchliche Lehre in ihrem Wahrheitsanspruch, wie sie Ausdruck gefunden hat im kirchlichen Bekenntnis und ausgelegt worden ist in den schulmäßigen Darstellungen ihres systematischen Zusammenhangs. Dessen drei Themenbereiche sind: Prinzipienlehre, Dogmatik und Ethik. Es ist sicherzustellen, daß sie gleichmäßig zur Geltung kommen. Es muß deutlich werden, daß und wie sie sich gegenseitig fordern und voraussetzen.

In der *Prinzipienlehre* sind für das Studium zwei Bereiche zentral: *Erstens* die Frage nach dem *Grund und Gegenstand des Glaubens* (und damit auch der Theologie selber) sowie alle damit zusammenhängenden Probleme. Sie lassen sich fast sämtlich unter dem Titel einer „Lehre von der Offenbarung" zusammenfassen. Mit ihr sind alle klassischen Probleme der philosophischen Theologie, Ontologie, Kosmologie und Anthropologie sowie der Religionsphilosophie der Sache nach unlöslich verbunden. *Zweitens* die Frage nach der Stellung der *Theologie im Kontext der Wissenschaften*, nach ihrem eigenen Charakter als Wissenschaft und ihrem Verhältnis zu den nichttheologischen Wissenschaften. Hier hat die oben beschriebene Reflexion auf die Methoden der Theologie ihren pflichtmäßigen Ort (freilich: ohne auf ihn beschränkt zu sein!). Hier sind auch die Grundsätze für den Dialog mit den außertheologischen Geistes- und Handlungswissenschaften und die kritische Rezeption ihrer Ergebnisse zu bestimmen. Hiermit wiederum sind die Probleme der philosophischen Erkenntnis- und Wissenschaftstheorie unlöslich verbunden.

Die *Dogmatik* entfaltet die im kirchlichen Bekenntnis zur Sprache gebrachte Sicht des Glaubens auf die Grundverfassung der Wirklichkeit von Welt und Mensch nach ihrem materialen Inhalt; das heißt: als das Schöpfungs-, Versöhnungs- und Erlösungswerk des dreieinigen Gottes. Die dabei zu berührenden Grundthemen sind: Gott, die Schöpfung, der Mensch und seine Sünde, Gottes Gnade in Jesus Christus, das Wirken des Heiligen Geistes, die Kirche und das ewige Leben. Der Dogmatikunterricht soll die Bedingungen dafür bieten, daß die Studierenden nicht nur

a) die Lehre der Kirche in ihrem systematischen Zusammenhang *kennenlernen*, sondern auch
b) eine eigene *Einsicht in die Stichhaltigkeit ihrer* beiden *Ansprüche* gewinnen können, nämlich evangeliumsgemäß zu sein und wahr.

Thema der *Ethik* ist das Handeln des Glaubens, seine Möglichkeitsbedingungen und sein konkreter Vollzug, also die christliche Lebensgestaltung im Blick auf die eigene Person, Mitmensch, Gesellschaft und Natur. Die systematische Struktur von Entscheidungssituationen ist zu klären, und das Verfahren für den verantwortlichen Vollzug von anstehenden sowie für die richtige Beurteilung von schon getroffenen Entscheidungen ist deutlich zu machen und einzuüben. Der Ethikunterricht setzt den Dogmatikunterricht voraus und konkretisiert ihn in zwei Hinsichten: Er führt die praxisorientierende Bedeutung und Kraft der in der Dogmatik entfalteten christlichen Sicht von Mensch und Welt vor Augen; und er lehrt den kritischen Dialog mit den Handlungswissenschaften nicht nur zu führen, sondern dessen Ergebnisse jetzt auch anzuwenden. Die Ethik zeigt also die Ergebnisse von *Prinzipienlehre und Dogmatik in Funktion*; in Funktion für die Praxis des Glaubens – aber auch für die Praxis des Theologen.

A 2. *Exegetische Theologie* (Altes Testament und Neues Testament). – Der Selbständigkeit und Funktion der Exegese im Fächerkanon evangelischer Theologie liegt eine systematisch-theologische Entscheidung der Reformation zugrunde: die Einsetzung des biblischen Offenbarungszeugnisses zur „einzigen Regel und Richtschnur" aller Lehre der Kirche. Die entscheidende Bedingung für die Möglichkeit einer solchen Kontrollfunktion des biblischen Zeugnisses ist die methodische und daher konsensfähige Erhebbarkeit des Literalsinnes des biblischen Zeugnisses. Nun hat zwar das Bewußtsein von den geschichtlichen Entstehungsbedingungen der biblischen Texte zu der Einsicht geführt, daß für die Erfassung des Literalsinnes biblischer Texte (samt aller dafür vorauszusetzenden Arbeitsschritte: s. o.) ein erheblich größerer *Aufwand* erforderlich ist, als die Väter der Reformation ahnten. Aber das macht das alte Vertrauen nicht hinfällig, daß der Literalsinn konsensfähig erhoben werden kann. Mit dem gestiegenen Aufwand ändert sich also nicht die alte Zielsetzung der exegetischen Theologie: den Literalsinn des biblischen Offenbarungszeugnisses so klar zu beschreiben, daß dann die kirchliche Lehre auf ihre Evangeliumsgemäßheit hin überprüft werden kann.
Auf dem Boden dieser Aufgabenstellung hat der Unterricht in den (erst spät auseinandergetretenen) Teilfächern der exegetischen Theologie sicherzustellen: zunächst, daß die Kenntnis der einheitlichen – Altes Testament, zwischentestamentliche Literatur und Neues Testament umfassenden – Traditionsgeschichte des biblischen Offenbarungszeugnisses gewonnen werden kann. Gleichzeitig muß er auch ein Verständnis der in diesem biblischen Offenbarungszeugnis eingeschlossenen Sicht der Wirklichkeit von Mensch und Welt ermöglichen; ihres fundamentalen Ansatzes, ihres Wachstums, der dabei aufgetretenen Probleme und Problemlösungen und schließlich ihrer konkreten Endgestalt

im neutestamentlichen Christuszeugnis. Darüber hinaus muß der Unterricht nicht nur vor die Frage nach der Zuverlässigkeit der Texte als historischer Quellen führen, sondern auch vor die Frage nach der Wahrheit des in ihnen zum Ausdruck kommenden Verständnisses der Wirklichkeit von Mensch und Welt.
Das Auseinandertreten der alt- und neutestamentlichen Exegese in zwei Fächer hat die differenzierte Erfassung der verschiedenen Positionen innerhalb der Traditionsgeschichte des biblischen Offenbarungszeugnisses und des inhaltlichen Reichtums seiner Sicht von Welt und Mensch gefördert.
Sie kann aber auch die Einheit des biblischen Offenbarungszeugnisses verstellen. Das geschieht schon, wo die Frage nach den zusammenhangstiftenden, durchgehenden Traditionslinien nicht mehr gestellt und zumindest vorschlagsweise beantwortet wird. Erst recht dort, wo die Frage nach der einheitlichen Sachperspektive des biblischen Zeugnisses in der Vielzahl seiner Ausprägungen entfällt. Im Extremfall kann das Auseinandertreten der Fächer Altes und Neues Testament zur programmatischen oder faktischen Verabschiedung der Frage nach der Einheit des biblischen Offenbarungszeugnisses und der Aufgabe ihrer Darstellung führen. Wo das geschieht, mißachtet und verläßt die Exegese die Einheit der zu predigenden Tradition. Damit wird sie im Rahmen der theologischen Ausbildung disfunktional.
Es sind also besondere Vorkehrungen zu treffen, die das Ausfallen der Frage nach der Einheit des biblischen Offenbarungszeugnisses im Studium verhindern und eine methodische Hilfestellung zu ihrer Beantwortung geben. Derartige Antworten werden nicht dadurch wertlos, daß sie vorläufig sind und offen für Korrekturen durch die weitere wissenschaftliche Arbeit an den Texten.

A 3. *Kirchengeschichte.* – Im Studium dieses Fachs muß die *Kenntnis* des Lebens der Kirche in seiner geschichtlichen Bewegung gewonnen werden können. Gleichzeitig muß *eingesehen* werden können, daß die Organisation der Kirche und die Institutionen ihres Lehrens und Handelns die konkrete Ausdrucksgestalt der – ursprünglich und wesentlich – sozial verfaßten Existenz des Glaubens in der geschichtlichen Welt sind. Sie müssen verständlich werden können als das konkrete Resultat der Praxis des Glaubens unter den geschichtlichen Bedingungen seines gesell-

schaftlichen Umfeldes; also als Ergebnis von Versuchen, durch die institutionelle Gestalt der Glaubensgemeinschaft deren Mission an ihren sozialen Kontexten zu erfüllen (Eph. 3,10: Kundmachung der mannigfaltigen Weisheit Gottes an die Mächte und Gewalten „durch die Ekklesia").
Dafür sind unabdingbare Voraussetzungen: *Erstens*, daß nach der Stellung und Funktion des kirchlich verfaßten Christentums im *Kontext des gesellschaftlichen Gesamtsystems* und des Funktionszusammenhangs seiner Teilsysteme (Politik, Wirtschaft, Wissenschaft und Bildung) gefragt wird; nach den epochenspezifischen Gestalten dieses Funktionszusammenhanges; nach dem Verhältnis der gesellschaftlichen Kräfte, das für ihn jeweils grundlegend ist; und nach den Bedingungen seines epochalen Wandels (Sozialgeschichte des Christentums). Hier stellt sich die Aufgabe eines kritischen Gesprächs mit den nichttheologischen Geschichts- und Handlungswissenschaften, das nach denselben Grundsätzen zu führen ist wie etwa in der Ethik. *Zweitens* muß nach den *inneren Bewegkräften* für die Gestalt der Kirche in der Entwicklung der Frömmigkeit, der Theologie und des kirchlichen Rechts gefragt werden. Gleichzeitig müssen die Bedingungen und Mechanismen der Konsensbildung, der Vorbereitung und des Fällens von Entscheidungen durchsichtig gemacht werden. Dabei ist auf die Motive und Kriterien zu achten, die in diesen Vorgängen wirksam waren. *Drittens* muß deutlich werden, daß diese *beiden Fragen* nach den gesamtgesellschaftlichen und den innerchristlichen Kräften, die das geschichtliche Leben der Kirche von außen und innen zugleich bestimmen – *zusammengehörig und gleichnotwendig* sind für jedes Verstehen des geschichtlichen Lebens der Kirche aus den dafür tatsächlich grundlegenden Kräften. Erst auf dem Boden eines solchen Verständnisses kann dann – *viertens* – auch die *notwendige* Frage nach der Evangeliumsgemäßheit der geschichtlichen Praxis des Glaubens *konkret* – und das heißt: unter Berücksichtigung der ganzen *Komplexität ihrer Bedingungen* – gestellt werden.
Genau dies – die Erfassung der systematischen Komplexität der geschichtlichen Praxissituation der Kirche im gesamtgesellschaftlichen Kontext – ist aber auch die Voraussetzung für die angemessene Wahrnehmung der Praxisbedingungen der Kirche in der geschichtlichen Gegenwart: Die Darstellung des Kräftespiels, in dem das geschichtliche Leben der Kirche re vera steht, darf diese

konkrete Wahrnehmung der gegenwärtigen gesellschaftlichen Praxissituation der Kirche nicht systematisch irreführen, sondern muß zu ihr anleiten. Der kirchengeschichtliche Unterricht besitzt hier eine grundlegende Orientierungsfunktion für die Praxis der Kirche und das Handeln in ihrem Amt. Es ist sicherzustellen, daß er sie richtig erfüllt.

Eine spezifische Schwierigkeit ist, die Breite des Gegenstandsgebietes angemessen zur Geltung zu bringen. Bei der Lösung des Problems sind zwei Grundsätze zu beachten:

Erstens muß sichergestellt werden, daß zumindest ein erster Eindruck von der *epochenübergreifenden Einheit der Kirchengeschichte in ihrem Gesamtverlauf* gewonnen werden kann. Nur so kann die Frage nach dem Zusammenhang von Identität und Wandel in der geschichtlichen Existenz der Glaubensgemeinschaft konkret gestellt und beantwortet werden. Ebenso verlangt das Zusammenspiel von Kirche und gesamtgesellschaftlichem System die epochenübergreifende Betrachtung.

Zweitens ist die Betrachtung und *Verdeutlichung* des die Geschichte des kirchlichen Lebens bestimmenden Kräftespiels *am signifikanten Einzelfall* unverzichtbar. Es ist zu veranschaulichen, wie die geschichtliche Bewegung der Kirche aus dem Zusammenspiel rekonstruierbarer Entscheidungen von einzelnen und überpersönlichen Bedingungen und Tendenzen zustande kommt. Wie dabei die Orientierung an invarianten Grundsätzen und das Eingehen auf wechselnde geschichtliche Bedingungen zusammenspielen. Schließlich: ob und wie die Kontrolle am Auftrag der Kirche vollzogen wurde.

A 4. *Praktische Theologie.* – Ihre Lehr- und Lernprozesse sind so einzurichten, daß durch Teilnahme an ihnen eine *Kenntnis* speziell der *Praxissituation des kirchlichen Amtes* gewonnen werden kann; unter verschiedenen historischen, speziell aber gegenwärtigen Bedingungen. – Es muß sichergestellt werden, daß es durch das Studium vorgegebener (insofern also „historischer“) Fälle zu einem klaren *Verständnis* ihres inneren Aufbaus als auftragsgemäß professionelle Handlung im Amt kommen kann (also als Beispiel für „theologische Kompetenz in Aktion“). Dazu sind insbesondere thematisch zu machen: der für das Handeln im Amt wesentliche Zusammenhang verschiedener Handlungsfelder, der institutionelle Kontext jeder Handlung im Amt und die inneren

Bedingungen ihrer Auftragsgemäßheit (Sachgemäßheit). – Erst wenn so der innere Aufbau, der „Sinn“ einer Handlung im Amt verstanden ist, kann auch eine *eigene Einsicht* in ihre Auftragsgemäßheit (oder -widrigkeit) gewonnen werden.

Auch für das Studium der Praktischen Theologie in der ersten Phase der theologischen Ausbildung gilt also, was für diese Phase insgesamt gilt: Sein Gegenstand ist nicht die eigenverantwortlich zu projektierende, sondern die vorgegebene und als solche zunächst zu studierende Praxis im kirchlichen Amt. Auch die Praktische Theologie gehört zur Theorie der Amtspraxis und ist nicht schon diese selbst. Sie beschreibt diese Praxis, aber betreibt sie nicht.

Daran ändern auch *punktuelle Praxiserfahrungen* der Studierenden nichts (Gemeindepraktika u. ä.). Deren Bedeutung ist nicht auf das Studium der Praktischen Theologie beschränkt oder gar zugespitzt. Sie sollen die Studierenden vielmehr im Blick auf *alle* Fächer des Studiums dabei unterstützen, einen zunächst selbst „theoretischen“ Begriff, eine klare *Vorstellung* von der Bedeutung der im Studium zu gewinnenden theoretischen Kenntnisse und Einsichten für die bevorstehende Praxis zu entwickeln.

Das gilt nur deshalb in *besonderem Maße* für die Arbeit an den Gegenständen der Praktischen Theologie, weil sie in dem – sehr nüchternen und genauen – Sinne die „Krone des theologischen Studiums“ (Schleiermacher) ist, daß sie *Ergebnisse des Studiums aller zuvor genannten Fächer voraussetzt und zusammenfaßt.* Nämlich:

- Kenntnis der in der Schrift und in der kirchlichen Lehre zur Sprache gekommenen christlichen Sicht der Wirklichkeit von Mensch und Welt sowie die – eine explizite Auseinandersetzung mit anderen Auffassungen von Mensch und Welt einschließende – Einsicht in ihre Stichhaltigkeit (aus der Biblischen und Systematischen Theologie);
- darin eingeschlossen: Einsicht in das Wesen, die Konstitution und den Auftrag des Glaubens sowie der Kirche (aus denselben Fächern);
- Einsicht in den formalen Aufbau und die inhaltlichen Normen von ethischen Entscheidungen des Glaubens (Akten seiner begründeten Verhaltenswahl) (aus der Systematischen Theologie: Ethik);
- darin eingeschlossen insbesondere die Notwendigkeit, nicht

nur die ethischen Normen, sondern auch die das Handlungsgebiet tatsächlich beherrschenden – physischen und sozialen – Wirkungsbedingungen und Gesetzmäßigkeiten in Rechnung zu stellen; sowie die Notwendigkeit, für deren Erkenntnis von den außertheologischen Handlungswissenschaften lernen zu müssen; sowie schließlich die Einsicht, daß und wie dieser Dialog kritisch zu führen ist (ebenfalls aus der Systematischen Theologie, nämlich aus der Prinzipienlehre und wiederum der Ethik);
- Einsicht in das gegenwärtig geschichtlich gegebene Institutionengefüge von Kirche und Gesellschaft samt den in ihm gegenwärtig wirksamen gesellschaftlichen und kirchlichen Kräften und Tendenzen (aus der Kirchengeschichte).

Nicht die Breite, wie in der Kirchengeschichte, sondern sein innerer Voraussetzungsreichtum macht also die spezifische Komplexität des Gegenstandes der Praktischen Theologie aus.

Aber auf kein Element in diesem ganzen Komplex von Voraussetzungen kann sie verzichten, wenn sie ihren spezifischen Ausbildungsbeitrag erbringen will: nämlich die Entwicklung einer – eben nicht rein willkürlichen und persönlich enggeführten, sondern durch theologische Kenntnisse und Einsichten in die geschichtliche Realität von Lehre und Leben der Kirche gestützten – *„Vorstellung"* von der Praxissituation des Amtes. Und zwar eine Vorstellung, welche zum Eintritt in den Vorbereitungsdienst bereit macht, das Vorverständnis für die Verarbeitung seiner Erfahrungen bietet und zugleich den Anknüpfungspunkt für seine weiterführenden Beiträge zur Ausbildung der theologischen Kompetenz des Kandidaten.

In den Zusammenhang dieser Ausbildungsleistung des Studiums der Praktischen Theologie gehört auch die Anfertigung eines Predigt- und Unterrichtsentwurfes. In ihnen gibt der Student sich und anderen Rechenschaft über seine genaue und detaillierte *Vorstellung* über eine eigene Maßnahme für eine aufgrund der im Studium bisher gewonnenen Kenntnisse und Einsichten klar und möglichst realistisch *imaginierte* Praxissituation. Entwürfe für Praxisfelder des Amtes, die aufgrund der Ergebnisse des Studiums alleine überhaupt nicht „realistisch *imaginiert*" werden können (Seelsorge, Gemeindeaufbau), scheiden in der ersten Phase also auch für den Entwurf einer eigenen praktischen Maßnahme aus.

Zusammenfassend gilt also: Das Studium der Praktischen Theologie teilt den theoretischen Charakter der ersten Ausbildungsphase. Ihr besonderer Beitrag besteht darin, daß sie theoretische Ergebnisse des Studiums der anderen Fächer voraussetzt und zu einer eigenen *Vorstellung* von auftragsgemäßer Führung des Pfarramts zusammenfaßt. Darin leitet sie zu einem für theologische Kompetenz wesentlichen Akt an; nämlich zum Schritt von der *Theorie* für die Praxis zur – theoretisch gestützten und kontrollierten – *Phantasie* für die Praxis (vgl. das unten 2.3.1 C über den Entwurf von Handlungen im Amt Gesagte).

B. *Lehrveranstaltungsformen*

In allen Fächern muß die Organisation der Lehr- und Lernprozesse zwei Zielen gleichzeitig dienen. Sie muß *einerseits* das fachspezifische Gegenstandsgebiet in ausreichender Breite zum Zuge bringen. Das ist eine notwendige Bedingung für die Gewinnung der Kenntnisse, die für theologische Kompetenz unerläßlich sind. Gleichzeitig muß sie *andererseits* den Studierenden ausreichend Gelegenheit zu eigener methodischer Arbeit an den Quellen geben, die für das Gegenstandsgebiet repräsentativ oder unverzichtbar sind. Das ist eine notwendige Bedingung dafür, daß die Studierenden die für ihre theologische Kompetenz wesentlichen eigenen „Einsichten" sowie die „Fertigkeit" gewinnen, sie zu „vertreten".

Die traditionelle Lösung dieses Problems ist das Nebeneinander von als „Vorlesung" und als „Seminar" organisierten Lehrveranstaltungen. Dieses Nebeneinander hat sich im Grundsatz bewährt.

Die Einrichtung von Lehr- und Lernprozessen, die mehrere Fächer beteiligen („interdisziplinäre Lehrveranstaltungen"), kann, muß aber nicht immer eine Verbesserung der Chance für den Gewinn von Kenntnissen, Einsichten und Fertigkeiten sein. Die Entscheidung hierüber fällt grundsätzlich im Blick auf die in Frage kommenden Gegenstände und Quellen.

1.4 *Ort*

Das Theologiestudium kann an staatlichen Fakultäten (1.4.1) und – im Rahmen der geltenden Bestimmungen – an Kirchlichen Hochschulen absolviert werden (1.4.2).

1.4.1 *Fakultäten*

Der gegebene institutionelle Ort für die Lehr- und Lernprozesse der ersten Ausbildungsphase ist die Universitätsfakultät als Teil des einheitlichen öffentlichen Bildungssystems der Gesellschaft. Das ist nicht nur zufällig so, sondern eine sachlich gebotene Bedingung dafür, daß die erste Phase der Ausbildung den beschriebenen grundlegenden Beitrag zur Gewinnung theologischer Kompetenz erbringen kann. Denn theologische Kompetenz ist im Endeffekt die Fähigkeit, *auf Kenntnissen beruhende eigene Einsichten selbständig zu vertreten.* Sie setzt also den – letztlich unverfügbaren – Gewinn eines bestimmten Wahrheitsbewußtseins voraus und die Fähigkeit, eingesehene Wahrheiten auch als solche zu vertreten. Die Sphäre des Gewinns von Einsicht in Wahrheit und der Vertretung von eingesehener Wahrheit ist aber die öffentliche, gesellschaftseinheitliche Sphäre von Bildung und Wissen, in der *alle* Glieder der Gesellschaft miteinander kommunizieren. Nur im Kontext dieser Institutionen *kann* also die für theologische Kompetenz konstitutive theologische Einsicht (nämlich die Einsicht in die Stichhaltigkeit des Wahrheitsanspruches des Evangeliums und der kirchlichen Lehre) und die ebenfalls unabdingbare Fertigkeit, diese Wahrheit auch persönlich zu vertreten, gewonnen werden.

Folglich müssen die Fakultäten und Hochschulen auch von den Kirchen selber als Glieder im Gesamtzusammenhang des nicht spezifisch kirchlichen, sondern gesamtgesellschaftlichen Bildungssystems respektiert werden. Das heißt praktisch:

Einerseits haben die Kirchen von den Fakultäten zwar zu verlangen, daß diese Lehr- und Lernprozesse einrichten und betreiben, die den beschriebenen grundlegenden Beitrag zur Gewinnung theologischer Kompetenz zuverlässig erbringen. Dabei haben sie die Fakultäten dadurch zu unterstützen, daß sie ihr Verständnis von theologischer Kompetenz und die an ihre Aus- und Fortbildung zu stellenden Anforderungen deutlich artikulieren.

Andererseits müssen die Kirchen jedoch – und zwar letztlich um der beschriebenen Ausbildungsleistungen der Fakultäten willen – damit rechnen, ja erwarten: daß die Fakultäten als Glieder des gesamtgesellschaftlichen Systems Wissenschaft über ihre Aufgaben in der Pfarrerausbildung (und der vom Staat verlangten Lehrerausbildung) hinaus und unbeschadet ihrer besonderen Beziehungen zu den Kirchen alle Freiheiten bei der Erforschung ihres spezifischen Gegenstandes in Anspruch nehmen und ausnutzen, die der wissenschaftlichen Arbeit garantiert sind.

1.4.2 *Kirchliche Hochschulen*

Die Existenz der kirchlichen Hochschulen hält die geschichtliche Erfahrung fest, daß die Gesellschaft die Freiheit der Theologie nicht immer ausreichend gewährleistet.

Eben deshalb räumen die Kirchen ihren Hochschulen alle Freiheiten ein, die die wissenschaftliche Forschung verlangt. Nur weil sie das tut, kann das Studium an den Kirchlichen Hochschulen denselben Beitrag zur Grundlegung theologischer Kompetenz erbringen wie das Studium an Fakultäten. Ob das tatsächlich geschieht, hängt u. a. davon ab, wieweit der Ausfall der institutionalisierten Verbindung mit den wissenschaftlichen Fächern anderer Fakultäten ausgeglichen werden kann.

2. Vorbereitungsdienst (zweite Phase der Ausbildung)

2.1 *Ziel*

Die zweite Ausbildungsphase strebt auf den Grundlagen der ersten den Abschluß der Ausbildung und deren einheitliches Gesamtziel an: die subjektiven und objektiven Voraussetzungen für die Ordination. Im Blick auf dieses Ziel ist die Ausbildung mit ihren beiden Phasen eine Einheit. Das wird deutlich aus dem Blick auf das Ziel der zweiten Phase selbst (2.1.1) und darauf, wie seine Erreichung einerseits den Bildungserfolg der ersten Phase voraussetzt (2.1.2), ihn aber zugleich andererseits auch vertieft (2.1.3).

2.1.1 *Das Ziel der zweiten Phase:*
Die Erreichung der objektiven und subjektiven Voraussetzungen für die Ordination.

Im Vorbereitungsdienst werden die Kandidatinnen und Kandidaten den realen Anforderungen des Pfarrerberufs ausgesetzt. Gleichzeitig wird ihnen zugemutet, sich die Kenntnisse, Einsichten und Fertigkeiten anzueignen, die zur Erfüllung dieser Anforderungen notwendig sind. Auf diese Weise sollen sie über ihre aus früheren Lebensphasen (einschließlich Studium) mitgebrachte *Vorstellung* vom Pfarrersein hinaus am eigenen Leibe erfahren, *was es in Wirklichkeit heißt, Pfarrer zu sein.*

Das heißt: Die Kandidaten sollen einerseits die objektiven Anforderungen an die auftragsgemäß professionelle Führung des Amtes der Kirche heute kennenlernen. Aufgrund dessen können und sollen sie zugleich andererseits auch erfahren, wie diese objektiven Anforderungen sich zu den Stärken und Schwächen ihrer eigenen Person, zu ihrem Selbstgefühl und Lebensplan verhalten.
Ziel der zweiten Ausbildungsphase ist also, eine Situation herbeizuführen, in der *die Kirche* entscheiden kann, ob der Kandidat „in den Jahren des Lernens" dasjenige Maß an Kenntnissen, Einsichten und Fertigkeiten gewonnen hat, das den objektiven Anforderungen einer auftragsgemäß professionellen Amtsführung genügt; und in der *der Kandidat* entscheiden kann, ob er sich wirklich mit dem Auftrag des kirchlichen Amtes identifizieren kann und es professionell führen will.
Nur wenn beide Entscheidungen positiv ausfallen, ist die Ordination sinnvoll und verantwortbar.

2.1.2 *Abhängigkeit von der ersten Phase.*

Der Erfolg der zweiten Ausbildungsphase hängt von den in der ersten erworbenen *Kenntnissen, Einsichten und Fertigkeiten* ab. Nur auf ihrem *Boden* und in ihrem *Horizont* ist die sachgemäße Verarbeitung der Erfahrungen der zweiten Phase möglich:

a) Nur auf dem Hintergrund der aus dem Studium mitgebrachten *Kenntnisse* über die geschichtliche Existenz des Glaubens in seiner sozialen Verfaßtheit als Kirche, ihrer historischen Tiefendimension und der Dynamik der inneren und äußeren Kräfte, die ihre Entwicklung bestimmen, kann der Kandidat die im Vorbereitungsdienst erfahrene aktuelle Lebenswirklichkeit der Gemeinde angemessen – und das heißt: im geschichtlichen Zusammenhang – wahrnehmen. Das Verständnis der geschichtlichen Einheit der Kirche ist die Bedingung für das Verständnis ihrer ökumenischen Einheit; vor Ort und weltweit. Nur wenn die Gegenwartssituation der Gemeinde im gesellschaftlich-geschichtlichen Zusammenhang wahrgenommen wird, können auch die spezifischen Gefahren und Chancen dieser Gegenwart wahrgenommen werden. Nur aufgrund dessen kann dann auch verstanden werden, daß der Auftrag des Pfarramts nur in der Generationen und Regionen übergreifenden Gemeinschaft der Amtsträger erfüllt werden kann; und: was „Gemeinschaft der Amtsträger“ vor Ort jeweils konkret heißt.

b) Nur wenn der Kandidat aus dem Studium wenigstens den Ansatz einer *eigenen Einsicht in die Wahrheit des Wortes vom Kreuz*, seine ermutigende und wegweisende Kraft mitbringt, kann sich für ihn aus der teilnehmenden Erfahrung mit der Praxis des Pfarramts die Frage ergeben: was an dieser Praxis – der beobachteten und der eigenen – auftrags- und sachgemäß ist und was nicht. Nur dann kann auch wahrgenommen werden, daß damit exemplarisch danach gefragt ist, was überhaupt Evangeliumsgemäßheit des Handelns heißt, nicht nur des privaten, sondern auch des beruflichen (und insofern „öffentlichen“), und nicht nur der Amtsträger der Kirche, sondern aller ihrer Glieder. Nur wo sich die Frage nach dem Verhältnis von Wahrheit und Praxis, nach der Möglichkeit des „aletheuein“ im Amt in dieser ihrer Grundsätzlichkeit und Hartnäckigkeit stellt, kann auch erfahren werden, daß allein sie die Quelle der sensiblen Wahrnehmungsfähigkeit, der kritischen Kraft und der geistlichen Lebendigkeit allen Handelns im Amt ist.

c) Schließlich entscheidet sich an der im Studium erworbenen *„hermeneutischen Kompetenz“* des Kandidaten, also an seiner Beherrschung der Methoden des Erfassens und Verfassens von Texten, ob er den vielfältigen Kommunikations- und Kooperationsanforderungen gewachsen ist, mit denen ihn der Vorbereitungsdienst konfrontiert. Bei einer sachgemäßen Einrichtung des Vorbereitungsdienstes werden alle im Studium gelernten Verfahren des Erfassens von Texten weiterhin gefordert; gleichzeitig steigen die Zumutungen an eine situationsgerechte Verfassung von Texten enorm. Der Vorbereitungsdienst läßt die Kandidaten erfahren, daß Sprachfähigkeit zwar nicht alles ist, daß aber ihre Schwächen nicht durch andere Fähigkeiten ersetzt werden können.

Wie gestaltet sich dabei die Beziehung der verschiedenen „Fächer“ (praxisfeldspezifischen Kurse; s. u. 2.3.2 A.) der zweiten Ausbildungsphase zu den Kenntnissen, Einsichten und Fertigkeiten aus der ersten Phase im einzelnen? Hier drängt sich immer wieder der Eindruck von besonderen thematischen Affinitäten auf: etwa der Predigt zu Exegese und Dogmatik, der Seelsorge zur Geschichte der praxis pietatis, der Diakonie zur Ethik, und vor allem eine direkte Beziehung der Praxisfelder zur einschlägigen Teildisziplin der Praktischen Theologie, also zur Homiletik, Poimenik, Religionspädagogik. Aber eine genauere Betrachtung zeigt:

Erstens leisten alle Fächer der ersten Phase ihren Beitrag zur Begründung theologischer Kompetenz *nur im Verbund mit allen anderen.* Alle Fächer der ersten Phase wirken zusammen zur Grundlegung eines *einheitlichen Ganzen* an theologischen Kenntnissen, Einsichten und Fertigkeiten.

Zweitens: *Dieses Ganze wird in allen Fächern der zweiten Phase jeweils als Ganzes vorausgesetzt und in Anspruch genommen.* So setzt z. B. eine solide Predigtpraxis de facto den Rückgriff auf das Ganze der in allen Studienfächern gewonnenen Kenntnisse (also nicht nur der Exegese und Dogmatik, sondern auch der Kirchen- und Theologiegeschichte), auf das Ganze der in ihnen gewonnenen Einsichten (insbesondere in die Stichhaltigkeit und Vertretbarkeit des Wahrheitsanspruchs der Wirklichkeitssicht des Glaubens und ihrer praktischen Orientierungskraft) und auf das Ganze der im Studium gewonnenen Methodenkompetenz voraus. Dasselbe ließe sich für sämtliche Praxisfelder des Pfarramtes zeigen (Seelsorge, Unterricht, Diakonie, Gemeindeaufbau etc.).

Daher besteht eine exklusive Vorbereitungsbeziehung von einzelnen Fächern der ersten Phase zu einzelnen Fächern der zweiten Phase nicht; und insbesondere auch keine vorrangige oder gar exklusive Zulieferfunktion der Praktischen Theologie für die zweite Phase - unbeschadet ihrer beschriebenen „Brückenfunktion“.

2.1.3 *Vertiefung der im Studium gewonnenen Kenntnisse, Einsichten und Fertigkeiten.*

Der Vorbereitungsdienst setzt aber die aus dem Studium mitgebrachte persönliche Kompetenz der Kandidaten nicht nur voraus, um das Ausbildungsgesamtziel zu erreichen. Sondern wenn und indem er dieses Ziel erreicht, erweitert und vertieft er auch diese Kompetenz selber.

a) Erstens führen die Erfahrungen des Vorbereitungsdienstes zur Erweiterung und Vertiefung der Kenntnisse des Kandidaten. Einerseits wird er auf *praktisch unerträgliche* Lücken seines im Studium erworbenen Wissens aufmerksam werden und sich um ihre Beseitigung bemühen. Andererseits wird ihm die teilnehmende Erfahrung mit der Praxis des Pfarramts Kenntnisse – insbesondere über die Gegenwartssituation der Kirchen – vermitteln, die ihm im Studium gar nicht zugänglich waren.

b) Sodann vertiefen die Herausforderungen und Erfahrungen des Vorbereitungsdienstes die aus dem Studium mitgebrachten Einsichten in die Bedeutung und Wahrheit der christlichen Botschaft und des kirchlichen Auftrags. Es wird regelmäßig zur Infragestellung mitgebrachter Gewißheiten, zu neuen Akzentsetzungen und zur Anbahnung neuer Überzeugungen kommen. Teile der Überlieferung, die bisher eher für marginal gehalten wurden, können an Gewicht gewinnen; und umgekehrt.

c) Das ist regelmäßig als Resultat der systematisch erschwerten und erhöhten Anforderungen zu erwarten, die der Vorbereitungsdienst an die *Fertigkeit* der Kandidaten *zur Vertretung* eigener christlicher und theologischer Einsichten mit sich bringt. Diese müssen nicht wie bisher nur *persönlich*, sondern *öffentlich* vertreten werden; in den *institutionellen Verflechtungen des Amtes*, gemäß seinen Anforderungen, unter den Wirkungsbedingungen seiner Handlungsfelder und in seiner – kirchlichen und damit implizit auch gesellschaftlichen – Verantwortung. Das schließt die – vielleicht ungewohnte – Aufgabe ein, Formen der Frömmigkeitspraxis weitergeben und pflegen zu müssen.

Von dieser Herausforderung zur öffentlichen Vertretung und Gestaltung eigener theologischer Überzeugung geht der eigentliche weiter- und über das Studium hinausführende Impuls der zweiten Ausbildungsphase aus. Sie bestimmt die persönliche Ausgangssituation, den Weg und die Organisation der zweiten Phase.

2.2 *Persönliche Ausgangssituation*

Der Eintritt in den kirchlichen Vorbereitungsdienst wird regelmäßig als ein biographisch tieferer Einschnitt erfahren als der Beginn des Studiums. Das Recht dieser Einschätzung ergibt sich aus der Situation des Vorbereitungsdienstes, die zumindest in vier Hinsichten neu ist für die Kandidaten.

Erstens setzt der Eintritt in den Vorbereitungsdienst einen gewissen Abschluß der Suche nach der eigenen Identität voraus. Er bedeutet für die einzelne Person die *Probe* auf die Tragfähigkeit des erreichten Ergebnisses. Folglich muß der Vorbereitunsgdienst auch so eingerichtet sein, daß er diese Probe erbringen kann. Er enttäuscht, wenn in ihm nur erneut - wie im Studium - Angebote zur *Findung* der eigenen Identität gemacht werden.

Zweitens: Mit dem Eintritt in den Vorbereitungsdienst nimmt der Kandidat nicht nur eine persönliche Identifikation mit dem Auftrag der Kirche vor, sondern vor allem auch mit ihrer konkreten Erscheinung als sozialer Organisation; zwar noch probeweise, aber öffentlich, vor den Augen der Gesamtgesellschaft. Damit wird er de facto rechenschaftspflichtig nicht mehr bloß für seine persönliche christliche und theologische Überzeugung, sondern für die Sache der verfaßten Kirche. Er erfährt, daß er nicht mehr nur einstehen muß für die ihn überzeugende Wahrheit des Evangeliums, sondern auch für die Art und Weise, wie die Kirche durch ihre konkrete Verfassung und Arbeit diese Wahrheit vertritt, also für die gesellschaftliche Objektivität der Kirche. Ist er - persönlich und im Blick auf die kirchliche Realität - im Stande, einschlägigen Anfragen standzuhalten?

Drittens entspricht der persönlichen Identifikation mit der Kirche auch eine erste probeweise Identifikation der Kirche mit dem Kandidaten. Mit der Übernahme in den Vorbereitungsdienst überträgt ihm die Kirche einen Auftrag in zwar vorläufiger, zugleich aber verbindlicher Weise. Alle Lehr- und Lernprozesse der zweiten Phase stehen unter diesem Vorzeichen. Folglich stehen sie auch selber sämtlich unter dem Auftrag der Kirche und im Rahmen ihrer Ordnung. Während in der ersten Phase über die konkreten Lerngemeinschaften und den Besuch von Lehrveranstaltungen in einem hohen Maße die persönliche Wahl des Kandidaten entscheidet, überwiegen in der zweiten Phase die verpflichtenden Vorgaben durch die kirchliche Ausbildungsordnung als Teil der Kirchenordnung insgesamt (was vor allem die schwierige Zumutung von nicht frei gewählten Lernsituationen und -gemeinschaften einschließt). Konnte der Kandidat in der ersten Phase die Lernzumutungen in einem hohen Maße seinen persönlichen Bedürfnissen, Stärken und Interessen anpassen, so steht er jetzt umgekehrt vor der Aufgabe, mit seiner Person den verpflichtenden Anforderungen der kirchlichen Ordnung gerecht zu werden.

Viertens: Darin findet nur seinen institutionellen Ausdruck, was

weit darüber hinaus Grundzug der zweiten Ausbildungsphase ist: Der Kandidat wird den *objektiven* Anforderungen der Amtsführung ausgesetzt. Und ihm wird zugemutet, sich die dafür erforderlichen Kenntnisse, Einsichten und Fertigkeiten (auf der Grundlage der Ergebnisse seines Studiums und im ständigen Rückgriff auf sie) anzueignen.
Die Verbindlichkeit der kirchlichen Ausbildungsordnung hat darin ihren Grund und ihr Recht, daß sie diese objektiven Anforderungen zur Geltung bringt. Daraus ergibt sich die Notwendigkeit ihrer sorgfältigen Kontrolle und Fortschreibung. Die Kandidaten müssen exemplarisch an der Ausbildungsordnung erfahren können, daß der Verbindlichkeit kirchlicher Ordnung ihre Sachgemäßheit und ihre Verläßlichkeit entspricht. Das können sie nur, wenn auch die für die kirchliche Ausbildungsordnung zuständigen Organe und Personen in einer vorbildlichen und inspirierenden Weise zu jeder argumentativen Vertretung ihrer Entscheidungen bereit sind.

2.3 *Wege*

Die Lehr- und Lernprozesse der zweiten Phase müssen so eingerichtet sein, daß sie die Voraussetzung der Ordination erreichen. Das ist: eine erste Habitualisierung der Fähigkeit, die wesentlichen Grundaufgaben des Pfarramts in ihrer je situationsspezifischen Zuspitzung zu erkennen, Lösungen für sie zu entwerfen und situationsgerecht durchzuführen. Was für Lehr- und Lernprozesse sind dafür einzurichten? Für die Antwort auf diese Frage sind wiederum die wesentlichen und unverzichtbaren Inhalte (s. 2.3.1) dieser Ausbildungsprozesse grundlegend. Sie bestimmen die Anforderungen an ihre Organisation (s. 2.3.2).

2.3.1 *Inhalte*

Auch an den Inhalten der Lehr- und Lernprozesse der zweiten Phase müssen der Sache nach Gegenstände (A), die Begegnungsgestalten dieser Gegenstände (B) und die zu ihrer Bearbeitung erforderlichen Methoden (C) unterschieden werden. Dann treten die formalen Eigentümlichkeiten der Ausbildung in der zweiten Phase gegenüber der ersten plastisch hervor.

A. *Gegenstände:*

Aus dem, was über das Ziel und die Situation des Vorbereitungsdienstes gesagt wurde, ergibt sich: Sein spezifischer Gegenstand ist die *Praxis der Führung des Amtes im Rahmen der kirchlichen Ordnung*; und zwar als eine Praxis, die der Kandidat nicht nur von außen betrachtet, sondern *an der er* im Rahmen seines Auftrags *selber verantwortlich teilnimmt.*

Damit sind zwei Unterschiede zum Gegenstand der ersten Phase gegeben:

Erstens eine *materiale* Zuspitzung: Der Gegenstand des Studiums ist die geschichtliche Existenz des Glaubens in seiner sozialen Verfaßtheit, also das Leben der Kirche in der für es konstitutiven Dynamik, institutionellen Vielschichtigkeit und geschichtlichen Gesamtbewegung. Demgegenüber ist der direkte Gegenstand des Vorbereitungsdienstes gewissermaßen nur ein Auschnitt aus diesem Ganzen: das Amt, sein Auftrag, sein gegenwärtiger institutioneller Aufbau und Kontext, seine gegenwärtigen Handlungsanforderungen und Wirkungsbedingungen.

Zweitens eine *formale* Konkretisierung (und dementsprechende Komplizierung). Gegenstand des Studiums sind: gegebene Handlungszusammenhänge, abgeschlossene Prozesse, vollzogene Entscheidungen, also jedenfalls „historische", vorgegebene Sachverhalte, die als solche vom Studenten studiert, aber nicht projektiert, beschrieben, aber nicht betrieben werden wollen und können. Demgegenüber ist der spezifische Gegenstand der zweiten Phase eine Praxis, die sich zwar in einer ebenfalls gegebenen Ordnung nach objektiven Anforderungen bewegt, aber als Praxis gerade nicht selbst schon gegeben ist und als solche nur beschrieben werden kann, sondern jetzt gerade erst betrieben werden muß – und zwar vom Kandidaten selbst. Kurz: Gegenstand des Studiums ist das Leben der Kirche als dem Studenten gegenüberstehende geschichtliche Gegebenheit; hingegen: der *spezifische* Gegenstand des Vorbereitungsdienstes sind *Handlungen* unter den objektiven Gegebenheiten und Anforderungen des Amtes, *in die der Kandidat selbst als Akteur involviert ist.*

Die spezifische Differenz bezieht sich also auf das Verhältnis zwischen dem Gegenstand und dem eigenen Handeln des Kandidaten. Auf die dem Studierenden vorgegebenen und von ihm gewählten Gegenstände des Studiums nimmt sein eigenes Handeln keinen konstitutiven Einfluß; es gehört daher auch selber gar nicht in den Gegenstand der Lehr- und Lernprozesse hinein. Hingegen: auf den Gegenstand der zweiten Ausbildungsphase –

die *teilnehmende* Erfahrung mit der Praxis des Amtes – nimmt das eigene Handeln des Kandidaten allerdings einen konstitutiven Einfluß; und es gehört folglich selbst in den Gegenstand des Lehrens und Lernens während der zweiten Phase hinein.
Es mag unvermeidlich sein, daß auch in der zweiten Phase noch Lehr- und Lernprozesse eingerichtet werden, die völlig gleichartige Gegenstände haben wie die der ersten Phase; etwa: Lehrgänge in Kirchenrecht oder Territorialkirchengeschichte. Aber deren Gegenstände sind eben für die zweite Phase *nicht spezifisch*. Sie könnten auch in der ersten Phase begegnen, ohne deren Charakter zu sprengen. Alle *spezifischen* Gegenstände zeigen in der Tat die beschriebene Formeigentümlichkeit. Nur auf sie nehmen die folgenden Überlegungen Bezug.

B. *Die dreifache Gestalt der spezifischen Gegenstände der zweiten Phase.*

Aus der beschriebenen formalen Eigentümlichkeit der spezifischen Gegenstände der zweiten Phase folgt, daß sie auch in einer anderen Gestalt begegnen als die Gegenstände der ersten Phase. Die Gegenstände der ersten Phase begegnen in der Gestalt von „Quellen" als Dokumenten abgeschlossener Handlungen anderer Subjekte. Hingegen der *spezifische* Gegenstand der zweiten Phase begegnet in Gestalt von *Erfahrung eigener Praxis* im Rahmen eines zwar vorläufigen, aber verbindlichen Auftrags.
Ebenso wie der spezifische Gegenstand der zweiten Phase formal *konkreter und komplexer* ist als der der ersten Phase, so auch die Gestalt, in der er begegnet. Sie umfaßt nicht weniger, sondern mehr als die Gestalt, in der die Gegenstände der ersten Phase begegnen. Das heißt: Sprache, Texte, Quellen, dies alles verschwindet nicht in der Erfahrung eigener Praxis im Rahmen des erteilten Auftrags, wird vielmehr in ihr festgehalten und kehrt wieder. Aber es begegnet jetzt nicht mehr ausschließlich als Dokument *fremder Praxis*; sondern als Bezugspunkt, Gegenstand und Inhalt einer *eigenen, selbst zu betreibenden und zu verantwortenden Praxis*.
In der Erfahrung eigener Praxis wird diese nun dem Handelnden selber stets in drei verschiedenen, aufeinander folgenden Gestalten präsent. Erfahrung eigener Praxis umfaßt stets erstens das *Innesein des eigenen Entwurfs der eigenen Handlung* (B 1), sodann das *Erlebnis der Realisierung des Entwurfs* (B 2) und schließlich das

Erinnerungsbild von dem Verhältnis zwischen Entwurf und Realisierung (B 3).

Für jede Erfahrung eigener Praxis sind diese drei Momente wesentlich. Keines von ihnen kann auf ein anderes zurückgeführt werden. Gleichzeitig bilden sie eine *unauflösliche Einheit* und einen *unumkehrbaren prozessualen Zusammenhang*:

Sie bilden eine *unauflösliche Einheit*, sofern Entwurf und Erinnerungsbild beide auf ein und dieselbe Realität bezogen sind: nämlich auf das Erlebnis der Durchführung des Entwurfs und damit auf die Begegnung mit dem Glauben der Gemeinde; nur einmal prospektiv, das andere Mal retrospektiv.

Und sie bilden einen *unumkehrbaren prozessualen Zusammenhang*, sofern jeweils das frühere Moment ins spätere eingeht und in ihm festgehalten wird: Der Entwurf geht ins Erlebnis der Durchführung ein und das Erlebnis der Durchführung ins Erinnerungsbild. Erst in ihm ist die Erfahrung eigener Praxis vollendet. Gleichzeitig beeinflußt es den Entwurf neuer Handlungen. So *konstituiert diese Aufeinanderfolge der drei Momente erst die Erfahrung eigener Praxis*. Der Prozeß wiederholt sich zwar (das Erinnerungsbild abgeschlossener Handlungen geht in den Entwurf neuer ein), ist aber unumkehrbar.

Weil Erfahrung eigener Praxis in diesem unumkehrbaren Konstitutionszusammenhang entsteht, ist sie nicht nur der spezifische Gegenstand des Lernens in der zweiten Phase, sondern auch das spezifische Medium, in dem dieses Lernen seine Fortschritte macht und sein Ziel erreicht: die Habitualisierung des Entwerfens, Durchführens und Kontrollierens eines situationsgerechten Handelns im Amt. Freilich nur dann, wenn die drei genannten konstitutiven Momente der Erfahrung eigener Praxis methodisch behandelt werden.

C. *Methoden.*

Auch die *spezifischen* Methoden der zweiten Ausbildungsphase ergeben sich aus diesen drei Gestalten, in denen das eigene Handeln im Machen der Erfahrung eigener Praxis begegnet. Sie betreffen das Entwerfen des eigenen Handelns im Amt (C 1), die Durchführung der entworfenen Handlung (C 2) und die Auswertung des Erinnerungsbildes (C 3).

C 1. *Das Entwerfen (Planen) des eigenen Handelns im Amt.* – Das Entwerfen (die Planung) einer Handlung im Amt besteht in der begründeten Entscheidung über (und d. h. immer: Auswahl von) derjenige Strategie, die bei der Wahrnehmung einer bevorstehenden Handlungssituation befolgt werden soll. Es setzt voraus und schließt ein:

- die durch *teilnehmende Beobachtung und kritische Reflexion* gewonnene Vertrautheit mit den konkreten Bedingungen des kirchlichen und gemeindlichen Lebens vor Ort (z. B. geschichtlicher und sozialer Kontext, Zusammensetzung der Gemeinde und ihrer Organe sowie der Mitarbeiter- und Kollegengruppen) und mit ihrem Einfluß auf die Anforderungen an und die Bedingungen für das Handeln auf den verschiedenen Praxisfeldern des Amts.
- die *Vorhersicht und Beurteilung* der in der einzelnen bevorstehenden Situation amtlichen Handelns vermutlich de facto auftretenden, berechtigten und unberechtigten, Kommunikationserwartungen der Partner;
- die *Auswahl* derjenigen Erwartungen, die der Amtsträger im Blick auf den Auftrag des Amtes und seine persönlichen Berufsfähigkeiten meint befriedigen zu sollen und zu können;
- die *Planung* desjenigen Verhaltens (Reihenfolge von Maßnahmen), das – gemessen an dem dem Amtsträger zur Verfügung stehenden einigermaßen zuverlässigen Wissen über die Wirkungsgesetze, die die bevorstehende Situation beherrschen werden – eine möglichst gute Chance bietet, den angestrebten Kommunikationserfolg zu erzielen.

C 2. *Durchführung der entworfenen Handlung.* – Die Durchführung des geplanten Handelns besteht in dem Versuch, den präsenten Anforderungen der (nun nicht mehr als ausstehende vorgestellten, sondern selbst als präsent erlebten) Praxissituation nach Maßgabe des Entwurfs gerecht zu werden und sich dadurch dem angestrebten auftragsgemäßen Kommunikationserfolg anzunähern. Das schließt im einzelnen notwendig ein die Abfolge von wenigstens drei verschiedenen Kontroll- und Entscheidungsvorgängen:

- Die Grundkontrolle beim Eintritt in die Situation, ob diese in ihrer erlebnismäßigen Präsenz überhaupt mit der imaginierten übereinstimmt; also ob bzw. in welchem Maße das Festhalten an dem Entwurf überhaupt aussichtsreich ist; bzw. die – soweit möglich – begründete Entscheidung über eine alternative Strategie.

- Die Wirkungskontrolle geplanter Maßnahmen in der erlebten Situation. Nur wenn diese Kontrolle hinreichend günstig ausfällt, kann das geplante Verhalten unkorrigiert fortgesetzt werden; u. U. kann die Wahrnehmung von nicht zieldienlichen Wirkungen Anlaß für ein verantwortliches Abweichen vom geplanten Verhalten werden. Die Abweichung ist dann verantwortlich, wenn das geplante (oder ein bewußt an seine Stelle gesetztes) Ziel im Blick bleibt und das gewählte Alternativverfahren sachlich (gemessen an den Wirkungsgesetzen der Situation) die Vermutung der Zieldienlichkeit für sich hat.
- Die Wirkungskontrolle gewählter Alternativmaßnahmen (strukturell gleich verlaufend).

C 3. *Auswertung des Erinnerungsbildes.* – Die abgeschlossene Handlung hinterläßt in dem, der sie verantwortlich durchgeführt hat, ein Erinnerungsbild.

Inhaltlich umfaßt dieses Erinnerungsbild zunächst das in der vollzogenen Interaktion (eines Seelsorgegesprächs, einer Amtshandlung, eines Gottesdienstes, einer Unterrichtsstunde, einer Kirchenvorstandssitzung etc.) enthaltene Selbst- und Fremderleben. Darüber hinaus gehen auch die in kürzerem oder längerem Abstand folgenden, erwarteten oder überraschenden, positiven oder negativen „Rückmeldungen" in es ein und bestimmen es. In *formaler* Hinsicht gilt: Das aus all diesen Erlebnissen zusammengesetzte Erinnerungsbild bildet sich in dem Handelnden spontan, ohne daß er sich letztlich erfolgreich dagegen wehren kann, und in einer erlebnismäßigen Konkretheit und Genauigkeit, die in der bewußten Reflexion und sprachlichen Artikulation nur nach und nach erfaßt und vielleicht vollständig niemals eingeholt werden kann.

Gleichwohl ist diese nachgängige reflexive und artikulierte Erfassung des erlebnismäßig konstituierten Erinnerungsbildes die unabdingbare Voraussetzung dafür, daß überhaupt eine Kontrolle und aufgrund dessen eine Verbesserung der eigenen Praxis stattfinden kann. Für diese *Artikulation und methodische Auswertung* des Erinnerungsbildes eigener Handlungen sind die Kandidaten (bzw. Amtsträger) auf das Gespräch mit Kollegen, Mentoren und

Kursleitern angewiesen. Dabei ist wenigstens auf folgende Fragen eine Antwort zu suchen:

- Ist die Handlung „entgleist“? Das heißt im einzelnen: Ist der Amtsträger orientierunglos geworden? An welcher Stelle des Handlungszusammenhangs? Wie ist die Situation überhaupt überstanden worden? Welche Wirkungen des orientierungslosen Verhaltens müssen bzw. dürfen erwartet werden?
- Konnte überhaupt das (geplante oder im Handlungsverlauf bewußt alternativ gewählte) Ziel realisiert werden? Ggf.: Warum vermutlich nicht?
- Hat sich der Verhaltensplan bewährt? Ggf.: Warum nicht?

Diese für die zweite Ausbildungsphase *spezifischen* Methoden der kontrollierten Planung, Durchführung und Kontrolle eigener Handlungen im Amt bilden sämtlich keine Alternative zu den Methoden des Texterfassens und -verfassens, die in der ersten Phase gelernt worden sind. Vielmehr setzten sie die Beherrschung dieser Methoden sämtlich voraus, wenden sie bei der Lösung der beschriebenen Aufgaben an, und vertiefen und festigen also ihre Beherrschung. Keine Planung einer Handlung im Amt, keine Durchführung einer solchen Handlung und keine methodische Kontrolle des Verhältnisses zwischen Planung und Ergebnis gelingt ohne die Inanspruchnahme der in der ersten Phase gewonnenen „hermeneutischen Kompetenz“. Das hat seinen Grund darin, daß auch der *spezifische* Gegenstand der zweiten Phase den der ersten nicht beiseite schiebt, sondern voraussetzt, in sich einschließt und festhält.

Soweit die *spezifischen Methoden* der zweiten Phase. Für sie gilt genauso wie für die Methoden des Studiums: Ihre Anwendung setzt gewisse theoretische Vorkenntnisse voraus. Nun aber nicht mehr nur die oben genannten, aus dem Bereich der Allgemeinbildung und des außertheologischen Wissens stammenden Kenntnisse, sondern darüber hinaus genau diejenigen theologischen Kenntnisse und theologischen Einsichten, die durch das Studium gewonnen wurden.

Sie gehen als ein Ganzes, also nicht in fächerspezifischer Segmentierung in den Entwurf, die Realisierung und Kontrolle des Handelns im Amt ein.

Durch diesen Versuch, mit ihnen zu arbeiten, werden sie bestätigt, korrigiert, erweitert, vertieft. Dabei betrifft der Erweiterungsvorgang naturgemäß vor allem den Bereich von theologischen

Kenntnissen und Einsichten über den institutionellen Aufbau und Kontext des Pfarramts sowie die seine Praxisfelder beherrschenden sozialen und psychischen Wirkungsgesetze.
Diese „theoretische“ Arbeit im Vorbereitungsdienst hat drei thematische Schwerpunkte. Sie umfaßt:

- die Reflexion und Begründung der beschriebenen Methoden der Planung (des Entwurfs), der Durchführung und Kontrolle von Handlungen;
- die Arbeit mit den theoretischen Kenntnissen und Einsichten der ersten Phase im methodischen Zusammenhang der bewußten Planung, Realisierung und Kontrolle pfarramtlicher Praxis. Sowie schließlich
- die Aufarbeitung des Verhältnisses zwischen den objektiven Anforderung der pfarramtlichen Praxis und der Person der Kandidaten.

2.3.2 *Organisation*

A. *Fächer (praxisfeldspezifische Kurse).*
Ebenso wie sich die spezifischen Methoden der zweiten Phase aus ihrem spezifischen Gegenstand ergeben, so auch ihre Organisation. Wie in der ersten Phase muß die organisatorische Unterscheidung verschiedener „Fächer“ sicherstellen, daß die Lehr- und Lernprozesse im Vorbereitungsdienst den realen Aspektreichtum ihres Gegenstandes zur Geltung bringen. So entspricht der organisatorischen Verselbständigung der Fächer in der ersten Phase in der zweiten Phase die organisatorische Verselbständigung verschiedener *Kurse*, von denen jeder einem der heute wesentlichen Handlungsfelder des Pfarramts gewidmet ist.

A 1. *Fächerkanon.* – Diese Handlungsfelder sind auf jeden Fall: Gottesdienst (in der Einheit von Predigt und Liturgie), Unterricht, Seelsorge, Amtshandlungen, Gemeindeaufbau und -leitung. Andere Felder können zusätzlich berücksichtigt werden (z. B. Diakonie).
Es ist natürlich, daß sich dieses Kurssystem entsprechend den tatsächlich dominanten Handlungsfeldern des Pfarramts ändert. Aber aufgrund des Auftrags der Kirche ist eine Änderung der zentralen Stellung des Handlungsfeldes Gottesdienst (einschließlich der Predigt) undenkbar. An der Zentralstellung dieses Hand-

lungsfeldes muß die Ausbildungsordnung der Kirche auch „kontrafaktisch" festhalten.

A 2. *Zur Beziehung zwischen den Fächern der zweiten und der ersten Phase.* – Die Grenzen dieser Kurse fallen nicht zusammen mit den Fächern des Studiums. Vielmehr greift jeder Kurs der zweiten Phase zurück auf Kenntnisse, Einsichten und Fertigkeiten aus allen Fächern der ersten Phase. Der Rückgriff auf Ergebnisse des Studiums der Systematischen Theologie (Prinzipienlehre, Dogmatik und Ethik), der exegetischen Fächer, der Kirchengeschichte und der Praktischen Theologie läßt sich am konkreten Aufbau einer auftragsgemäßen Seelsorgepraxis genauso nachweisen wie an einer auftragsgemäßen Unterrichts- oder Predigtpraxis. Denn *jedes* auftragsgemäß professionelle Handeln auf *jedem* pfarramtlichen Praxisfeld setzt voraus:

a) die Kenntnisse über das gegebene geschichtliche Leben der Kirche, wie sie nur aus dem Studium aller Fächer der ersten Phase insgesamt gewonnen werden können,
b) die theologischen Einsichten, die sich aus derjenigen methodischen Erfassung des Literalsinnes der Überlieferung und der methodischen Stellung und Entscheidung der Wahrheitsfrage ergeben, zu der nur das Studium *aller* Fächer der ersten Phase anleitet,
c) die Beherrschung derjenigen Fertigkeit im Erfassen und Verfassen von Texten, die ebenfalls aus dem Studium aller dieser Fächer resultiert.

A 3. *Die Einheitlichkeit des methodischen Grundmusters für die Bearbeitung praxisfeldspezifisch-verschiedener Gegenstände.* – Wie in der ersten Phase gilt auch in der zweiten: Die für die zweite Phase spezifischen Methoden (der Planung, Durchführung und Kontrolle eigener Amtshandlungen) sind für die einzelnen Gegenstandsgebiete (hier: Kurse) gleich. Ebensowenig wie es in der ersten Phase grundsätzlich fachspezifische Methoden gibt, so wenig in der zweiten Phase kursspezifische. Die Fertigkeit des Entwerfens, der situationsgerecht sensiblen und geschickten Durchführung sowie der nachgängigen Kontrolle des eigenen Handelns im Amt zeigt auf allen Feldern pfarramtlicher Tätigkeit ein identisches methodisches Grundmuster, unbeschadet der verschiedenen praxisfeldspezifischen Anforderungen, Gesetze und Verfahren der Kommunikation.

Dieser Sachverhalt kann dadurch undeutlich werden, daß Verfahren, die auf den verschiedenen Praxisfeldern als erfolgreich erlebt worden sind – also gewissermaßen Gestalten einer probaten pastoralen Routine –, unter dem Titel von praxisfeldspezifischen „Methoden" tradiert (empfohlen, gelehrt und durch Imitation angeeignet) werden. Tatsächlich ist ein solches „Training" von aus der kirchlichen Tradition oder außerkirchlichen Handlungsfeldern (etwa: den verschiedenen Formen von Psychotherapie) stammenden Verfahren und ihrer Anwendung auf für geeignet gehaltene Fälle möglich und vielleicht auch in Grenzen erfolgreich. Aber für sich allein genommen verhindert es die Ausbildung theologischer Kompetenz. Es überspringt nämlich die Anleitung der Kandidaten zur eigenen Überprüfung der Gegenstandsgemäßheit von überlieferten Formen pfarramtlicher Routine aufgrund und anhand ihrer eigenen theologischen Kenntnisse, Einsichten und hermeneutischen Fähigkeiten. Im Extremfall befördert es sogar den – entlastenden – Eindruck von der Überflüssigkeit jenes anspruchsvollen Ganzen an theologischen Kenntnissen, Einsichten und hermeneutischen (also auch sprachlichen und intellektuellen) Fähigkeiten gegenüber der „praktisch" entscheidenden Einübung bestimmter Standardmuster pastoralen Verhaltens und ihrer situationsgemäßen Aktualisierung. Wo solche Lernprogramme – bewußt, aber auch unbewußt – dominieren, wird die Etablierung theologischer Kompetenz im hier beschriebenen Sinne systematisch verhindert.

Das hätte dann mit Sicherheit zwei für die Kirche insgesamt negative Folgen: Erstens würde die Botschaft unglaubwürdig. Denn eine verbale und leibhafte Verhaltensroutine, die eben nicht den Amtsträger mit dem Ganzen seiner gebildeten Identität (samt allen sie begründenden Kenntnissen, Einsichten und Fertigkeiten) involviert und deshalb auf die Dauer unfehlbar „hohl" wirkt, träte an die Stelle desjenigen sensiblen und intelligenten eigenen (und insofern authentischen) „Dabeiseins", das für den (hier beschriebenen) kompetenten Vollzug der pfarramtlichen Pflichten wesentlich ist. Zweitens würde einem solchen angewöhnten „Methoden"- und Verhaltensstrauß auch genau diejenige Beweglichkeit fehlen, die dem Amtsträger durch theologische Kompetenz im hier beschriebenen Sinne zur Verfügung gestellt wird. Die Amtsträger der Kirche verlören also genau diejenige kommunikative Geschmeidigkeit, die in der Öffentlichkeit hochkomplexer Gesellschaften von ihnen verlangt wird.

B. *Lehrveranstaltungen.*

Auch in der zweiten Phase müssen die Lehr- und Lernprozesse in allen Kursen so organisiert werden, daß sie zwei Aufgaben gleichzeitig erfüllen: *Einerseits* muß den Kandidaten Gelegenheit gegeben werden zum *eigenen* Erwerb der beschriebenen methodischen Fertigkeit in der Bearbeitung der spezifischen Gegenstände der verschiedenen Praxisfelder. *Andererseits* muß auch Gelegenheit zur Einführung, sachlichen Begründung und Reflexion dieses methodischen Grundmusters und seiner gegenstandsspezifischen Variationen gegeben werden, sowie zur Rekapitulation, Erweiterung und Vertiefung der durch diese methodische Arbeit verlangten theologischen Kenntnisse und Einsichten.

Deshalb sind die Lehr- und Lernprozesse des Vorbereitungsdienstes in zwei Typen von Lehrveranstaltungen zu organisieren:

- Praktika (bzw. praktische Phasen) unter der Anleitung und Verantwortung eines Lehrpfarrers (bzw. Mentors),
- Studienwochen (oder -tage) am Predigerseminar.

Grundlegend für den spezifischen Beitrag des Vorbereitungsdienstes zur Gewinnung theologischer Kompetenz sind die *praktischen Phasen.* Sie müssen in einer Gemeinde bzw. Schule durchgeführt werden. Sie verlangen eine Begleitung sowohl des Entwurfs der Amtshandlung des Kandidaten als auch ihrer Durchführung wie schließlich auch der Auswertung ihres Erinnerungsbildes. Diese ständige Begleitung hat wenigstens durch den Lehrpfarrer zu geschehen.

Die oben beschriebene Methode des Entwerfens, Durchführens und retrospektiven Kontrollierens des Handelns im Amt muß im Blick auf jedes Praxisfeld und seine besonderen Aufgaben gehandhabt werden können. Von da aus ergeben sich die hohen Anforderungen, die an die verantwortliche Begleitung der Praxis der Kandidaten vor Ort, also insbesondere an die Lehrpfarrer zu stellen sind. Der Erfolg der zweiten Ausbildungsphase hängt nicht allein von der Ausstattung und Leistungskraft des Predigerseminars, sondern ebenso von der zuverlässigen Kompetenz aller Lehrpfarrer ab.

Auch die Arbeit in der Jahrgangs- bzw. Regionalgruppe der Kandidaten unter der Begleitung eines Mentors (bzw. Dozenten) kann eine fruchtbare Form der Praxisbegleitung sein.

Von der Begleitung vor Ort ist die unverzichtbare *Einleitung und Auswertung* der praxisfeldspezifischen Kurse in zentralen Studienwochen (oder -tagen) zu unterscheiden. Sie klärt die theoretische Perspektive, in der das jeweilige Praktikum vollzogen wird, und sichert seinen Ertrag. Der Erfolg dieser Arbeit verlangt eine zweckdienliche Verbindung verschiedener Arbeitsformen: *Plenumsdiskussion, Einzelberatung und Arbeit in Gruppen.*

2.4 *Ort*

Der institutionelle Rahmen für die zweite Ausbildungsphase sind die kirchlichen Ausbildungsinstitutionen. Aus dem, was über den Weg zur Erreichung des Ausbildungsziels der zweiten Phase gesagt wurde (o. 2.2.3), ergibt sich, daß sie stets zwei Arten von Institutionen umfassen müssen: für Ausbildungsleistungen, die nur *vor Ort* erbracht werden können, und für solche, die *zentral* erbracht werden müssen. Die ersteren sind im *Gemeindevikariat* zusammengefaßt, die zweiten im *Predigerseminar.*

2.4.1 *Gemeindevikariat*

Für die Erzielung des spezifischen Beitrags der zweiten Ausbildungsphase ist das Gemeindevikariat grundlegend. Der vorläufige Auftrag an den Kandidaten kann nur dann einen Eindruck von der spezifischen Verbindlichkeit des endgültigen Auftrags vermitteln, wenn er auch die für diesen wesentliche verbindliche wechselseitige Zuordnung einer Ortsgemeinde und eines Amtsträgers enthält. Die leibhafte Begegnung mit den objektiven Anforderungen des Pfarramts ist allein auf der Ebene der konkreten Ortsgemeinde möglich. Die Kandidaten können diesen objektiven Anforderungen nicht anders ausgesetzt werden als durch die Anforderung, der Öffentlichkeit *einer* Gemeinde auf Dauer standzuhalten.

Diese Bindung an einen Ort kann freilich auch *Fixierungen und perspektivische Verkürzungen* zur Folge haben; die Fixierung auf den Lehrpfarrer, den Mentor, einen kirchlichen Vorgesetzten (Dekan etc.), auf Personen und Verhältnisse, die das Leben der konkreten Ortsgemeinde beherrschen; im Extrem kann es zur Verwechslung *einer* Gemeinde und ihrer Situation mit der Situation *der* Kirche kommen.

Um das zu verhindern, sind zentrale Ausbildungsinstitutionen einzurichten. Sie haben sicherzustellen, daß die Kandidaten ihre örtlichen Einzelerfahrungen in einen gesamtkirchlichen Erfahrungshorizont rücken und auf der Ebene des aktuellen Standards der öffentlichen theologischen Diskussion reflektieren können.

2.4.2 *Das Predigerseminar*

Das geeignetste Instrument, um Verengungen des Blickwinkels in der zweiten Phase vorzubeugen, ist ein zentrales Predigerseminar. Es bietet sich vor allem an als Ort für die Durchführung der Einleitung und des Abschlusses der handlungsfeldspezifischen Kurse. Die Detailarbeit der Planung, Durchführung und Auswertung eigener handlungsfeldspezifischer Amtshandlungen kann hier zwar nicht geleistet werden, sondern bleibt der Arbeit in der Gemeinde und der Zusammenarbeit mit dem Lehrpfarrer vorbehalten. Aber Aufgabe des Predigerseminars ist es, die überregionalen Standards dieser Arbeit präsent zu halten. Ein wichtiger Beitrag dazu ist auch die *Beratung und zentrale Fortbildung von Lehrpfarrern*.

Diese Aufgaben erfüllt das Predigerseminar vor allem durch die gemeinsame Vorbereitung und gemeinsame Auswertung der verschiedenen handlungsfeldspezifischen Kurse (s. o. 2.3.1 A.) und durch die Gelegenheit zur gegenseitigen Beratung. Darin bewährt sich das Predigerseminar als der Ort des ständigen Austauschs von Erfahrungen und Einsichten zwischen Lehrvikaren, Lehrpfarrern und Dozenten.

Darüber hinaus ermöglicht das Predigerseminar zeitlich begrenzte, aber verpflichtende Phasen einer vita communis. Diese bieten Gelegenheit zu wichtigen Erfahrungen mit gemeinsamem Gottesdienst, Schriftmeditation und Gebet.

Wenn also das Predigerseminar gleichzeitig der Ort jener gemeinsamen Arbeit und dieser geistlichen Gemeinschaft ist, bestehen nirgends sonst gleich gute Chancen dafür, daß die Kandidaten grundlegende Erfahrungen mit der Gemeinschaft der Amtsträger als einer durch den Auftrag der Kirche begründeten, getragenen und verbundenen Dienstgemeinschaft machen.

3. Fortbildung

Durch die Ordination anerkennt die Kirche, daß der Ordinierte durch Studium und Vorbereitungsdienst das für die auftragsgemäß professionelle Amtsführung unerläßliche Maß an theologischer Kompetenz gewonnen hat.

Diese Elementargestalt theologischer Kompetenz ist der Horizont, innerhalb dessen der Amtsträger die folgenden Erfahrungen

mit seiner eigenen Praxis verarbeiten kann. Es liegt im Wesen theologischer Kompetenz, daß sie zunehmend auf Selbständigkeit ihres Inhabers tendiert; und damit dann auch darauf, durch die kompetente Verarbeitung seiner eigenen Praxiserfahrungen gefestigt und vertieft zu werden.
Diese – gewissermaßen „naturwüchsige" – Kompetenzsteigerung durch eigene Praxiserfahrung schließt jedoch auf seiten der kompetenten Amtsträger selber regelmäßig die zunehmende Einsicht in die spezifischen Schwächen und Gefährdungen seiner persönlichen und seiner beruflichen Kompetenz ein; und daher das Bewußtsein einer bleibenden Angewiesenheit auf die besonderen Fortbildungsangebote der Kirche.
Umgekehrt schließt die Ordination auf seiten der Kirche nicht nur die Anerkennung ein, daß die Ordinierten die erforderliche Kompetenz gewonnen haben, sondern zugleich auch die Verpflichtung, durch ein geeignetes Fortbildungsangebot ihren Amtsträgern bei der Festigung und Vertiefung ihrer Kompetenz zu helfen. Dementsprechend besteht die alte Forderung zu Recht, eine an den persönlichen Bedürfnissen der Amtsträger und an den personellen Erfordernissen der Kirche orientierte Fortbildung der Amtsträger als *integrierenden Bestandteil ihres Berufslebens* einzurichten.
Ein Blick auf andere Großorganisationen in der Gesellschaft wirft die Frage auf, ob die Kirchen ihrer Pflicht zur Fortbildung ihrer Amtsträger schon mit hinreichendem Engagement nachkommen.

3.1 *Ziel*

Wie einleitend herausgearbeitet, ist theologische Kompetenz grundsätzlich ein einheitlicher Funktionszusammenhang bestimmter Arten von Kenntnissen, Einsichten und Fertigkeiten, dessen situationsinvariante Struktur gerade das Eingehen auf höchst unterschiedliche Praxissituationen und ihre Anforderungen ermöglicht. Von dieser Einsicht kommt eine grundsätzliche Differenz zwischen den Zielen der Ausbildung und der Fortbildung in den Blick:
Die *Ausbildung* verfolgt (durch beide Phasen) das Ziel, theologische Kompetenz überhaupt erst zu etablieren. Sie will einer Person Gelegenheit geben, zu einer elementaren Habitualisierung desjenigen Funktionszusammenhangs von Kenntnissen, Einsichten und Fertigkeiten vorzustoßen, der den invarianten Kern theologischer Kompetenz ausmacht.

Fortbildung kann dann nicht einfach als Fortsetzung und Aktualisierung von Ausbildung begriffen werden. Vielmehr verfolgt sie ein spezifisches eigenes Ziel: Sie will die durch den vorangegangenen Erwerb theologischer Kompetenz de facto schon begründete *Beweglichkeit ausbauen und zur Erfahrung bringen.* Zur Vertiefung und Festigung von theologischer Kompetenz tragen die Fortbildungsangebote der Kirche genau dadurch bei, daß sie den Pfarrern und Pfarrerinnen die Erfahrung der Beweglichkeit vermitteln, die sie aufgrund ihrer theologischen Kompetenz faktisch gewonnen, aber u. U. noch nicht recht begriffen und ausgeübt haben. Die Fortbildungsangebote der Kirche sollen dazu *Mut* machen, sich in genauer Besinnung auf die zentralen Bausteine theologischer Kompetenz – theologische Kenntnisse, Einsicht in die Wahrheit des Evangeliums und die Beherrschung des in der ersten und zweiten Phase gewonnenen methodischen Könnens – auf die sich ständig wandelnden und differenzierter werdenden Situationen der modernen Gesellschaft einzulassen. Und zwar soll dazu nicht ermutigt werden durch Appelle und gutes Zureden, sondern durch den Aufweis, daß in diesen Fundamenten theologischer Kompetenz auch tatsächlich die *Kraft* zu solcher Beweglichkeit und kritischen Zeitgenossenschaft liegt.
Diese *einheitliche Zielsetzung* schließt aber die gleichzeitige Verfolgung von *zwei* sich ergänzenden Ziel*aspekten* ein: Einerseits die Erreichung einer *„Spezialisierung"* für besondere Aufgaben. Aber zugleich auch die *Rückbesinnung auf den einheitlichen Kern von theologischer Kompetenz im allgemeinen* und die erneute Arbeit an ihren – oben beschriebenen – Fundamenten.
Wichtig ist: Beide Stoßrichtungen des Fortbildungangebots sind nur Aspekte eines und desselben Gesamtziels der Fortbildung: der *Vertiefung und Festigung von theologischer Kompetenz durch Ausschöpfung und Mobilisierung der ihr eigenen Beweglichkeit.*
Die Komplexität dieser Zielsetzung hat Folgen für den Weg, auf dem sie erreicht werden kann. Aber zuvor ein Blick auf die Situation, in der das Fortbildungsangebot der Kirche ihre Amtsträger erreicht.

3.2 *Persönliche Ausgangssituation*

Die Pfarrer und Pfarrerinnen, denen das Fortbildungsangebot der Kirche gilt, sind durch kürzere oder längere persönliche Erfahrungen mit der Berufswirklichkeit des Pfarramts geprägt. Das kann extrem gegensätzliche Einstellungen zur Folge haben: eine Geformtheit durch den Alltag des Berufs, die u. U. bis hin zur nicht mehr empfundenen Starre und Bewegungsunwilligkeit reichen kann; oder ein intensives Leiden unter den Fesseln und Enttäuschungen des Amtes, die den Wunsch nach Veränderungen und Alternativen vorherrschend machen.

Die Qualität des Fortbildungsangebots der Kirche bemißt sich daran, ob es im ersten Fall – über die ultima ratio der „Verschikkung" hinaus – „verführerisch", bewegend, zu wirken vermag; und ob es im zweiten Fall die Kraft und den Mut zu einer geduldigen Kontinuität in der Führung des Amtes freisetzen kann.

Regelmäßig erreicht das Fortbildunsgangebot der Kirche die Pfarrer und Pfarerrinnen im Konflikt zwischen ihrer persönlichen Neigung und Absicht zur Fortbildung und den routinemäßigen Verpflichtungen gegenüber Gemeinde und Kollegen. Das Fortbildungsangebot der Kirche muß selbst Hilfen zur Lösung dieses Konflikts bereitstellen.

Generell gilt: Einerseits ist Fortbildung nicht einfach eine Privatangelegenheit der Pfarrer. Sie sind nicht selbst die Subjekte ihrer Fortbildung. Vielmehr ist die Planung und Durchführung von Fortbildung eine Aufgabe der Kirche. Andererseits ist der Fortbildungseffekt davon abhängig, daß von dem kirchlichen Angebot von den Amtsträgern „spontan", d. h. motiviert durch ihre eigenen Fortbildungsbedürfnisse Gebrauch gemacht werden kann.

3.3 *Wege*

Das komplexe Ziel der Fortbildung läßt sich nur erreichen, wenn das Fortbildungsangebot der Kirchen sich auf *zwei Wegen* bewegt; und wenn es gelingt, die Pfarrer und Pfarrerinnen auch auf *beiden Wegen* in Bewegung zu setzen.

Der *erste Weg* besteht in Angeboten zum Erwerb von Kenntnissen und Fertigkeiten für spezielle Tätigkeiten. Hierher gehören:

- das Angebot für Spezialausbildungen, die für die Übernahme von Sonderdiensten erforderlich sind (z. B. Dienst in Beratungszentren, Krankenhausseelsorge, Gefängnisseelsorge, Schuldienst etc.);
- Vorbereitung für den Dienst in Gemeinden mit besonderen Problemschwerpunkten;
- Vorbereitung auf die Übernahme von besonderen Leitungsaufgaben und die Fortbildung von Führungskräften;

- Fortbildung in Gemeinschaft mit anderen Mitarbeitern, etwa zur Planung oder Auswertung gemeinsam durchgeführter Projekte.

Der *andere Weg* besteht in Angeboten, die der Rückbesinnung auf den wesentlichen, situationsinvarianten Kern von theologischer Kompetenz und der erneuten Arbeit an seinen wesentlichen Elementen dienen. Hier geht es also um den Erwerb neuer und die Revision und Verbreiterung alter Kenntnisse, um die Überprüfung, Vertiefung und Festigung grundlegender Einsichten in die Bedeutung und Wahrheit der kirchlichen Verkündigung im Kontext von Fortschritten in Wissenschaft und Technik, Wandlungen der Gesamtgesellschaft und neuen weltanschaulichen Entwicklungen.

Hierher gehören insbesondere auch Angebote für Zeiten der Stille und Zurückgezogenheit, die den Pfarrer(inne)n die Besinnung auf ihren eigenen Lebensweg mit der Kirche, die Klärung der erreichten Station, die Vergewisserung über den Auftrag und eine der Lebenssituation entsprechende Neuinterpretation ermöglichen.

Im Blick auf die Zusammengehörigkeit beider Wege sind solche Angebote von besonderer Wichtigkeit, die von der Sache her die Spezialisten zur Rückbesinnung auf die allgemeine Grundstruktur theologischer Kompetenz einladen; und umgekehrt dem „Generalisten" (Gemeindepfarrer bzw. Inhaber eines Leitungsamtes) Anteilgewinnung an Spezialkompetenzen (etwa: seelsorgerlicher oder pädagogischer Art) ermöglichen.

Die zwar komplexe, aber einheitliche Zielsetzung aller Fortbildung muß auch an einem gemeinsamen Strukturmoment aller Fortbildungsveranstaltungen sichtbar werden. Nämlich an ihrer deutlichen Orientierung an der in Lehre und Bekenntnis der Kirche enthaltenen spezifischen Sicht von Mensch und Welt. Die der Spezialisierung dienenden Fortbildungsveranstaltungen müssen durch deutliche Orientierung am Wirklichkeitsverständnis des Glaubens und der christlichen Sicht von Welt und Mensch gerade *deren eigenen* Realismus, deren eigene Offenheit für unterschiedlichste Situationen und Spezialanforderungen und ihre in diesen Situationen wirksame Orientierungskraft bewußtmachen. Die der Rückkoppelung von Spezialaufträgen und -fertigkeiten an die tragenden Fundamente von theologischer Kompetenz dienenden Veranstaltungen müssen insbesondere Gelegenheit bieten, das Wirklichkeitsverständnis des Glaubens, sein Welt- und Menschenbild als den Grund des besonderen Engagements, der besonderen Absichten, und vielleicht auch der besonderen Leistungen des christlichen Handelns auf den jeweiligen Spezialgebieten zu entdecken. Die explizite Bezugnahme auf das in der kirchlichen Lehre niedergelegte Welt- und Menschenbild des Glaubens ist die notwendige Bedingung dafür, daß alle Fortbildungsveranstaltungen tatsächlich der Bewußtmachung und Einübung derjenigen spezifischen Beweglichkeit dienen, die theologischer Kompetenz eignet, und nicht einer beliebigen Betriebsamkeit.

Bei der Planung des Fortbildungsangebotes ist zu bedenken, in welchem Verhältnis Inhalt und Organisation der angebotenen Fortbildungsmaßnahmen zum Inhalt und zur Organisation der Lehr- und Lernprozesse in der theologischen Ausbildung stehen. Denn diese Inhalte und Organisationsformen des Lehrens und Lernens sind nicht willkürlich, sondern eben für theologische Kompetenz grundlegend. Wenn sie in den Fortbildungsangeboten nicht wiederkehren, muß nach den Gründen dafür gefragt werden.

3.4. *Ort*

Das Fortbildungsangebot ist ein Angebot der Kirche. Diese nimmt damit eine Pflicht gegenüber den Ordinierten wahr; und zwar entsprechend ihrer Ordnung.

Als Fortbildungsinstitutionen innerhalb der Kirche haben sich bewährt: Das Predigerseminar für die *„Fortbildung in den ersten Amtsjahren“* und sodann die lokalen, regionalen und überregionalen Fortbildungsinstitutionen des *Pfarrkonvents*, des *Pastoralkollegs* und bestimmter *überregionaler Ausbildungsstätten* der EKD (etwa: das Seelsorgeinstitut in Bethel).

Auch Fakultäten und Kirchliche Hochschulen können als Ort für Fortbildung in Betracht kommen (*Kontaktstudium*).

Jedenfalls gilt für alle denkbaren Orte von Fortbildung innerhalb der verfaßten Kirche und darüber hinaus: Sie sind nicht beliebig. Ebenso wie Inhalt und Organisation aller Fortbildungsmaßnahmen muß auch ihr Ort vom Auftrag der Kirche her verantwortet werden und in ihrer Ordnung seinen Platz finden.

Teil II
Diskussionsbericht (1991)

Vorwort

Die „Grundsätze für die Ausbildung und Fortbildung der Pfarrer und Pfarrerinnen der Gliedkirchen der EKD“ haben eine umfangreiche Diskussion zu Fragen der Theologenausbildung hervorgerufen. Das entsprach der Absicht der 1988 vorgelegten Ausarbeitung. Die Gemischte Kommission dankt allen Beteiligten, die ihre Diskussionsbeiträge und Positionspapiere eingereicht haben.
Mit dem Auswertungsbericht über die eingegangenen Stellungnahmen legt die Gemischte Kommission für die Reform des Theologiestudiums eine zusammenfassende Darstellung der Rückäußerungen und eine daraus resultierende Problembeschreibung vor.
Wegen des Umfangs des Rücklaufs war eine Veröffentlichung aller Stellungnahmen nicht möglich. Außerdem war die Gemischte Kommission dazu nicht berechtigt. Daher orientiert sich die Darstellung des Rücklaufs an den thematischen Schwerpunkten der Diskussion.
Im Teil A jedes thematischen Abschnitts wird an die Intention der Grundsätze erinnert, im Teil B folgt eine zusammenfassende Darstellung der Stellungnahmen. Der Teil C formuliert eine erste Antwort aus Sicht der Gemischten Kommission.
Damit wird eine Beschreibung des Problemfeldes vorgelegt, auf dem ein inhaltlicher Konsens über Grundfragen der Ausbildung und Fortbildung der Pfarrer und Pfarrerinnen erreicht werden muß. Dem werden zwei Konferenzen zwischen Fakultäten und Ausbildungsdezernaten der Kirchen im Jahre 1992 dienen.
Mit der Aufbereitung des Rücklaufs hatte die Gemischte Kommission Herrn Studienleiter Dr. Martin Hein, Hofgeismar, beauftragt. Wir danken ihm für seine Mühe.

Die Vorsitzenden der Gemischten Kommission:
Professor Dr. Eilert Herms, Mainz
Oberlandeskirchenrat Dr. Werner Hassiepen, Kassel

A. ÜBERBLICK ÜBER DIE ERFOLGTEN RÜCKMELDUNGEN

1. Vorbemerkungen zur Methodik der Auswertung

Mit dem vorliegenden Bericht stellt sich die „Gemischte Kommission für die Reform des Theologiestudiums" der Aufgabe, die Reaktionen, die ihre 1988 veröffentlichten „Grundsätze für die Ausbildung und Fortbildung der Pfarrer und Pfarrerinnen in den Gliedkirchen der EKD"[1] ausgelöst haben, auszuwerten sowie das Ergebnis und eine erste Stellungnahme öffentlich zugänglich zu machen.

Sowohl hinsichtlich des **Modus der Evaluation** als auch im Blick auf die **Form der Präsentation** erscheinen einige kurze erläuternde Vorbemerkungen notwendig: Angesichts der Fülle der eingetroffenen Rückmeldungen in unterschiedlichen Ausrichtungen verbot es sich, zustimmende wie ablehnende Äußerungen allein zu zählen, einander zuzuordnen und zu summieren. Vielmehr mußte es darum gehen, den Gehalt des gesamten Rücklaufs zu sichten und in einzelnen Problemanzeigen zu bündeln. Dieses Vorgehen impliziert, daß auf eine ausführliche Darstellung der einzelnen eingegangenen Stellungnahmen (in ihren spezifischen, teilweise hochkomplexen Auseinandersetzungen mit den „Grundsätzen") verzichtet wird, um inhaltliche Auseinandersetzung profilierter entfalten zu können.

Zugleich bedeutet dies, daß unter Umständen im Blick auf ein bestimmtes Problemfeld Einzelaussagen auch aus solchen Stellungnahmen konvergieren können, die sich ansonsten nach Intention und formaler Gestalt erheblich unterscheiden.

2. Anzahl

Die Gemischte Kommission hatte alle am theologischen Aus- und Fortbildungsgeschehen beteiligten Institutionen, Gruppen und Personen im Bereich der alten Bundesrepublik zu einer Diskussion ihrer Ausarbeitung eingeladen. Als Termin der Rück-

[1] Als Manuskript gedruckt vom Kirchenamt der EKD, Hannover.

äußerungen war der 1. September 1989 gesetzt[2]. Angesichts des lebhaften Echos und der inhaltlichen Bedeutung des eröffneten Diskussionsprozesses wurde diese Frist stillschweigend verlängert: So konnten in dem vorliegenden Abschlußbericht alle beim Kirchenamt der EKD eingegangenen Stellungnahmen – einschließlich der in Zeitschriften veröffentlichten Diskussionsbeiträge – berücksichtigt werden.

Insgesamt sind 121 Rückmeldungen eingegangen. Aus dem Bereich der Kirchenleitungen und -ämter gaben insgesamt elf von siebzehn Gliedkirchen der EKD ein Votum zu den „Grundsätzen" ab. Von außerhalb der EKD ging eine Rückmeldung des Evangelischen Oberkirchenrats A. B. aus Wien ein. Seitens der gliedkirchlichen Zusammenschlüsse äußerte sich das Moderamen des Reformierten Bundes, während durch die VELKD, EKU und AKf keine eigenen Stellungnahmen erfolgten.

Die speziell mit Aus- und Fortbildungsfragen befaßten Referenten-Konferenzen und gesamtkirchlichen Einrichtungen haben sämtlich der Bitte der Gemischten Kommission entsprochen und sich zu den „Grundsätzen" geäußert. In engem sachlichen Konnex dazu stehen auch die Stellungnahmen aus Kollegien der Predigerseminare – seien es Äußerungen einzelner Seminare[3] oder Texte, die von den Predigerseminarskonferenzen einzelner Landeskirchen verfaßt wurden[4] – sowie die Rückmeldungen aus gliedkirchlichen Ausschüssen[5].

Von den Fakultäten/Fachbereichen und Kirchlichen Hochschulen liegen insgesamt (mit zugeordneten Einzelvoten) 56 Stellungnahmen vor; aus einzelnen Universitäten sind mehrere Rückmeldungen eingegangen – bis hin zu umfänglichen Readern[6]. Gerade im Hochschulbereich haben die „Grundsätze" also einen breit

---

2 Vgl. „Grundsätze", S. 3.

3 Predigerseminar Purkersdorf/Österreich; Theologisches Seminar Herborn; Praktisch-Theologisches Ausbildungsinstitut Berlin.

4 Prediger- und Studienseminare der Nordelbischen Evangelisch-Lutherischen Kirche; Konferenz der Bayerischen Predigerseminare.

5 Kammer für Ausbildung der Evangelischen Kirche in Hessen und Nassau; Landesausschuß für Ausbildungs- und Methodenfragen der Evangelischen Kirche in Westfalen sowie kürzere Diskussionsbeiträge weiterer entsprechender landeskirchlicher Gremien.

6 Hier sind besonders die Dokumentationen aus Göttingen, Hamburg, Marburg und Tübingen zu nennen.

angelegten Diskussionsprozeß ausgelöst. Relativ hoch ist die Zahl an Rückmeldungen aus den studentischen Gremien: Neben dem Grundvotum des „Verbandes evangelischer TheologiestudentInnen/Konferenz theologischer Fachschaften“ liegen aus dem Bereich einzelner Fachschaften an Universitäten oder Kirchlichen Hochschulen vier weitere Stellungnahmen vor[7]; einzurechnen sind hier auch die Rückmeldungen, die aus zehn Landeskonventen der Theologiestudierenden bzw. ihren Vorständen eingesandt wurden[8].

Demgegenüber ist die Anzahl der Rückmeldungen aus der Vikarsschaft deutlich geringer: Neben der Gesamtstellungnahme der „Interessenvertretung der Vikarinnen und Vikare in der EKD“ sind die Voten dreier Landeskonvente[9] zu berücksichtigen. Noch stärker unterrepräsentiert ist in diesem Zusammenhang die Gruppe der Pfarrerinnen und Pfarrer. Schriftliche Äußerungen aus dem Bereich der Pfarrerausschüsse, Pfarrervereine, Pfarrkonvente etc. sind nicht eingegangen. Hier ist es bei wenigen Einzelvoten geblieben.

Als Fazit dieser Durchsicht kann festgehalten werden, daß die Resonanz auf die „Grundsätze“ im Hochschulbereich am größten war und sich schon von daher ein Großteil der Stellungnahmen mit den Ausführungen der Gemischten Kommission zu den allgemeinen Grundlagen sowie zum Studium als der ersten Phase der Ausbildung[10] beschäftigt.

3. Gestalt der Voten

Aufs Ganze gesehen ergeben die Rückmeldungen ein höchst vielfältiges Bild. Es treten Divergenzen nicht nur inhaltlicher, sondern auch formaler Art auf. Dies gilt selbst für einzelne Absendergruppen. Anhand einiger Gegenüberstellungen soll

---

7 Bochum, Mainz, Bethel und Berlin.

8 Aus den Ortskonventen liegt eine Stellungnahme des Nordelbischen Konvents an der Universität Göttingen vor. Außerdem haben sich Studierende des „Systematisch-theologischen Arbeitskreises Marburg“ (EKHN) zu den „Grundsätzen“ geäußert.

9 Hessen-Nassau, Württemberg und Braunschweig. Zudem sind 2 Vikarinnenkurse durch Einsendungen vertreten (Herborn 1/89; Friedberg 2/88).

10 Vgl. „Grundsätze“, S. 5–15 (Teil I) und S. 17–37 (Teil II. 1).

diese Beobachtung exemplifiziert und zugleich das Spektrum möglicher Rückäußerungen verdeutlicht werden:

- Während manche Kirchenleitungen in ihren Stellungnahmen den auf verschiedenen Ebenen verlaufenen Diskussionsprozeß explizit aufnehmen und hinsichtlich Zustimmung, Kritik und Folgerungen differenzieren[11], beschränken sich andere auf die Benennung eher allgemein gehaltener Fragen bzw. Unterstreichungen[12].
- Hinsichtlich der Äußerungen aus dem Hochschulbereich lassen sich drei Grundmuster ausmachen: Neben den Materialsammlungen, die meist aus eigens veranstalteten Fakultätstagen herrühren und in sich unterschiedliche Stellungnahmen vereinigen[13], gibt es eine Reihe von Rückmeldungen, die ausschließlich den Ertrag der internen Beratungen zusammenfassend mitteilen[14]. Zwischen beiden Gruppen zu verorten sind jene Stellungnahmen, die eine eingehendere Erörterung der „Grundsätze" im Stil eines in sich weitgehend geschlossenen Gesamtgutachtens abgeben[15].
- Daneben sind eine Anzahl von Voten zu verzeichnen, die nicht die „Grundsätze" insgesamt in den Blick nehmen, sondern sich auf Detailfragen beziehen[16].

Die Gemischte Kommission hatte im Vorwort der „Grundsätze"

---

[11] So etwa in parallelem Aufbau die „Stellungnahme aus der Evangelisch-lutherischen Landeskirche Hannovers" und die „Stellungnahme der Kirchenleitung der Evangelischen Kirche in Berlin-Brandenburg (Berlin-West)".

[12] So z. B. die „Stellungnahme der Evangelischen Landeskirche in Württemberg", die drei „Hauptanliegen" aus dem Text der Gemischten Kommission erhebt und daran in gedrängter Form Anmerkungen zu den Ausführungen über Studium und Vorbereitungsdienst anschließt.

[13] Vgl. o. Anm. 6.

[14] Dies geschieht besonders in den Voten aus Wuppertal, Kiel, Erlangen, Neuendettelsau, München, Bethel und Frankfurt.

[15] Hierzu sind die Rückmeldungen aus Berlin, Bochum, Bonn und Heidelberg zu rechnen.

[16] Als Beispiele seien genannt die im „Marburger Reader" enthaltenen Ausarbeitungen zu „Theologie als Wissenschaft" (S. 12–13), zu „Was heißt: ‚Einsicht in den Wahrheitsgehalt'?" (S. 13–19), zu „Literalsinn und neuzeitliche Hermeneutik" (S. 19–23) oder die diskursive Klärung einzelner, die „Grundsätze" bestimmender Begrifflichkeiten, wie sie die Stellungnahme der Mainzer Fachschaft Evangelische Theologie vornimmt.

spezielle Fragen zu möglichen Folgeproblemen[17] gestellt. Auf diese Fragen gehen nur wenige Rückäußerungen ein. Dies liegt im wesentlichen daran, daß sich die Diskussion auf das Grundsätzliche konzentrierte, wie es die Gemischte Kommission beabsichtigt hatte.

4. Grundtendenzen in den Stellungnahmen

Die „Grundsätze" haben einen heftigen und notwendigen Streit ausgelöst. In dem hervorgerufenen Echo werden inhaltliche Grundtendenzen deutlich, die äußerst disparat sind:
Auf der einen Seite wird der Text als „durchdachtes und praktikables Konzept"[18] rezipiert, der für alle am Ausbildungsgeschehen Beteiligten die Möglichkeit biete, sich erneut „über die Ausbildungsgrundsätze (zu) verständigen"[19] und präzis theologische Ausbildung zu beschreiben und zu begründen[20]. Ein Zweifaches werde dadurch erreicht: Zum einen komme es zu einer weitergehenden Klärung dessen, „was ein Pfarrer überhaupt ist"[21], zum anderen sei die Vorlage – unbeschadet divergierender Einschätzungen im Blick auf den Ist-Zustand gegenwärtiger theologischer Ausbildung – ipso facto „als Aufforderung zu gezielter theologischer Weiterarbeit"[22] zu interpretieren. Was in den eingegange-

---

17 Vgl. „Grundsätze", S. 3 f.

18 „Stellungnahme des Evangelischen Oberkirchenrats A. B. Wien", S. 1.

19 „Stellungnahme der evangelischen Landeskirche Bayerns", S. 1.

20 Rückäußerung Prof. Traugott Koch (Hamburg): Der Text stelle einen „durchreflektierten und mithin nur zu begrüßenden Entwurf" dar (bei Texten, deren Umfang den einer Seite nicht überschreitet, wurde auf eine Seitenangabe verzichtet); „Stellungnahme der Evangelisch-Theologischen Fakultät der Universität München" (S. 1): Durch die Arbeit der Gemischten Kommission sei „eine Grundsatzdiskussion über die Aufgabe der Evangelisch-Theologischen Fakultäten wieder in Gang gekommen"; „Stellungnahme der Evangelisch-Theologischen Fakultät der Universität Bonn" (S. 1): Positiv wird beurteilt, daß die „Grundsätze" eine „wissenschaftlich-theologische Ausrichtung" verträten.

21 „Protokoll der Sitzung des Kontaktausschusses zwischen dem Rat der EKD und dem Fakultätentag der evangelisch-theologischen Fakultäten in Deutschland".

22 „Stellungnahme aus der Evangelischen Kirche der Pfalz", S. 2; s. auch die „Stellungnahme des Systematisch-theologischen Arbeitskreises Marburg": „Das vorgelegte Papier (GK-Papier) provoziert und fördert Klarheit und Kritik und ermöglicht von daher diskursive Fortschritte" (S. 13).

nen Voten an den „Grundsätzen“ zustimmend herausgehoben wird, kann paradigmatisch so zusammengefaßt werden: Der Entwurf der Gemischten Kommission ermögliche ein „Höchstmaß an Freiheit in der konkreten Durchführung theologischer Ausbildung“; er gewährleiste von seinem Ansatz her „die Einheit der gesamten Ausbildung“, hebe „die Unverzichtbarkeit einer im Kontext der Wissenschaften erfolgenden universitären Ausbildung hervor“ und setze zugleich „ein grundsätzlich positives Verhältnis zu den Grundsätzen der Reformation“ voraus; schließlich integriere er „die Kenntnis bestimmter humanwissenschaftlicher Theorien und Forschungsergebnisse sowie die Fähigkeit zum kritischen Dialog mit diesen außertheologischen Disziplinen“ in die theologische Ausbildung und spreche nicht nur die Fakultäten auf ihre „Ausbildungspflichten“, sondern auch die Kirchen auf „ihre spezifische Ausbildungsverantwortung“ an[23].

Auf der anderen Seite stoßen die „Grundsätze“ auf Vorbehalte und Ablehnung. Die Gründe dafür sind unterschiedlicher Natur. Sie lassen nicht auf eine gemeinsame Konzeption schließen. Die Äußerungen reichen von der Forderung, die Ausarbeitung „noch einmal grundsätzlich zu überprüfen“[24], bis zu grundsätzlicher Kritik, wie sie insbesondere von Fakultäten/Fachbereichen, Professoren und Studierenden vorgebracht wird. Die nachstehenden Einschätzungen sind hierfür durchaus signifikant: Als „Grundlage für weitere Überlegungen zur Studienreform“ seien die „Grundsätze“ der Gemischten Kommission nicht „konsensfähig“[25], sie stünden vielmehr „einer notwendigen Reform im

23 „Kieler Sondervotum“ (Professoren Preul, Staats und Birkner), S. 1 f.

24 „Stellungnahme der Evangelischen Kirche im Rheinland“, S. 3; ähnlich auch das knappe Votum der Nordelbischen Kirche. – Für die Konferenz der Predigerseminare bildet der Text der Gemischten Kommission den „Versuch eines Neuentwurfs, ohne daß die Neuorientierung überzeugend begründet wird“ (S. 2); man sieht darin „einen Rückschritt bzw. Schritte in eine falsche Richtung“ (S. 7). Mit dieser Einschätzung stimmen auch das gemeinsame Votum der nordelbischen Prediger- und Studienseminare (S. 2) und die Rückäußerung des Berliner Praktisch-Theologischen Ausbildungsinstituts (S. 1) überein.

25 „Stellungnahme des Hochschulrats der Kirchlichen Hochschule Wuppertal“, S. 1.

Wege"[26]. Darüber hinaus würden sie „den künftigen und bereits bestehenden Herausforderungen der Kirche nicht gerecht"[27]. Der Text sei „ein neuer, eigenständiger Ansatz zur langfristigen Regulierung des Theologiestudiums"[28], der im ganzen „eine funktionalisierte Ausbildung und Installation von autoritären Strukturen innerhalb der Amtskirche"[29] beabsichtige. Unter diesen Voraussetzungen lehnen einige Rückäußerungen auch die Revision des vorgelegten Papiers grundsätzlich ab, da es „nicht reformierbar"[30] sei.

Insgesamt ergibt sich also im Blick auf die bisherige Rezeption der „Grundsätze" ein sehr divergentes Bild. Dennoch lassen sich innerhalb der Rückmeldungen gewisse thematische Schwerpunkte ausmachen. Diese sollen im folgenden genauer dargestellt werden.

---

[26] Beschluß des Fachbereichsrats des Fachbereichs Theologie der Universität Göttingen, S. 1; s. auch die „Stellungnahme des Fachbereichsrats des Fachbereichs Evangelische Theologie der Universität Marburg": Der Text der Gemischten Kommission erweise sich als unzureichend, „die Überlegungen und Pläne zu einer Reform des Theologiestudiums zu fördern" (S. 1). Dies entspricht im Gesamttenor der „Stellungnahme des Fachbereichs Evangelische Theologie der Universität Hamburg" (S. 5) sowie der „Stellungnahme einer Arbeitsgruppe der Kirchlichen Hochschule Berlin" (S. 16).

[27] „Stellungnahme des Konvents Berliner Theologiestudierender", S. 2.

[28] „Stellungnahme der Theologiestudentinnen der Bremischen Evangelischen Kirche", S. 1.

[29] „Stellungnahme der Studierendenschaft der Kirchlichen Hochschule Bethel", S. 1.

[30] „Stellungnahme des Verbandes evangelischer TheologiestudentInnen/Konferenz theologischer Fachschaften", S. 7. Diesem Votum schließen sich verschiedene studentische Rückmeldungen ausdrücklich an („Stellungnahme des Landeskonventsvorstandes der Evangelischen Kirche von Kurhessen-Waldeck", S. 1; „Votum der Vollversammlung der Studierenden der Evangelischen Kirche von Kurhessen-Waldeck", S. 1; „Stellungnahme der oldenburgischen TheologiestudentInnen", S. 2).

B. INHALTLICHE SCHWERPUNKTE

Der Darstellung der einzelnen Punkte - dies sei hier wiederholt - liegt jeweils ein **Dreischritt** zugrunde: Unter (a) wird die entsprechende Ausgangsposition der „Grundsätze“ resümierend referiert. Daran schließt sich im Mittelabschnitt (b) die inhaltliche Wiedergabe der hierzu veröffentlichten Reaktionen an. Eine Stellungnahme der Gemischten Kommission auf das vorliegende Echo folgt unter (c).

I. Grundsätzliche Anfragen zum Auftrag und zur Arbeitsweise der Gemischten Kommission

Eine große Anzahl von Voten befragt die Gemischte Kommission prinzipiell nach ihrem Auftrag und ihrer Arbeitsweise. In vier Bereichen wird ein Klärungsbedarf angemeldet.

1. *Auftrag der Gemischten Kommission*

(a) Die Gemischte Kommission umschreibt das ihr vom Fakultätentag und der Ausbildungsreferentenkonferenz 1984 erteilte Mandat im Vorwort der „Grundsätze“. Drei Akzente werden hier in den Vordergrund gerückt: Sie sollte die „bisher ausgeklammerten, aber inzwischen neu aufgenommenen Fragen nach den inhaltlichen Bestimmungen theologischer (pastoraler) Kompetenz aufnehmen, die inzwischen deutlich veränderte Situation der Studierenden bedenken und die sich abzeichnenden künftigen Herausforderungen für die Kirchen beachten“[31]. In diesem Horizont ist die Gemischte Kommission bestrebt, theologische Aus- und Fortbildung „als eine in drei Phasen gegliederte Einheit“[32] zu begreifen und zu entfalten.

(b) Die Durchsicht der Stellungnahmen zeigt, daß diese Auftragsbestimmung - verbunden mit der Kennzeichnung der Gemischten Kommission als eines Gremiums „für die Reform des Theologiestudiums“ - von den Absendern unterschiedlich aufgefaßt wird und deshalb zu Rückfragen führt:

---

31 „Grundsätze“, S. 2.

32 Ebd., S. 2

Handelt es sich bei den „Grundsätzen“ um einen Studienreformvorschlag?[33] Bei solchem Verständnis wäre trotz des Hinweises der Gemischten Kommission, „die Vielfalt des Ausbildungsgeschehens nicht normieren“[34] zu können und zu sollen, die Kritik naheliegend, daß in dem Text „keine konkreten Anstöße für die Organisation der jeweiligen Ausbildungsphasen“[35] gegeben werden.

Oder aber – so die entgegengesetzte Anschauung – umreißt die vorgelegte Ausarbeitung eher „Minimalforderungen“, nicht dagegen „alles Mögliche und Wünschenswerte“[36], und verzichtet deshalb bewußt „auf innovatorische Entwürfe“[37]? Dieser letztgenannten Deutung neigt die Mehrzahl der positiv gehaltenen Stellungnahmen zu[38].

Bei einer Beantwortung im letzteren Sinn bleibt es für einige Voten immer noch fraglich und strittig, ob und inwiefern mit der Beschreibung des Gesamtzusammenhangs theologischer Aus- und Fortbildung dieser Zusammenhang zugleich stabilisiert wird und sich damit die „Grundsätze“ unter der Hand zu konkreten Studienrichtlinien wandeln[39].

---

33 Diese Annahme scheint die o. Anm. 26 und 27 genannten Voten, aber auch die „Gemeinsame Stellungnahme des Pfarrausbildungsausschusses und des Pfarrerfortbildungsausschusses der Evangelischen Kirche von Westfalen“ (S. 2 f.) zu bestimmen.

34 „Grundsätze“, S. 3.

35 „Stellungnahme der Augustana-Hochschule Neuendettelsau“.

36 Eberhard Stock/Thomas Zippert (Marburg), „Einige Thesen zum Papier der Gemischten Kommission“, S. 2.

37 Stellungnahme Prof. Hans Martin Müller (Tübingen), S. 4.

38 Etwa „Stellungnahme des Systematisch-theologischen Arbeitskreises Marburg“: „Gemäß dem Titel des Papiers geht es um die Erfassung von Grundsätzen für die Aus- und Fortbildung von PfarrerInnen. Die damit gegebene Zielgruppenbestimmung schließt einen allgemeinen Studienreformvorschlag aus“ (S. 2). – Nach Prof. Joachim Mehlhausen („Einleitung zum Tübinger Studientag“, S. 5) ist der Text der Gemischten Kommission „analytische Bestandsaufnahme *und* systematischer Entwurf zugleich“.

39 Als Beispiele: Prof. Dietrich Stollberg, „Erste Anmerkungen zu den ‚Grundsätzen‘ ...“: „Insgesamt hat man den Eindruck, das Papier wolle den ist-Zustand kanonisieren und theologisch absichern“ (Marburger Reader“, S. 10), bzw. „Stellungnahme des Generalkonventes der Theologiestudierenden der evangelisch-lutherischen Landeskirche in Braunschweig“: „Entgegen allen heutigen Behauptungen, dieses Papier solle nur deskriptiven Charakter haben, war von Anfang an die Normierung der Ausbildung im Blick!“ (S. 5).

(c) Stellungnahme:
Die Gemischte Kommission hält vor einer Überprüfung der theologischen Ausbildung im einzelnen die ausführliche Diskussion der Grundfragen für unbedingt notwendig. Erst daran anschließend können praktische Konsequenzen für die Organisation, z. B. des Studiums, präzisiert werden[40]. Vor allem geht es um die Beschreibung der Einheit der drei Phasen der Aus- und Fortbildung. Die Kommission sieht ihr Anliegen in den Voten aufgenommen, die sich auf diesen Grundansatz beziehen. Nur aus dem Konsens über das Grundverständnis der theologischen Ausbildung können sich Folgerungen für notwendige Veränderungen der Studien-, Ausbildungs- und Prüfungsordnungen der Fakultäten/Fachbereiche und Kirchen ergeben.

2. *Verhältnis zum Ausbildungsgesamtplan 1978*
(a) Die Notwendigkeit der Klärung umfaßt in dem zuvor dargestellten Horizont auch die als problematisch empfundene Frage nach dem Verhältnis der „Grundsätze“ zum Gesamtplan „Theologiestudium - Vikariat - Fortbildung“[41]. Die Gemischte Kommission beschreibt dieses Verhältnis gemäß ihrem Auftrag, den Ausbildungsgesamtplan „zu überarbeiten“. Sie hat diese allgemeine Aufgabenstellung hinsichtlich der drei oben bereits genannten Akzente spezifiziert. Neben den gewandelten Zeitbedingungen ist auch die Einsicht in das Theoriedefizit des Gesamtplans für die Ausarbeitung der „Grundsätze“ leitend gewesen[42].
(b) Aus den Rückmeldungen ergibt sich, daß dadurch die Frage nach Kontinuität bzw. Diskontinuität gegenüber dem Ausbildungsgesamtplan noch nicht hinreichend beantwortet ist. Folgende drei Versuche von Positionsbestimmung lassen sich in den Stellungnahmen ausmachen:

---

40 Vgl. die 1984 erfolgte Auftragsbestimmung sowie den Fragenkatalog in „Grundsätze“, S. 2–4.

41 Theologiestudium - Vikariat - Fortbildung. Gesamtplan der Ausbildung für den Pfarrerberuf. Empfehlungen des Rates der Evangelischen Kirche in Deutschland, hg. von der Kirchenkanzlei der EKD, Stuttgart/Berlin$^{1/2}$1978.

42 Die Stellungnahme von Prof. Hans Martin Müller (Tübingen), der 1978 einer der beiden Vorsitzenden der Gemischten Kommission war, bringt dies deutlich zum Ausdruck: Damals sei „in der Tat versäumt“ worden, „den Zusammenhang von wissenschaftlicher Theologie mit der Kompetenzfrage zu klären“, es habe „die Offenlegung der theoretischen Grundlagen“ gefehlt (S. 1).

- Die „Grundsätze" werden im Sinn einer **Ergänzung** und gleichzeitigen Präzisierung des Ausbildungsgesamtplans interpretiert – sei es, um auf diesem Weg die dem Gesamtplan „zugrundeliegenden Entscheidungen systematisch (zu) rekonstruieren"[43], sei es, um den Ausbildungsgesamtplan im Blick auf die „Analyse des inneren Zusammenhangs von Beruf und Ausbildung des Pfarrers oder der Pfarrerin"[44] auszuweiten, sei es schließlich, um nun „einen Theorierahmen aufzustellen"[45] für den Gesamtzusammenhang von Aus- und Fortbildung.
- Von dieser Einschätzung abzugrenzen ist eine Verhältnisbestimmung, die die „Grundsätze" zwar durchaus im sachlichen Kontext zum Ausbildungsgesamtplan sieht, sie aber als **Verstärkung** der „negativen Aspekte des Ausbildungsgesamtplanes" versteht; wobei mit „negativen Aspekten" die „Verengung" der universitären Ausbildung auf „allein eine Berufsqualifikation" hin (Pfarramt), die Reglementierung der Studiendauer sowie „eine allzu detaillierte Ausarbeitung von Lerninhalten"[46] gemeint sind.
- Im ganzen überwiegt jedoch die Ansicht, die „Grundsätze" wollten den Ausbildungsgesamtplan **ersetzen.** Eine paradigmatische Feststellung lautet: „Das Vorwort des GK-Papiers beansprucht nur, offene Fragen des Gesamtplans von 1978 neu aufzugreifen und einer Beantwortung zuzuführen. Faktisch aber wird durch die Normativität eines möglichen Theologieverständnisses der im Gesamtplan von 1978 waltende theologische Pluralismus zugunsten einer positionellen Pointierung aufgelöst. Damit erweist sich das vorliegende GK-Papier als Versuch, den Gesamtkonsens von 1978 aufzukündigen und eine neue Basis zu errichten."[47] Diese Kritik führt der Tendenz nach bei einigen Voten zur Absolutsetzung des

---

43 Gesprächsvorlage W. Jäger (Evangelische Kirche in Hessen und Nassau), S. 1.

44 „Stellungnahme des Evangelisch-Lutherischen Oberkirchenrats Oldenburg", S. 1.

45 Stellungnahme Prof. Hans Martin Müller (Tübingen), S. 1.

46 Stellungnahme Heinlein/Pleines/Kuhlmann/Schindel, „Studium zwischen halbherziger Reform und administrativer Restauration der Ordinarienherrlichkeit" („Marburger Reader", S. 42).

47 „Stellungnahme des Fachbereichs Evangelische Theologie der Universität Hamburg", S. 3. In gleichem Sinn äußern sich auch die Stellungnahmen der nordelbi-

Ausbildungsgesamtplans, sofern die Forderung erhoben wird, an ihn anzuknüpfen und auf eine Weiterarbeit an den „Grundsätzen" zu verzichten[48].

(c) Stellungnahme:

Gegenwärtig gilt, daß der Gesamtplan der Ausbildung zum Pfarrerberuf (1978) weiterhin in Kirche und Hochschule als gemeinsame Rahmenempfehlung anerkannt wird. Studien-, Ausbildungs- und Prüfungsordnungen haben die Empfehlungen des Gesamtplans weithin aufgenommen.

Das Verhältnis der „Grundsätze" zum Gesamtplan ist nur differenziert geschichtlich zu erklären: Die Gemischte Kommission hat sich in den Jahren 1978 bis 1985 vor allem mit Einzelfragen zur Entwicklung der Prüfungs- und Studienordnungen beschäftigt und in einem Gesamtverzeichnis der „Studienmöglichkeiten Evangelische Theologie in der Bundesrepublik" (1985) wenigstens andeutungsweise den Funktionszusammenhang der theologischen Disziplinen zu beschreiben versucht. Ziel war, die Vergleichbarkeit der Ausbildungsstandards zu behaupten bzw. herbeizuführen.

Ausschlaggebend für die neue Arbeit der Gemischten Kommission ab 1985 waren Beobachtungen der Veränderungen der Studienbedingungen, der Sozialisation und Schulbildung der Studienanfänger, der Berufsperspektive in der Kirche und allgemeiner gesellschaftlicher Veränderungen. Diesen Herausforderungen konnte nicht mit Einzelmaßnahmen begegnet werden. Die frühere Beratungsphase (bis zum Ausbildungsgesamtplan 1978) begnügte sich bewußt nur mit der Andeutung der formalen Grundlinien theologischer Ausbildung und der Behauptung der

---

schen Prediger- und Studienseminare (S. 2) und der Evangelischen Kirche im Rheinland (S. 1 f) sowie Dimpker/Krömm-Koch, „Theologische Kompetenz – Freiheit und Bindung theologischen Lehrens und Lernens" („Marburger Reader", S. 26).

48 So z. B. die „Thesen zum Papier der ‚Gemischten Kommission'" (verabschiedet vom Fachbereichstag des Fachbereichs Evangelische Theologie der Universität Marburg), S. 15. Dazu kritisch allerdings das Sondervotum II Stock/Streck/Zippert, „Einige Thesen zum Papier der Gemischten Kommission": „Selbst die uns bekanntgewordene Kritik am GK-Papier, die sich auf diesen alten Plan beruft, hat ihn sachlich dann hinter sich gelassen, wenn sie *inhaltliche* Kriterien für das Theologiestudium namhaft macht" (S. 5).

Einheit der Theologie[49]. Mit der Darstellung des Wesens theologischer Kompetenz wird nun der Versuch unternommen, die Einheit der drei Phasen von Aus- und Fortbildung inhaltlich begründet zu explizieren. Während der Gesamtplan insbesondere die didaktischen Leitziele und Anforderungskataloge entfaltete, unternehmen die „Grundsätze" den Versuch, die Diskussion über das sachliche Grundverständnis theologischer Ausbildung zu einem Konsens zu führen. Hier zu inhaltlichen Aussagen zu kommen, sah die Kommission als fundamentale Aufgabenstellung ihrer jetzigen Arbeitsphase an.

3. *Zusammensetzung der Gemischten Kommission*

(a) Die Gemischte Kommission ist eine Einrichtung des Fakultätentags der Evangelisch-Theologischen Fakultäten in der Bundesrepublik Deutschland und der Ausbildungsreferentenkonferenz der EKD, die sich aus Vertretern der sie konstituierenden Institutionen sowie weiteren Mitgliedern bzw. „ständigen Gästen" zusammensetzt. Ihre Arbeit erfolgt unter dem im „Vorwort" genannten – und vom Rat der EKD 1986 bestätigten – Mandat[50].

(b) Auch wenn diese Voraussetzung den Einsendern der Stellungnahmen durchweg bewußt ist, wird in vielen Voten angesichts der Komplexität des verhandelten Gegenstands die Besetzung der Gemischten Kommission moniert und ihre Erweiterung gefordert. Zwei Argumentationsstränge lassen sich hierbei festhalten: Zum einen wird eine **zusätzliche Beteiligung** bestimmter Institutionen bzw. Personengruppen erwartet[51], zum anderen eine **Verlagerung** des Diskurses aus der Gemischten Kommission

---

[49] Vgl. Wolf-Dieter Hauschild, in: Festschrift für Präses Dr. Heinrich Reiß, Bielefeld 1985, S. 125 ff.

[50] Vgl. „Grundsätze", S. 2.

[51] Als Beispiele im einzelnen:
- Fortbildungsreferentenkonferenz („Stellungnahme der Evangelischen Landeskirche in Württemberg", S. 2; „Stellungnahme der Fortbildungsreferentenkonferenz", S. 2);
- Predigerseminare („Stellungnahme der Konferenz der Predigerseminare", S. 7; Stellungnahme der nordelbischen Prediger- und Studienseminare, S. 2);
- Konferenz der Pastoralkollegsleiter („Anlage zum Protokoll der Konferenz der Pastoralkollegsleiter der EKiD", S. 2);

in alle mit der Thematik befaßten oder von ihr betroffenen Gremien und Gruppen hinein verlangt[52].

(c) Stellungnahme:

Die Zusammensetzung der Gemischten Kommission ergibt sich aus dem eigentümlichen Rechtsgefüge zwischen Staat und Kirche und knüpft an die in langjähriger Arbeit gewachsene Kooperation zwischen den Evangelisch-theologischen Fakultäten/Fachbereichen und Hochschulen und den Verantwortlichen der kirchlichen Ausbildungsinstitutionen der EKD an. Vertreterinnen und Vertretern der Theologiestudierenden, der Vikarsschaft, der Fortbildungsreferentenkonferenz und der Predigerseminare wurde im Jahr 1990 Gelegenheit gegeben, ausführlich ihre Stellungnahme in Sitzungen der Gemischten Kommission ins Gespräch zu bringen. 1992 sind zwei Konferenzen geplant. Die an der Ausbildung und Fortbildung beteiligten Institutionen und Personengruppen werden dazu eingeladen werden, um eine breite Diskussion und möglichst einen weiterführenden Konsens zu Grundfragen der Aus- und Fortbildung zu erreichen.

4. *Auftrag der theologischen Fakultäten und Kirchlichen Hochschulen*

(a) Die Gemischte Kommission hat unter anderem die Zuordnung von Universität und Kirche, näherhin das Verhältnis von wissenschaftlichen Aufgaben und der Ausbildungsverpflichtung für den pfarramtlichen Dienst, aufgegriffen. Sie geht hierbei von der kirchlichen Respektierung der Fakultäten und Hochschulen als „Glieder im Gesamtzusammenhang des nicht spezifisch kirch-

---

– Vikarsschaft („Stellungnahme der Evangelischen Landeskirche in Württemberg“, S. 2, und passim);

– Frauenkommission (Frauenplenum des Marburger Fachbereichstages [„Marburger Reader“, S. 52]; „Stellungnahme des Generalkonventes der Theologiestudierenden der evangelisch-lutherischen Landeskirche in Braunschweig“, S. 7 f., und passim);

– „Hinzuziehung ökumenischer Gäste aus anderen Ausbildungsstätten und . . . Beteiligung von Laien“ (Dietrich Werner, „Oekumenische Kompetenz als Ziel theologischer Ausbildung“, S. 14; auch „Stellungnahme der Evangelisch-Theologischen Fakultät Bochum“, S. 12).

52 „Stellungnahme des Studierendenausschusses der Nordelbischen Theologiestudierenden“, S. 7; „Stellungnahme des Rates der Vikarinnen und Vikare der EKHN“ (S. 1) und passim.

lichen, sondern gesamtgesellschaftlichen Bildungssystems“ aus und folgert daraus sowohl die **Bezogenheit** von Kirche und Fakultäten aufeinander um des gemeinsamen Ausbildungsinteresses willen als auch die **Unabhängigkeit** theologischer Fakultäten „über ihre Aufgaben in der Pfarrerausbildung (und der vom Staat verlangten Lehrerausbildung) hinaus“[53] um der gebotenen wissenschaftlichen Erforschung ihres Gegenstandsbereichs willen.

(b) Bei den Rückmeldungen lassen sich zwei Tendenzen ausmachen: Die eine Gruppe der Stellungnahmen bejaht den Konnex von Universität und Kirche, wie er den „Grundsätzen“ zugrundeliegt. Sie unterstreicht das Erfordernis eines deutlich bestimmten Erwartungsprofils der Kirchen gegenüber der Leistung des Studiums: „Wir anerkennen das Interesse der Landeskirchen, das Berufsprofil des Pfarramtes inhaltlich konturiert aussagen zu können. Angesichts eines hohen Differenzierungsgrades kirchlicher Berufe und angesichts immer weitergehender gesellschaftlicher Tendenzen zur Spezialisierung ist es sinnvoll, nach der Qualifikation zu fragen, die das professionelle Führen des Pfarramtes erforderlich macht.“[54] Die Betonung der kirchlichen Orientierung bedeute daher „keine Einschränkung der Unabhängigkeit theologischer Arbeit an den Fakultäten“[55], vielmehr komme hierin zum Ausdruck, daß Kirche „als wesentlich gemeinsame Umwelt von theologischer Wissenschaft und Ausbildung anzusehen“ sei[56].

Auf der anderen Seite hat jedoch der Hinweis auf diese verbindliche Beziehung zwischen Theologie und Kirche deutliche „Dominanzbefürchtungen“[57] ausgelöst. Eine große Anzahl von Voten, die überwiegend aus dem Hochschulkontext stammen, hebt die

---

53 „Grundsätze“, S. 36.

54 „Stellungnahme des Fachbereichs Evangelische Theologie der Universität Hamburg“, S. 1; in gleicher Ausrichtung Dietrich Korsch, „Die ‚Grundsätze‘ . . . Eine Einführung in die theoretischen Hintergründe“ (Göttinger Fakultätstag), S. 1–3; Sondervotum II Stock/Streck/Zippert, „Einige Thesen zum Papier der Gemischten Kommission“ (S. 11) und die Stellungnahme Prof. Gerhard May, Mainz (S. 2).

55 „Stellungnahme der evangelischen Landeskirche Bayerns“, S. 2.

56 Einführungsvortrag Dietrich Korsch, „Die ‚Grundsätze‘ . . .“ (Göttinger Fakultätstag), S. 4.

57 So die Charakteristik im „Protokoll der Sitzung des Kontaktausschusses zwischen dem Rat der EKD und dem Fakultätentag der evangelisch-theologischen Fakultäten in Deutschland“.

Unabhängigkeit und die kritische Funktion der Theologie bzw. der Theologischen Fakultäten gegenüber der Kirche hervor. Exemplarisch heißt es: „Kirche . . . darf nicht durch Institutionalisierungen (z. B. durch Konfessionalisierung) des Studiums die freie Auseinandersetzung und Reflexion aller möglichen Gegenstände verhindern", und: „Theologische Wissenschaft ist unverzichtbares kritisches Regulativ der Reflexion der institutionell verfaßten Kirche"[58]. Die Orientierung der „Grundsätze" an der Ausbildung für das Pfarramt erfasse demnach „die Aufgabe einer theologischen Fakultät nicht hinreichend"[59], woraus schließlich der mehrfach erhobene Vorwurf resultiert, das Studium werde in der Konzeption der Gemischten Kommission „als Teil der Ausbildung völlig funktionalisiert"[60]; es zeichne sich u. U. die Gefahr einer Degradierung theologischer Fakultäten zu Berufsfachhochschulen ab[61].

(c) Stellungnahme:

Der Gemischten Kommission geht es nur um die Beschreibung einer wichtigen Funktion von theologischen Fakultäten/Fachbereichen, nämlich ihrer Funktion in der Ausbildung zum Pfarramt, nicht aber um die Gesamtbestimmung von Wesen und Aufgaben einer theologischen Fakultät. Die „Grundsätze" heben hervor, daß die „Universitätsfakultät als Teil eines einheitlichen öffentlichen Bildungssystems der Gesellschaft"[62] zu bestimmen ist. Sie schätzen die kritische Freiheit der Theologie als grundlegend ein sowohl für ihre wissenschaftliche Arbeit wie auch für ihre kirchli-

---

58 „Stellungnahme des Fachbereiches Evangelische Theologie an der Universität Frankfurt am Main", S. 1; dazu auch „Stellungnahme des Fachbereichsrates des Fachbereichs Evangelische Theologie der Universität Marburg": „Die Konzentration auf die Erfordernisse der Ausbildung zum geistlichen Amt hat dazu geführt, daß die wissenschaftlichen Aufgaben der Theologie nur verengt wahrgenommen werden" (S. 1).

59 „Stellungnahme der Evangelisch-Theologischen Fakultät der Universität München, S. 1.

60 „Stellungnahme des Verbandes evangelischer TheologiestudentenInnen/Konferenz theologischer Fachschaften", S. 1; wörtliche Übernahme in der „Stellungnahme aus der Theologischen Fakultät der Universität Heidelberg" (S. 5).

61 So die unterschwellige Befürchtung bei Prof. Henning Luther (Marburg), „Hochschuldidaktische Anmerkungen", in: ThPr 24 (1989), S. 309 f., und – von allerdings anderer Position aus – bei Prof. Hans Martin Müller (Tübingen), „Kirchliche Praxis als Zielpunkt der Universitätstheologie", in: PTh 79 (1990), S. 325.

62 „Grundsätze", S. 36.

che Funktion. In den letzten Jahren ist in der Diskussion um die Studien- und Prüfungsordnungen erneut bekräftigt worden, daß die theologischen Fakultäten/Fachbereiche gemeinsame Angelegenheiten von Staat und Kirche sind. Die Gemischte Kommission knüpft an Regelungen der Staatskirchenverträge an, wenn sie Theologiestudium und Pfarrerausbildung eng miteinander verknüpft. Sie gibt zu bedenken, ob die rechtliche Verbundenheit der Fakultäten/Fachbereiche zu den Kirchen nicht eine notwendige Bedingung ihrer Freiheit ist.
Der sich aus dieser Verbindung ergebende Auftrag der theologischen Fakultäten/Fachbereiche und Kirchlichen Hochschulen zur Pfarrerausbildung kann sachgemäß nur beschrieben werden unter der Voraussetzung einer Verständigung über die Grundsätze der Aus- und Fortbildung.

II. Zur Konzeption der „Grundsätze“

1. *Der Ansatz: Kirche – Amt – Ordination*

(a) Die Ausführungen der Gemischten Kommission setzen ein mit dem ekklesiologischen Grundgedanken des Zusammenhangs von Kirche, Amt, Ordination und Ausbildung. Diese Entscheidung wird präambelartig begründet: „Jesus Christus hat die Kirche durch das Evangelium begründet und mit der Evangeliumsverkündigung durch Predigt und Sakrament beauftragt. Damit ist der Kirche die Aufgabe gestellt, ihre Lehre und ihr Leben diesem Auftrag gemäß zu ordnen . . . Zur auftragsgemäßen Ordnung der Kirchen gehört auch die Ordnung des Amtes der öffentlichen Evangeliumspredigt und Sakramentsverwaltung sowie die Beauftragung einzelner Glieder der Kirche mit der Wahrnehmung dieses Amtes.“ Dies vorausgesetzt, konnte die Gemischte Kommission folgern: „Daher schließt der Auftrag der Kirchen zur Ordnung des Amtes auch den Auftrag zur Ordnung der Ausbildung und Fortbildung der Amtsträger ein.“[63]

(b) Einige der eingegangenen Rückäußerungen begrüßen diesen methodischen Ansatz und die damit verbundenen Implikationen ausdrücklich: „Als Kirche, die Pfarrer ordiniert und die Pfarrer in ihren Dienst nimmt, sind wir dankbar für die klare Ausrichtung

[63] „Grundsätze“, S. 5.

der Ausbildung am Berufsziel Pfarrer und an der Ordination als Ordnung zum Dienst an Wort und Sakrament."[64] Insgesamt gesehen überwiegt jedoch die kritische Distanz zu diesem Ansatz. Die Einwände bieten drei Argumentationsmuster:

In einem Teil der Stellungnahmen spiegelt sich der Eindruck wider, die Vorlage der Gemischten Kommission führe zu einer Stabilisierung der Kirche im Sinne eines volkskirchlichen Status quo: „So werden Kirche und Amt als geschichtlich gegebene Phänomene unmittelbar mit ihrer volkskirchlichen Eigenart und kirchenordnungsmäßigen Verfaßtheit in den Gliedkirchen der EKD identifiziert. Die gegebene Volkskirche mit ihren Strukturen und Problemen wird unkritisch positivistisch als geschichtliche Konkretion des theologisch zutreffend beschriebenen Auftrags und Wesens der Kirche verstanden, sie fungiert als *die Ausführungen eigentlich leitendes Bild von Kirche und ihrem Amt.*"[65] Der Rekurs auf ‚Amt' und ‚kirchliche Ordnung' zeige ein statisches Kirchenverständnis, wirke systemimmunisierend und trage der Notwendigkeit der Wandelbarkeit von ‚Kirche' und ‚Ordnung' nicht Rechnung[66].

---

64 „Stellungnahme der evangelischen Landeskirche Bayerns", S. 2; ähnlich auch die „Stellungnahme der Kirchenleitung der Evangelischen Kirche in Berlin-Brandenburg (Berlin-West)": „Wir sehen in dieser Blickrichtung der Kommission keine Engführung, sondern eine Zuspitzung des Studiums" (S. 1), sowie die Stellungnahme Prof. Gerhard May (Mainz): „Jede Ordinationsverpflichtung setzt die persönliche Identifikation mit der Lehre der Kirche voraus. Es ist zu begrüßen, daß die ‚Grundsätze' dies klar aussprechen" (S. 2). Bejaht wird dieser Ansatz ebenfalls in der „Stellungnahme aus der Evangelisch-lutherischen Landeskirche Hannovers" (S. 2), der „Stellungnahme aus der Badischen Landeskirche" (S. 2 f.) und dem Votum Prof. Hans Martin Müllers (Tübingen) (S. 2).

65 Votum Behr/Bendt/Kastning/Wiebold, „Amt und Kirche im Papier der GK" (Diskussionsgrundlage Göttinger Fakultätstag), S. 1; ebenso die „Thesen zum Papier der ‚Gemischten Kommission'" (verabschiedet vom Fachbereichstag des Fachbereis Evangelische Theologie der Universität Marburg). Im Text der Gemischten Kommission werde „die gegenwärtige (verschiedenartige!) Gestalt der Ordnung einzelner Kirchen zur Norm" erhoben (S. 10).

66 Dies ist der Tenor entsprechender Einwände in der Stellungnahme der Kammer für Ausbildung der Evangelischen Kirche in Hessen und Nassau (S. 3), in den „Anfragen" der Evangelischen Akademie Bad Boll, Referat Ausbildung/Gesellschaftsdiakonie (S. 1), in der „Stellungnahme des Delegiertenrates der hannoverschen Theologiestudierenden" (S. 2 und 4), in der „Stellungnahme des Konvents Badischer Theologiestudierender" (S. 1 f.) und in der „Stellungnahme der oldenburgischen TheologiestudentInnen" (S. 1).

Zweitens begegnet die Befürchtung einer hierarchischen Überordnung des Amtes über die Gemeinde, die auch in ansonsten zustimmenden Voten[67], verstärkt aber in den ablehnenden Stellungnahmen geäußert wird: Nach den „Grundsätzen“ blieben „die volkskirchlich-hierarchische Struktur, die Vorordnung des Pfarramtes vor andere MitarbeiterInnen und vor allem vor die Laien – und damit deren Marginalisierung erhalten“[68]. Ein solches Amtsverständnis stehe jedoch in Spannung zum „Priestertum aller Gläubigen“[69] und zementiere die „ideologische Sonderexistenz des Pfarrerstandes“[70] in der gesellschaftlichen Wirklichkeit. Im Hintergrund stehe ein aus der ersten Hälfte des 19. Jahrhunderts stammendes „normatives Amtsideal“[71].

Drittens wird die Meinung geäußert, der gewählte Ausgangspunkt führe zu einer Klerikalisierung des Theologiestudiums im Sinne einer Perspektivenverengung auf das Berufsbild „Pfarrerin/Pfarrer“ hin. Dies aber gehe nicht ohne eine bezeichnende Wechsel-

---

67 „Rückäußerung des Evangelischen Oberkirchenrates A. B. Wien“: Es sei „die Gefahr einer theologen- und pfarrerzentrierten Kirche nicht ganz von der Hand zu weisen“ (S. 1).

68 „Stellungnahme der Konferenz der Predigerseminare“, S. 3; ähnlich die „Stellungnahme der Fachgruppe Theologische Ausbildung im Evangelischen Missionswerk (S. 6), die „Stellungnahme der Evangelisch-Theologischen Fakultät Bochum“ (S. 3) und die „Stellungnahme des Verbandes evangelischer TheologiestudentInnen/Konferenz theologischer Fachschaften“ (S. 3).

69 „Stellungnahme des Studierendenausschusses der Nordelbischen Theologiestudierenden“, S. 2. Auf das ‚Priestertum aller Gläubigen‘ rekurrieren auch die „Stellungnahme des Moderamens des Reformierten Bundes“ (S. 4 f.), „Stellungnahme des Delegiertenrates der hannoverschen Theologiestudierenden“ (S. 2), und die „Stellungnahme der TheologiestudentInnen der Bremischen Kirche (S. 2), implizit wohl ebenso die „Stellungnahme der Evangelisch-Theologischen Fakultät der Universität Bonn“ (S. 1) und die „Stellungnahme der Evangelischen Kirche im Rheinland“; letztere hebt den „Grundsätzen“ gegenüber Geist und Intention „des in unserer Kirche vorherrschenden presbyterial-synodalen Gemeindeverständnisses“ (S. 2) hervor. – Kritisch setzt sich mit der Berufung auf das ‚Priestertum aller Gläubigen‘ die Stellungnahme von Prof. Hans Martin Müller (Tübingen) auseinander: „Ein ‚Pfarramt aller Gläubigen‘ gibt es nicht; vielmehr ist der pfarramtliche Dienst an einen speziellen Auftrag und an eine spezielle Tätigkeit gebunden, zu deren Ausübung unter heutigen Bedingungen in der Regel ein wissenschaftliches Studium der Theologie erforderlich ist“ (S. 2).

70 Achim Müller, „Ein soziologischer Blick auf das Papier der ‚Gemischten Kommission‘ . . .“ („Marburger Reader“, S. 34).

71 Seminarbericht Prof. Wolfgang Grünberg (Hamburg), S. 7.

wirkung ab: „Wird die theologische Ausbildung ausschließlich als pfarramtliche Berufsausbildung verstanden, so läuft sie Gefahr, unter klerikale Bevormundung ihrer Inhalte zu geraten." Und weiter: „Theologische Ausbildung, die so gezielt von der Ordination her begründet wird, ist einseitig orientiert an Kenntnissen und Fertigkeiten, die zur Amtsausübung befähigen, nicht aber an Glauben und Leben der Gemeinde."[72]

Aus diesen Einwendungen heraus werden jeweils Revisionen angemahnt: Als notwendig erweise sich eine genauere Bestimmung des Begriffs „Kirche", der auch „eine wachsende Offenheit für den Prozeß des Werdens von Kirche"[73] ermögliche. Sodann sei eine Überprüfung der Verhältnisbestimmung von Amt und Gemeinde geboten unter stärkerer Berücksichtigung des „Gemeinschaftscharakter(s) von Kirche als dem Volk Gottes, in dem vielfältige Gaben und Aufgaben theologischer und anderer Kompetenz miteinander in Beziehung treten"[74]. Und ebenso sei eine offenere Beschreibung des Theologiestudiums auf eine Vielzahl möglicher Berufsperspektiven sachlich angemessen und wünschenswert[75].

(c) Stellungnahme:

1. Zur Konzentration auf die Pfarrerausbildung. – Die „Grundsätze" äußern sich **nicht zu allen** Ausbildungsgängen und Ausbildungsaufgaben der Kirchen und Fakultäten. Sie behandeln weder alle wünschenswerten und notwendigen kirchlichen Berufe und Aufgaben sowie die dafür erforderlichen Ausbildungsgänge noch alle Lehr- und Ausbildungsaufgaben der Fakultäten. Sie behandeln

---

72 „Stellungnahme der bayerischen Predigerseminare", S. 1 f.; vgl. auch das Votum von Prof. Klaus Schwarzwäller (Göttingen), „Nur noch hantieren und reproduzieren?", in: LM 29 (1990), S. 30: „Wir haben ihn doch in allen Kirchen an verschiedenen Stellen, den Kirchenfunktionär, wie er auch in den ‚Grundsätzen' . . . ganz arglos beschrieben wird."

73 „Stellungnahme der Konferenz der Predigerseminare", S. 5.

74 „Stellungnahme der Evangelisch-Theologischen Fakultät Bochum", S. 3; ähnlich auch die „Gemeinsame Stellungnahme des Pfarrerausbildungsausschusses und des Pfarrerfortbildungsausschusses der Evangelischen Kirche von Westfalen" (S. 7).

75 „Stellungnahme der bayerischen Predigerseminare": „Theologische Ausbildung – gerade in der 1. Phase –, die funktional auf die Ordination hingeordnet ist, verliert den Kreis der Studierenden aus dem Blick, der zwar Theologie in kirchlicher Verantwortung treiben will (etwa als Religionslehrer oder im Dienst in den Medien), aber keineswegs das ordinationsgebundene Amt anstrebt" (S. 1).

ausschließlich **einen** Ausbildungsgang: Die Ausbildung zur Führung des Pfarramts. Diese ist ein unverzichtbares Element im Ausbildungssystem aller Gliedkirchen der EKD. Ihre erste und grundlegende Phase verläuft an Fakultäten. Folglich ist sie von Kirchen und Fakultäten gemeinsam zu planen und zu verantworten.

Die Beschränkung auf diesen **einen** Ausbildungsgang ergibt sich aus dem Auftrag der Gemischten Kommission. Durch die Beschränkung erkennt die Kommission an, daß das **Ganze** der Kirchen und Fakultäten zu betreibenden Ausbildung mehr umfaßt als nur die Ausbildung zum Pfarramt.

Auf diesen Ausschnitt beschränkt sich die Kommission in der Überzeugung:

- daß er ein **wesentliches** Element im Gesamtzusammenhang der Ausbildungsleistungen von Kirchen und Fakultäten betrifft
- und daß für das Gelingen dieses Ausbildungsgangs eine Reihe von Mindestanforderungen (notwendigen Bedingungen) benannt werden können und müssen.

Die „Grundsätze“ bieten nur eine Zusammenstellung dieser Mindestanforderungen.

Die Kommission erkennt aus dem Rücklauf, daß sie es versäumt hat, diese Zusammenhänge explizit vorzutragen.

2. Zum Ansatz beim reformatorischen Kirchen- und Amtsverständnis. – Eine begründete Beschreibung dieser Mindestanforderungen setzt den Rückgriff auf ein unstrittiges Minimum an grundlegenden Aussagen über Wesen und Aufgaben des Pfarramts voraus. Die Kommission findet diese Annahmen in den reformatorischen Lehrbekenntnissen, die in allen Gliedkirchen der EKD gelten.

Die Kommission weiß, daß auf dem Boden des reformatorischen Christentums auch der Diskurs über das Verständnis von Kirche und Amt unabschließbar ist. Aber der **Ausgangspunkt** aller dieser Verständigungsbemühungen steht außer Streit. Diesen Ausgangspunkt wollen die „Grundsätze“ mit ihrem Ansatz beim reformatorischen Kirchen- und Amtsverständnis in Erinnerung rufen.

3. Zur Offenheit des reformatorischen Kirchen- und Amtsverständnisses. – Das reformatorische Kirchen- und Amtsverständnis ist der Rahmen, innerhalb dessen sich viele unterschiedliche Gestalten von Kirche, Gemeinde und Amt als auftrags- und situationsgemäß begreifen lassen. Es läßt eine „freiwilligkeitskirchliche“

Verfassung von Kirche ebenso zu wie eine „volkskirchliche"; eine mehr von der Gemeinschaft der Glaubenden her konzipierte Ausgestaltung des Gegenübers von Amt und Gemeinde ebenso wie eine mehr vom Amt her konzipierte.

Beide Konzeptionen verlangen von den Amtsinhabern Leistungen, zu denen nur eine Ausbildung befähigt, die die genannten Mindestanforderungen erfüllt.

Das gilt erst recht, wenn das Pfarramt in einen größeren Kreis von kooperierenden (hauptberuflichen oder nebenberuflichen) Ämtern tritt. Die Anforderungen werden dann komplexer und höher.

4. Zur Reformorientierung der „Grundsätze". – Reform der Ausbildung (ebenso: der Kirche, der Theologie etc.) ist die **auftragsorientierte** Anpassung ihrer Institutionen an spezifische Veränderungen der gesamtgesellschaftlichen Lage. Reform kommt zum Ziel in Einzelentscheidungen über die geeignete Gestalt von Ausbildungsinstitutionen, die jeweils vor Ort zu treffen sind. Dafür setzt sie aber voraus ein Verständigsein aller Beteiligten über die Grundsätze, die alle einzelnen Reformmaßnahmen leiten und sicherstellen, daß der Reformprozeß sich insgesamt am ursprünglichen Auftrag der Kirche orientiert und in dieser Auftragsorientierung kontinuierlich (über die Zeiten hinweg) und kohärent (an verschiedenen Orten) verläuft. Für einzelne Reformmaßnahmen vor Ort ist nicht die Gemischte Kommission zuständig, sondern die Fakultäten und die Kirchenleitungen. Ihnen hat die Kommission zu dienen. Und zwar in erster Linie durch die Anbahnung einer Verständigung über die dauernd leitenden Grundsätze für das reformerische Handeln; erst in zweiter Linie durch Vorschläge für Einzelreformen.

2. *„Theologische Kompetenz" als integrierender Begriff und Zielangabe*

(a) Innerhalb der Ausarbeitung der Gemischten Kommission hat die Grundlegung und Entfaltung des Begriffs „theologische Kompetenz" zentralen Stellenwert. Er wird definiert als „der Inbegriff der Fähigkeiten, die für die *auftragsgemäße* und *professionelle* Führung des Pfarramtes erforderlich sind", und näherhin spezifiziert als „die Fähigkeit, im Lichte der angeeigneten kirchlichen Lehre die gegebene Situation des Amtes zu begreifen, ihre gegenwärtigen Aufgaben (Probleme) zu erkennen, sowie Lösungen zu entwerfen und durchzuführen"[76]. Dies setze „bestimmte

[76] „Grundsätze", S. 6.

Kenntnisse, Einsichten und Fertigkeiten grundlegend" voraus, die als „Aufbauelemente von theologischer Kompetenz" im einzelnen von der Gemischten Kommission entfaltet werden und ihrem Anspruch nach in der explizierten Weise „einen *unumkehrbaren* Konstitutionszusammenhang"[77] ergeben.

(b) Die Stellungnahmen setzen sich fast ausnahmslos mit dem signifikanten Begriff „theologische Kompetenz" auseinander.

In einem Teil der Rückmeldungen ist die Verwendung dieses Begriffs sowie die mit ihm verbundene Konzeption auf **positive Resonanz** gestoßen: „Die ‚Grundsätze' unternehmen den Versuch, durch einen *integrativen Mittelbegriff* – ‚theologische Kompetenz' – die beiden Eckpunkte pfarramtlichen Dienstes miteinander zu verknüpfen: die Kirche, in der das Pfarramt ausgeübt wird, und die Subjekte der theologischen Ausbildung, die sich darauf vorbereiten, um es danach auszuüben. – Damit wird sowohl der Universitätstheologie und der kirchlichen Aus- und Fortbildung wie auch den Studierenden und Ausgebildeten ein Angebot zur Deutung des Zusammenhangs gemacht, in dem sie sich befinden ... Die ‚Grundsätze' bezeichnen *‚theologische Kompetenz'* als diejenige *Grundfähigkeit,* die jederzeit und in allen Tätigkeitsbereichen des Pfarramtes verlangt ist. Sie will die unterschiedlichen Fähigkeiten von Pfarrern und Pfarrerinnen nicht vereinseitigen, sondern sie integrieren. – Indem sie die Summe der Kenntnisse, Einsichten und Fertigkeiten auf einen Begriff bringt, ermöglicht die Bestimmung einerseits berechtigte Erwartungen und begründete Kritik an die (künftigen) Pfarrer und Pfarrerinen zu formulieren, wie andererseits eine notwendige und hilfreiche Differenzierung und Aufgabenteilung zwischen den verschiedenen Ämtern und Diensten in der Kirche."[78] Was in diesem Votum umfassend zur Sprache kommt, heben andere Stellungnahmen im einzelnen zustimmend hervor. Der Begriff „theologische Kompetenz" erweise sich als Umschreibung für das „berufliche Können" als sachadäquat[79] und markiere gerade darin „auch Grenzen der pfarramtlichen Zuständigkeit, sowohl gegenüber anderen ehren-

---

[77] Ebd., S. 6 f.

[78] „Stellungnahme aus der Evangelisch-lutherischen Landeskirche Hannovers", S. 2.

[79] „Stellungnahme des Evangelisch-lutherischen Oberkirchenrats Oldenburg", S. 1; ebenso die „Stellungnahme der evangelischen Landeskirche Bayerns" (S. 3).

und hauptamtlichen Mitarbeitern als auch anderen Berufsgruppen“[80]. Zudem ermögliche er die Einsicht in den Gesamtzusammenhang und die „Einheit der Theologie“[81].
Demgegenüber **lehnen** andere Voten den Begriff „theologische Kompetenz“ und die Implikationen, die sie mit ihm verbunden sehen, **prinzipiell ab**. Als Gründe hierfür werden vor allem folgende Gesichtspunkte genannt: Es werde „ein bestimmtes Theologieverständnis faktisch normativ zum Dreh- und Angelpunkt des gesamten Ausbildungskonzepts gemacht“[82]. Die Verwendung des Begriffs „theologische Kompetenz“ führe zu einer Formalisierung und Funktionalisierung, die in der Verengung „auf den pfarramtlichen Bereich“ ihren Ausdruck finde[83] und gerade hierdurch die Gefahr einer „Expertokratie“[84] der Theologinnen und Theologen in der Kirche mit sich bringe. Bei der Umschreibung von „theologischer Kompetenz“ innerhalb des Papiers der Gemischten Kommission trete zudem die „Vorordnung rationaler und methodisch geleiteter Erkenntnisgewinnung vor anderen denkbaren Wegen“ in den Vordergrund, was Indiz für „ein einsei-

---

[80] „Stellungnahme aus der Badischen Landeskirche“, S. 3. Vgl. ebd.: „Insofern hat der Begriff der ‚theologischen Kompetenz‘ etwas *Befreiendes* und *Entlastendes* an sich: Pfarrerinnen und Pfarrer sind *nicht* für ‚alles und jedes‘ in der Gemeinde zuständig und verantwortlich. Das bei Theologen und Theologinnen oft anzutreffende Gefühl von *Allzuständigkeit* zeigt gerade ihre *Inkompetenz!*“ – In der Tendenz ähnlich: „Einige Thesen zum Papier der Gemischten Kommission“ (Stock/Zippert, Marburg); S. 4.

[81] „Stellungnahme des Evangelisch-lutherischen Oberkirchenrats Oldenburg“, S. 2. – „Stellungnahme des Systematisch-theologischen Arbeitskreises Marburg“: „Wir sehen keine sinnvolle Alternative zum Schlüsselbegriff der theologischen Kompetenz, um den komplexen Struktur- und Funktionszusammenhang des theologischen Bildungsganges hinreichend beschreiben zu können“ (S. 4).

[82] Seminarbericht Prof. Wolfgang Grünberg (Hamburg), S. 5; aufgenommen in der „Stellungnahme des Fachbereichs Evangelische Theologie der Universität Hamburg“ (S. 3).

[83] „Stellungnahme des Rates der Vikarinnen und Vikare der EKHN“, S. 1. – Prof. Henning Luther (Marburg) kritisiert denn auch, daß „der Aspekt der (inhaltlichen) Identifikation mit Kirche zu einem Konstituens von Kompetenz“ werde („Hochschuldidaktische Anmerkungen“, in: ThPr 24 [1989], S. 312).

[84] „Stellungnahme der Kammer für Ausbildung der Evangelischen Kirche in Hessen und Nassau“, S. 3; ebenso die „Stellungnahme einer Arbeitsgruppe der Kirchlichen Hochschule Berlin“ (S. 14 f.).

tig verengtes Menschenbild“[85] sei. Die dergestalt pointierte Kritik mündet ein in den Vorwurf, die im Begriff „theologische Kompetenz“ enthaltene Tendenz zur Machbarkeit und Technokratie widerstreite der theologischen Einsicht in die letztliche Unverfügbarkeit der Wahrheit; theologische Kompetenz greife zu kurz, konstituiere man sie ohne Bezug auf den Glauben: „Wie ist eine theologische Kompetenz zu verstehen, die vom Glauben redet . . ., ohne die persönliche Grundbeziehung des Theologen und der Theologin zu Jesus Christus vorauszusetzen und anzustreben?“[86] Und dies noch deutlicher profilierend: „Kompetenz können wir nicht erwerben. Sie wird als Geschenk im Glauben empfangen.“[87]

Davon hebt sich eine dritte Gruppe von Voten ab, die dem Kompetenzbegriff nicht ablehnend gegenübersteht, ihn jedoch **anders spezifizieren** oder **inhaltlich ergänzen** will. Im einzelnen werden folgende Möglichkeiten vorgeschlagen:

– **„Pastorale Kompetenz“** werde als umfassenderer Begriff eher der „Komplexität des Zugangs zu Auftrag und Amt“[88] eines Pfarrers bzw. einer Pfarrerin gerecht.

---

[85] „Stellungnahme des Verbandes evangelischer TheologiestudentInnen/Konferenz theologischer Fachschaften“, S. 4. Diese Bedenken werden auch geteilt in der „Rückäußerung des Evangelischen Oberkirchenrates A. B. Wien“ (S. 1) und in der „Stellungnahme der Vereinigung Württembergischer VikarInnen“ (S. 3).

[86] „Stellungnahme der Fachgruppe Theologische Ausbildung im Evangelischen Missionswerk“, S. 6.

[87] „Stellungnahme des Hochschulrats der Kirchlichen Hochschule Wuppertal“, S. 3. – In die gleiche Richtung gehen die Einwände in der „Stellungnahme des Nordelbischen Konvents der Universität Göttingen“ (S. 2), der „Stellungnahme Berliner Theologiestudierender“ (S. 2), den „Stellungnahmen aus der Theologischen Fakultät der Universität Heidelberg“ (S. 20) sowie in den Voten der Professoren J. Ringleben/Göttingen („Thesen zum systematischen Hintergrund des Begriffs ‚theologische Kompetenz‘ bei E. Herms“, S. 3), Klaus Schwarzwäller/Göttingen („Nur noch hantieren und reproduzieren?“, in: LM 29 [1990], S. 33) und – bei allerdings positiver Grundhaltung gegenüber einer Verwendung des Kompetenzbegriffs – Traugott Koch/Hamburg.

[88] „Stellungnahme aus der Evangelisch-lutherischen Landeskirche Hannovers“, S. 3: für den Begriff „pastorale Kompetenz“ plädieren auch die „Stellungnahme der Fortbildungsreferentenkonferenz“ (S. 1), die „Gemeinsame Stellungnahme des Pfarrerausbildungsausschusses und des Pfarrerfortbildungsausschusses der Evangelischen Kirche von Westfalen (S. 9: „Der Begriff der pastoralen Kompe-

- **„Dialogische Kompetenz“** setze theologische Kompetenz voraus, führe jedoch insofern über sie hinaus, als sie die Fähigkeit darstelle, „mit der gegebenen Tradition kritisch umzugehen, diese aber auf Lebenserfahrungen und andere Antwortmöglichkeiten, also auf die Lebensprobleme der Gegenwart zu beziehen“[89].
- **„Kybernetische Kompetenz“** trage der Tatsache Rechnung, daß es Pfarrer bzw. Pfarrerinnen „nicht nur mit Texten“, sondern mit Gemeinden zu tun haben: „Kommunikation ist nicht nur der geglückte Versuch, verstanden zu werden, sondern auch zu verstehen, in Gang zu setzen, Kommunikation und Kooperation zu erleben und zu leiten. Wort- und Sakramentsverwaltung kann auch in den Händen bewährter Lektoren liegen, Gemeindeleitung in theologischer Hinsicht eher nicht.“[90]
- **„Transformative Kompetenz“** bedürfe ausdrücklich der Erwähnung und Integration, um die Möglichkeit der Veränderung und Veränderbarkeit von Kirche in den Blick zu bekommen[91].
- „Theologische Kompetenz“ impliziere stets auch **„diakonische Kompetenz“**, „denn Diakonie ist nicht funktionale Besonderheit im Arbeitsfeld eines Amtsträgers, sondern untrennbares Charakteristikum seines Wirkens. Das Handeln bezeugt, daß das Wort wahr ist.“[92]

---

tenz ist umfassender und wehrt der Gefahr der cognitiven Engführung“) sowie die beiden hessen-nassauischen Voten des VikarInnenkurses Friedberg 2/1988 (S. 1) und des Rates der VikarInnen und Vikare (S. 1). – Anders die „Stellungnahme aus der Evangelischen Kirche der Pfalz“: „Es steht in der Evangelischen Kirche unzweifelhaft fest, daß jeder Christ mit ‚pastoraler Kompetenz‘ zum Dienst in der Kirche ausgestattet ist; dem Pfarrer, der Pfarrerin muß aber im Unterschied dazu spezielle ‚theologische Kompetenz‘ zu eigen sein“ (S. 3).

89 „Stellungnahme des Fachbereichs Evangelische Theologie der Universität Hamburg“, S. 3.

90 Werner Wehrenfennig (Predigerseminar Purkersdorf/Österreich), „Versuch einer Stellungnahme“, S. 2. – In diesem Sinn spricht die Stellungnahme der nordelbischen Prediger- und Studienseminare im Blick auf die 2. Ausbildungsphase von einer Ergänzung des Begriffs der „theologischen Kompetenz“ durch den der „*kommunikativen* bzw. der *sozialen* Kompetenz“ (S. 1).

91 So Dietrich Werner, „Oekumenische Kompetenz als Ziel theoretischer Ausbildung“, S. 4.

92 Stellungnahme des Vorstandes der Deutschen Diakonenschaft“, S. 3.

- Zudem müsse **„spirituelle Kompetenz“**[93] in ihrer Relevanz für „theologische Kompetenz“ bedacht werden: „Das Verhältnis von theologischer Existenz und Kompetenz, von Spiritualität und Rationalität bleibt für die erste Ausbildungsphase weitgehend ungeklärt.“[94]

Die meisten der genannten Dimensionen sind schließlich vereint im Begriff **„ökumenische Kompetenz“**. Diese umfasse „eine *theologisch-hermeneutische* Kompetenz, die im sachgerechten Erfassen und in der diskursiven Verständigung über den Sinngehalt primär von Texten besteht“, „eine *kontextanalytische* Kompetenz, die in einem Erfassen und Beurteilenkönnen von Lebenssituationen besteht“, „eine *dialogisch-selbstkritische* Kompetenz, die ebenso die Grundfähigkeit zum ökumenischen Dialog wie die Bereitschaft und Befähigung zur aktiven Partizipation am ökumenischen Prozeß ... meint“, „eine *missionarisch-pastorale* Kompetenz, die auf die glaubwürdige Kommunikation des Evangeliums in Situationen pastoralen Dienstes zielt und stärker als bisher nicht nur differenzierende, sondern auch elementarisierende Fähigkeiten verlangt“ und „schließlich eine *geistliche* Kompetenz“ im Sinne der Ermutigung, *„als Christ in Gemeinschaft zu leben und zu handeln“*[95].

Eine vierte Gruppe erhebt Bedenken gegen den in den „Grundsätzen“ dargestellten Gesamtzusammenhang von Kompetenzbildung: Das „Stufenkonzept“[96] sei in seiner postulierten Invarianz fraglich. Statt dessen müsse Kompetenzgewinnung *„in einem offeneren System* (ohne die irreversible Stufenfolge) als Wachs-

---

[93] Votum Behr/Bendt/Kastning/Wieboldt, „Amt und Kirche im Papier der GK“ (Diskussionsgrundlage Göttinger Fakultätstag), S. 2.

[94] „Stellungnahme der Evangelisch-Theologischen Fakultät der Universität Bonn“, S. 1. Ebenso die „Stellungnahmen aus der Theologischen Fakultät der Universität Heidelberg“: „Die Frömmigkeitspraxis erscheint für den Kompetenzbegriff als ein Fremdes ..., er kann sie nicht als Eigenes erkennen, ist darin auch nicht eingebunden“ (S. 20).

[95] Dietrich Werner, „Oekumenische Kompetenz als Ziel theologischer Ausbildung“, S. 19. Aufgenommen sind die Aspekte in der „Stellungnahme der Evangelisch-Theologischen Fakultät Bochum“, passim.

[96] So die Charakteristik der „Gemeinsamen Stellungnahme des Pfarrerausbildungsausschusses und des Pfarrerfortbildungsausschusses der Evangelischen Kirche von Westfalen“ (S. 4 f.) im Blick auf die diesbezüglichen Ausführungen der „Grundsätze“ (S. 6–10).

tumsprozeß lebensnaher und differenzierter“ dargestellt werden[97].

(c) Stellungnahme:

In den zustimmenden Rückmeldungen findet die Kommission den Gehalt ihrer Kompetenz – und den Grund für seine Wahl – richtig verstanden und zutreffend erläutert. Die kritischen Äußerungen veranlassen sie zu vier Erläuterungen:

1. Zu den prinzipiellen Einwänden gibt sie zu bedenken:

- Zunächst, daß der verwendete Begriff von „Kompetenz“ nicht ein bestimmtes einzelnes Verständnis von Theologie festschreibt. Vielmehr betrifft er einen wesentlichen Zug jeder theologischen Position, nämlich: de facto (nolens volens) bestimmenden Einfluß zu nehmen auf die persönliche Bildung derjenigen Studierenden, die sie sich aneignen. Damit nimmt sie ipso facto auch Einfluß auf Interaktionsfähigkeit und -stil dieser Personen.
- Sodann ist nicht jedes berufsspezifische Können das Fundament einer Expertokratie. Es kann ebensogut Fundament des Dienstes an anderen sein. Wirksam anderen dienen kann überhaupt nur, wer selbst etwas Spezifisches „kann“. Das gilt auch für die „theologische Kompetenz“ im Sinne der Vorlage.
- Weiterhin meint „theologische Kompetenz“ im Sinne der Vorlage nicht bloß einen Inbegriff intellektueller Fähigkeiten. Vielmehr ist eine Fähigkeit des bewußten Sichverhaltens gemeint, welche die Einbringung und Verarbeitung von eigener Lebenserfahrung stets voraussetzt und immer verlangt. Die Vorlage weist darauf zwar ausdrücklich hin[98], aber der Rücklauf beweist, daß dies hätte breiter ausgearbeitet werden müssen – insbesondere schon in der Auflistung der Aufbauelemente von theologischer Kompetenz als einer wesentlichen Bedingung für die Gewinnung von eigener theologischer Einsicht[99].

---

[97] „Stellungnahme aus der Evangelisch-lutherischen Landeskirche Hannover“, S. 3; in die gleiche Richtung gehen die Anfragen der Stellungnahme der Kammer für Ausbildung der Evangelischen Kirche in Hessen und Nassau (S. 1 f.), des „Votums des Praktisch-Theologischen Ausbildungsinstituts der Evangelischen Kirche in Berlin-Brandenburg“ (S. 3) sowie der „Zusammenfassung der Diskussion“ des Studiennachmittags der Evangelisch-Theologischen Fakultät Tübingen (S. 2 f.).

[98] Vgl. „Grundsätze“, S. 18 Abs. 4.

[99] Vgl. ebd., S. 7 Abs. 1.

- Schließlich gilt dasselbe von dem **geistlichen** Fundament, also der grundsätzlichen Nichtmachbarkeit und Unverfügbarkeit von theologischer Kompetenz. Die „Grundsätze“ hätten darauf nicht nur einmal[100], sondern durchgehend hinweisen sollen.

  Die Kritik bietet also insoweit wichtige Hinweise für eine Präzisierung des Konzepts „theologische Kompetenz“.

2. Daneben begegnen Wünsche nach einer **Ergänzung** des Konzepts „theologische Kompetenz“ durch eine Mehrzahl weiterer „Kompetenzen“. Diese Wünsche sind einerseits verständlich und berechtigt. Denn alle genannten „Kompetenzen“ beziehen sich auf Tätigkeitsfelder, die innerhalb des Pfarramts unleugbar „kompetent“ verantwortet werden müssen. Und zwar auf durchaus unterschiedliche Tätigkeitsfelder mit in der Tat unterschiedlichen Anforderungen, die den Einsatz unterschiedlicher Fähigkeiten verlangen.

   Aber auf der anderen Seite wirft die Auflistung verschiedener Kompetenzen Fragen auf, die nicht unbeantwortet bleiben dürfen:

- Erstens: Bilden die aufgelisteten Kompetenzen einen inneren Zusammenhang? Und ergibt sich ihr Umfang nur aus dem zeitbedingten Profil pfarramtlicher Aufgaben oder – zumindest auch – aus dem invarianten Grundauftrag des Amts? Kann man also so etwas wie eine **Grundkompetenz** namhaft machen, welche die Ausbildung aller situationsspezifischen Kompetenzen steuert? Nur wenn man diese Frage bejahen kann, hat man ein Kriterium, das im Blick auf die jeweiligen zeitgenössischen Zumutungen an das Pfarramt zwischen Berechtigtem und zur Sache Gehörigem auf der einen Seite und weniger bzw. gar nicht Berechtigtem auf der anderen Seite zu unterscheiden erlaubt. Darauf läuft die Kommissionsvorlage hinaus: Sie verleugnet und vergleichgültigt die aufgelisteten Spezialkompetenzen nicht. Vielmehr möchte sie dazu anleiten, diese alle als situations- und leistungsspezifische Ausdifferenzierungen von „theologischer Kompetenz“ zu verstehen.
- Zweitens: Damit vermeidet sie ein Verständnis von „theologischer Kompetenz“ als Ansammlung eines funktionslosen Spezialwissens. Die Kompetenzliste in ihrer bisher vorgetra-

[100] Vgl. ebd., S. 11 Abs. 2.

genen Form könnte nämlich der verbreiteten Klage nicht begegnen, daß „Theologie“ nur noch im Studium fürs Examen verlangt werde, in der Praxis des Pfarramts dann aber gar nicht mehr oder nur noch am Rande. Diese Klage kann nur durch den Nachweis gestillt werden, daß „Theologie“ – im Sinne des kunstgemäß durchreflektierten christlichen Selbst- und Wirklichkeitsverständnisses der Amtsinhaber – in eine grundlegende Orientierungsfunktion für die gesamte Führung des Pfarramts eintritt, also in die Rolle der leitenden **Grundkompetenz**. Nur unter dieser Voraussetzung läßt sich mit Gründen vertreten, daß eben das Studium von Theologie – und nicht etwa von Psychologie, Pädagogik oder einer Managementlehre – die erste und grundlegende Phase fürs Pfarramt sein soll.

Der Kommission scheint daher ihr Konzept von „theologischer Kompetenz“[101] sachgemäß zu sein. Aber sie hat vielleicht noch nicht genügend deutlich gemacht, daß und wie „theologische Kompetenz“ in diesem Sinne **von sich aus** ihre Ausfächerung in jene Spezialkompetenzen verlangt.

3. Die ins Gespräch gebrachte „Ökumenische Kompetenz“ umfaßt einige Aufbauelemente der „theologischen Kompetenz“ im Sinne der „Grundsätze“ (insbesondere soweit sie „hermeneutische Kompetenz“ ist). Ebenso schließt „theologische Kompetenz“ die Kompetenz „als Christ in Gemeinschaft zu leben und zu handeln“ ein. Aber die Ausbildung für die hauptberufliche Wahrnehmung des geordneten Amtes der Kirche verlangt eine Zuspitzung des Kompetenzkonzepts auf die mit dieser beruflichen Aufgabe verbundenen besonderen Herausforderungen. Auf diese Zuspitzung kommt es in den „Grundsätzen“ an.
   Umgekehrt besitzt das Kompetenzkonzept der „Grundsätze“ in sich selbst eine ökomenische Bedeutung[102].
4. Die vierte Gruppe von Einwendungen zeigt, daß die Kommissionsvorlage den dynamischen Charakter des Prozesses der Kompetenzgewinnung noch nicht deutlich genug herausgestellt hat. Zwar können persönliche Einsichten nicht den dafür erforderlichen Kenntnissen vorangehen und ebenso Fertigkei-

[101] Wie ebd., S. 6 Abs. 6, definiert.

[102] Vgl. das Referat von Prof. Peter C. Bloth auf der Sitzung der Gemischten Kommission am 26./27. Oktober 1990.

ten nicht den dafür erforderlichen Einsichten. Aber richtig ist, daß keine Fertigkeit erreicht wird, ohne daß erneut das Bedürfnis entsteht, wiederum Kenntnisse und Einsichten zu erwerben; und daß neue Kenntnisse permanent neue Einsichten und diese permanent neue Fertigkeiten verlangen; in einem lebenslang „rekursiven" – zwar nicht ergebnislosen, aber gleichwohl offenen – Prozeß. Die systematische Bedeutung einschlägiger Aussagen[103] für die Gesamtkonzeption hätte stärker unterstrichen werden können.

3. *Kirchliche Lehre*

(a) Innerhalb des Ausbildungsgeschehens kommt für die Gemischte Kommission der kirchlichen Lehre eine wesentliche Steuerungsfunktion zu. Diese äußert sich darin, daß von den Studierenden nicht nur die allgemeine Kenntnis kirchlicher Lehre und Ordnung erwartet wird, sondern darüber hinaus ein solches „Maß von eigener, persönlicher *Einsicht in die Stichhaltigkeit*" des „Anspruchs der geltenden kirchlichen Lehre und Ordnung auf Evangeliumsgemäßheit und *in die Wahrheit*, d. h. Vertrauenswürdigkeit und Zuverlässigkeit des Evangeliums selber", daß eine auftragsgemäße Führung des Pfarramts möglich wird. Die Gemischte Kommission betont deshalb: *„Der für das Gelingen alles Weiteren entscheidende Schritt ist die Aneignung des Wahrheitsgehaltes der in Geltung stehenden kirchlichen Lehre."*[104] Daß die Entscheidung der Wahrheitsfrage nicht von vornherein gegeben ist und schon gar nicht in bloßer Adaption kirchlicher Lehre liegen kann, sondern ihrerseits methodischen Regeln folgt, hebt die Gemischte Kommission im Zusammenhang ihrer Darstellung der *„Methoden des Erfassens von Texten"*[105] ausdrücklich hervor.

(b) In den Voten trifft die Formulierung „Aneignung des Wahrheitsgehaltes der in Geltung stehenden kirchlichen Lehre" und deren Auslegung innerhalb des Textes der „Grundsätze" auf Vorbehalte: Hier liege ein *„statische(s)* Verständnis kirchlicher Lehre"[106] zugrunde, das sich aus einem verobjektivierten Wahr-

---

[103] Vgl. „Grundsätze", S. 7 Abs. 5; S. 40 Abs. 4 f.

[104] „Grundsätze", S. 7.

[105] Ebd., S. 21; die methodischen Regeln S. 23 f.

[106] „Stellungnahme des Studierendenausschusses der Nordelbischen Theologiestudierenden", S. 1. – Die „Stellungnahme aus der Evangelischen Kirche der Pfalz"

heitsbegriff ableite, der als solcher jedoch zweifelhaft sei. Es heißt: „Gegenüber einem personal-dialogischen Wahrheitsbegriff, der ein Verständnis von Wahrheit als lebendigem Prozeß festhält, wird hier der Schein einer objektivierten, in sachlicher Übereinstimmung faßbaren Wahrheit erweckt. Diese Wahrheit lasse sich operationalisiert vermitteln: Kenntnissen der kirchlichen Lehre könne die Einsicht in ihren Wahrheitsgehalt folgen. Dann erst sei die Fertigkeit einer personalen Vertretung dieser Wahrheit möglich."[107]

Ein anderes Votum verweist auf die Möglichkeit, den umstrittenen Begriff der „Aneignung" unter den Voraussetzungen der „Grundsätze" zu klären: „‚Kirchliche Lehre' verlangt . . . von sich aus ‚Aneignung'. Darunter ist nicht das verständnislose Zitat zu verstehen; auch nicht die kritiklose Zustimmung. ‚Aneignung' der kirchlichen Lehre meint den ständigen, den unabschließbaren Prozeß der Auseinandersetzung mit ihren Intentionen und Wahrheitsansprüchen, die von jeder Generation auf der Grundlage ihrer eigenen Lebenserfahrung von neuem geleistet werden muß."[108]

(c) Stellungnahme:

Es ist in der Vorlage anscheinend nicht völlig klar, daß der Rekurs auf die verbindlichen Texte kirchlicher Lehre eine orientierende

---

sieht es dementsprechend „als wichtige Aufgabe an, das Problem ‚Kirchliche Lehre im Protestantismus' stärker als bisher zu bedenken und zu diskutieren, um damit sowohl den Studierenden als auch den kirchenleitenden Organen Hilfen zu vermitteln" (S. 2). Auch in der „Stellungnahme der Evangelisch-Theologischen Fakultät Bochum" kommt dies zum Ausdruck: „Wir *wünschen uns,* daß in der weiteren Arbeit der GK stärker der Tatsache Rechnung getragen wird, daß die Bekenntnisse der kirchlichen Lehre (norma normans) kritisch ausgelegt, zurückgeführt und inhaltlich für die Gegenwart neu fortgeschrieben werden" (S. 4).

107 „Zusammenfassung der Diskussion" des Studiennachmittags der Evangelisch-Theologischen Fakultät Tübingen, S. 2 f.; ebenso deutlich ist die Kritik am Wahrheitsverständnis der „Grundsätze" bei Prof. Dietrich Stollberg, „Erste Anmerkungen zu den ‚Grundsätzen' . . ." („Marburger Reader", S. 10), bei Reinhard Dahlke, „Was heißt: ‚Einsicht in den Wahrheitsgehalt'?" („Marburger Reader", S. 13–19), in der „Stellungnahme einer Arbeitsgruppe der Kirchlichen Hochschule Berlin" (S. 5 f.), in den „Stellungnahmen aus der Theologischen Fakultät der Universität Heidelberg" (S. 4: „. . . der Wahrheitsbegriff scheint für die Theologie eher im Sinne einer ‚adaequatio rerum et intellectus' Verwendung zu finden"), in der „Stellungnahmen des Moderamens des Reformierten Bundes" (S. 2) und in der „Stellungnahme des Verbandes evangelischer TheologiestudentInnen/Konferenz evangelischer Fachschaften" (S. 2).

108 „Anmerkung" der Fachschaft Evangelische Theologie der Universität Mainz.

Kraft für das christliche Leben, das Leben der Kirche und natürlich auch für die Pfarramtsführung nur dann bekommen kann, wenn er mit dem Ziel des eigenen Verstehens, der kritischen Prüfung und dann der Aneignung des verstandenen und als stichhaltig (zuverlässig) erfahrenen Gehalts der Lehrtexte unternommen wird. Auch diese Aneignungsprozesse besitzen eine geistliche Dimension und sind insofern nicht machbar. Dennoch steht ihr Gelingen unter notwendigen Bedingungen, für deren Erfüllung Lehrende und Lernende verantwortlich sind.

Der Verbesserungsvorschlag unter Anm. 108 kommt der Auffassung der Kommission nahe. Er läßt auch deutlich werden, daß und in welchem Sinne man durchaus den Kern des klassischen Wahrheitsbegriffs (adaequatio intellectus ad rem) festhalten kann, ohne daß das ipso facto zu einem „statischen Wahrheitsbegriff" führt. Nämlich schon dann nicht, wenn man damit Ernst macht, daß die „Sache" („res") der Theologie Gott ist bzw. das Evangelium als Kraft Gottes.

4. *Bildung und Lernen*

(a) Die Gemischte Kommission behandelt die Frage, wie theologische Kompetenz im Rahmen einer gebildeten Identität zu gewinnen sei. Dabei weist sie das Mißverständnis ab, solche Kompetenz könne „durch irgendwelche Ausbildungsmaßnahmen zielstrebig produziert und garantiert werden". Vielmehr sei ihr Erwerb letztlich unverfügbar. Gleichwohl erweise es sich als unabdingbar, notwendige und geeignete Rahmenbedingungen für alle am Aus- und Fortbildungsgeschehen beteiligten Institutionen und Personen zu formulieren, aufgrund derer die Gewinnung theologischer Kompetenz ermöglicht wird. Unter der Voraussetzung, daß theologische Kompetenz „das Resultat eines *einheitlichen*, mit der Grundlegung nicht abgeschlossenen, sondern von sich aus auf ein ständiges Wachstum hin angelegten Bildungsprozesses" ist, der alle Phasen der Aus- und Fortbildung umschließt, beschreiben die „Grundsätze" als Ziel dieses Gesamtprozesses „die zunehmend umfassende, vertiefte und sichere Habitualisierung der für die auftragsgemäß professionelle Führung des Pfarramtes erforderlichen Kenntnisse, Einsichten und Fertigkeiten"[109].

[109] „Grundsätze", S. 11.

(b) In einigen Rückäußerungen hat sich an diese Ausführungen eine bildungstheoretische Debatte geknüpft. Dabei herrscht der Eindruck vor, der Bildungsprozeß theologischer Kompetenz werde in der Konzeption der „Grundsätze“ als *„Rezeption und Habitualisierung von Vorgaben“*[110] verstanden. Auf der einen Seite habe dies eine Intellektualisierung des Studiums[111], d. h. eine zu weitgehende Ausblendung der affektiven und emotiven Aspekte des Lernvorgangs zur Folge, auf der anderen Seite führe es zu Konformitätszwang und Anpassung[112]. Im bisherigen hierarchischen Lerngefüge, für das ein Gefälle zwischen Lehrenden und Lernenden kennzeichnend sei, gerate die Ausbildung dadurch in Gefahr, zur „Schulung“ zu werden[113]. Demgegenüber habe an die Stelle des Gedankens einer „gebildeten Identität“, wie ihn die „Grundsätze“ vertreten[114], das „Modell einer offenen Identität“[115] zu rücken, das der Einsicht in die „prinzipielle Offenheit und

---

110 Stellungnahme der nordelbischen Prediger- und Studienseminare, S. 2. – Prof. Henning Luther/Marburg („Hochschuldidaktische Anmerkungen“): „Die Dominanz des Identifizierungsansinnens signalisiert, was im Verlauf der Argumentation des Papiers immer wieder auffällt: Das Verhältnis zwischen Subjekt und Institution (Tradition; Kirche) wird fast durchgängig nach der *einlinigen* (nicht reziproken) Logik von *Vorgabe* und *Aneignung* interpretiert. Andeutungen, daß das Verhältnis zur Vorgabe auch ein *kritisches* sein könnte, finden sich allenfalls sehr versteckt und verschämt“ (in: ThPr 24 [1989], S. 313).

111 So die Einwände der „Stellungnahme der bayerischen Predigerseminare“ (S. 1 f.), des Frauenplenums des Marburger Fachbereichstages („Marburger Reader“, S. 51: „Frauen stellen eine Verbindung her zwischen der eigenen Person und ihrer Tätigkeit und haben von daher ein größeres Bedürfnis, einen emotionalen Bezug zu Lerninhalten zu bekommen. Da sie stärker auf andere Menschen angewiesen sind, leiden sie auch stärker unter einem Lernprozeß, der emotionale und interaktionale Bedürfnisse weitgehend außer acht läßt.“) und der „Stellungnahme des Verbandes evangelischer TheologiestudentInnen/Konferenz evangelischer Fachschaften“ (S. 4 f.).

112 „Stellungnahme des Verbandes evangelischer TheologiestudentInnen/Konferenz evangelischer Fachschaften“: „Aus Angst vor späterer Ablehnung durch die Kirche werden die Studierenden bemüht sein, von Anfang des Studiums an die Sache des Evangeliums im Lichte der kirchlichen Lehre zu verstehen, und so keine eigenständige Auseinandersetzung zu suchen“ (S. 3).

113 Der Vorwurf von Prof. Klaus Schwarzwäller (Göttingen) lautet, die „Grundsätze“ unterstützen die „zunehmende Scholastifizierung des Lehrbetriebs“ („Nur noch hantieren und reproduzieren?“, in: LM 29 [1990], S. 30).

114 „Grundsätze“, S. 17 f.

115 Reinhard Dahlke, „Was heißt: ‚Einsicht in den Wahrheitsgehalt‘?“ („Marburger Reader“, S. 19).

Unabschließbarkeit des Bildungsprozesses"[116] Rechnung trage. Im einzelnen bedeute dies, daß die **außeruniversitären Faktoren** der Identitätsbildung berücksichtigt werden sollten[117], daß an die Stelle eines individualisierten Lernverständnisses die Suche nach **kooperativen Lernformen** treten müsse[118] und daß schließlich ein **subjektorientiertes, eigenbestimmtes Lernen** in Gemeinschaft die bisherige Abfolge von Vorgabe und Aneignung zu ersetzen habe[119].

(c) Stellungnahme:

Die Kommission ist mit dem Sachanliegen dieser Gruppe von Kritikern einig. Sie war allerdings - wie der Rücklauf zeigt: irrtümlich - der Meinung, dieses Sachanliegen in ihrer Vorlage selbst genügend klar zum Ausdruck gebracht zu haben.

Theologische Kompetenz entsteht in einem Prozeß der Ausbildung von persönlichen Strukturen und Fertigkeiten angesichts von Vorgaben, aber ausschließlich in einer lebendigen und kritischen Aneignung des Gehalts dieser Vorgaben. Das kann nicht ohne den eigenen Einsatz und die eigene Initiative der Studierenden gelingen. Dieser Aneignungsprozeß zielt auf ein bewußtes,

---

116 Prof. Henning Luther (Marburg), „Hochschuldidaktische Anmerkungen", in: ThPr 24 (1989), S. 312.

117 So die „Stellungnahme des Verbandes evangelischer TheologiestudentInnen/Konferenz evangelischer Fachschaften", S. 4.

118 Prof. Erhard S. Gerstenberger/Marburg („Amt, Ordination, Gemeinde"): „Die theologische Ausbildung sollte alles daran setzen, die Theologen/innen aus der traditionellen Isolierung zu erlösen, sie zu verantwortlicher theologischer Gruppenarbeit fähig zu machen und ihnen Respekt und Lernfähigkeit gegenüber der allgemeinen theologischen Kompetenz der Gemeinde und aller ihrer Glieder wiederzugeben" (in: DtPfrBl 89 [1989], S. 226). Ähnlich äußern sich die „Gemeinsame Stellungnahme des Pfarrerausbildungsausschusses und des Pfarrerfortbildungsausschusses der Evangelischen Kirche von Westfalen" (S. 9), die „Stellungnahme des Hochschulrats der Kirchlichen Hochschule Wuppertal" (S. 4) und die „Stellungnahme der Evangelisch-Theologischen Fakultät Bochum" (S. 6).

119 Die „Stellungnahme der Konferenz der Predigerseminare" beschreibt dies wie folgt: „Die Lernenden und Lehrenden müssen Subjekte ihres wechselseitigen Lernens bleibens, die ihre Person mit ihren Stärken und Schwächen in diesen Prozeß einbringen. Wer wirklich lernen will, steht vor einer offenen Wahrheitsfrage; er ist offen für Veränderung und Erneuerung; für ihn ist Lernen vor allem Fragen und Suchen, ist prozeßorientiert" (S. 7); mit gleicher Intention die „Stellungnahme einer Arbeitsgruppe der Kirchlichen Hochschule Berlin" (S. 9) und die „Stellungnahme des Konvents Badischer Theologiestudierender" (S. 3).

intellektuell faßbares und sprachlich artikulierbares Resultat. Für das Erreichen dieses Zieles ist das Selbst*erleben* und das Einbringen der eigenen Lebenserfahrung grundlegend. Ferner schließt das bewußte Wollen dieses Bildungsprozesses und die auf seinen Erfolg zielende methodisch kontrollierte intellektuelle Arbeit nicht aus, daß er insgesamt auch wesentlich durch unverfügbare Erfahrungen und Erschließungen mitbedingt ist[120]. Auch die Rekursivität und damit die Offenheit des Prozesses wird nicht geleugnet[121]. Dies alles bleibt erhalten, auch wenn der Ausbildungserfolg des Prozesses (also die Gewinnung der Fähigkeit zur Führung des Pfarramts) notwendig durch die Erfüllung der genannten Mindestanforderungen bedingt ist.

5. *Textorientierung und Hermeneutik*

(a) Im Zusammenhang mit der Beschreibung des Bildungsgeschehens innerhalb der 1. Ausbildungsphase heben die „Grundsätze" die Textorientierung des Studiums hervor: „Alle für das Studium spezifischen Gegenstände begegnen in der Gestalt von Quellen, also in der Gestalt von – überwiegend, aber nicht nur sprachlichen – Texten. Daher sind die Methoden des Theologiestudiums sämtlich *Methoden des Erfassens und Verfassens von Texten.*" Dadurch gelinge es, sich „in einer unübersehbar mannigfaltigen Textwelt orientieren zu können"[122].

(b) Dieser Ansatz hat zu Fragen nach einer adäquaten **hermeneutischen Theorie** geführt. Folgende Kritikpunkte werden dabei vor allem betont:

- Die Vorlage der Gemischten Kommission institutionalisiere eine bestimmte Auslegungsmethodik als Normalfall und übergehe in der Beschreibung des Methodenensembles das Spektrum weiterer „texterschließender Methoden"[123]. Für

---

[120] Vgl. das oben in der Stellungnahme zu B. II. 2 Gesagte.

[121] Vgl. „Grundsätze", S. 8.

[122] „Grundsätze", S. 21.

[123] „Stellungnahme der Evangelisch-Theologischen Fakultät der Universität Bonn", S. 2; ebenso die „Stellungnahme des Moderamens des Reformierten Bundes" (S. 7). Die „Stellungnahme der Evangelisch-Theologischen Fakultät Bochum" fordert daher, daß „der Offenheit der hermeneutischen Diskussion in einer Weise Rechnung getragen wird, welche auch hermeneutische Zugänge mit sozialgeschichtlichen, psychologischen, feministischen oder ästhetischen Inter-

eine grundsätzliche Methodenkritik sei kein Raum gelassen[124]; überdies werde in den Ausführungen übersehen, daß die Wahl der hermeneutischen Methoden immer zugleich auch den Sinn des zu verstehenden Textes konstituiere[125].

- Deshalb sei besonders das Insistieren der „Grundsätze" auf der Erhebung des Literalsinnes[126] zumindest zu befragen: Unter der Voraussetzung, daß „ein (!) objektiver Literalsinn ... nicht erhebbar [ist], weil die Fragestellungen, die Betonung einzelner Methodenschritte und die Voraussetzungen zum Teil völlig unterschiedlich sind"[127], liegt als Verdacht nahe: „Die Behauptung eines einheitlichen und invarianten Methodenensembles zur Erhebung des Literalsinnes von Texten ist ... keine wissenschaftstheoretische Notwendigkeit, sondern erscheint vielmehr als ein kirchenpolitischer Versuch, der theologischen Pluralität zu begegnen."[128] Allenfalls könne der Literalsinn als regulative Idee

---

pretationsansätzen als in theologischer Ausbildung kritisch zu untersuchende Verstehensversuche zur Geltung kommen läßt" (S. 8).

124 So ausdrücklich der Vorwurf in der „Stellungnahme einer Arbeitsgruppe der Kirchlichen Hochschule Berlin" (S. 6); implizit auch bei Reinhard Dahlke („Was heißt: ‚Einsicht in den Wahrheitsgehalt'?"): „Das bedeutet zugleich, daß auch Methoden Gegenstand des theologischen Streites sein können und sein müssen - um der individuellen Aneignung der Methoden willen. Ich halte zudem den vorausgesetzten Konsens über das Methodenensemble innerhalb der Wissenschaft für eine Fiktion" (Marburger Reader", S. 15).

125 Dies unterstreichen die Ausführungen von Martin Pöttner („Literalsinn und neuzeitliche Hermeneutik"): „Exegetische Methoden *konstituieren* jeweils den Sinn eines ausgelegten Textes insoweit, als sie Fragerichtungen *entwerfen,* die *selektiv* bestimmte Aspekte an vorgegebenen Texten hervorheben. Diesen Sachverhalt wird nur derjenige beklagen, der nicht mit der unauflöslichen Pluralität von Perspektiven und wissenschaftlichen *Meinungen* zu leben vermag" (in: ThPr 25 [1990], S. 133). - Einer scharfen prinzipiellen Kritik werden die Ausführungen der „Grundsätze" in den „Stellungnahmen aus der Theologischen Fakultät der Universität Heidelberg" (S. 8-12) unterzogen, gipfelnd in der Bemerkung: „Das S. 22 unter den Ziffern 1-3 Gesagte bleibt nach der Devise, O si tacuisses ..., angesichts des linguistic turns in der Philosophie besser ungesagt" (S. 10).

126 „Grundsätze", S. 22 f.

127 „Stellungnahme des Delegiertenrates der hannoverschen Theologiestudierenden", S. 4.

128 Esders/Miege, „Theologie als Wissenschaft" („Marburger Reader", S. 12).

innerhalb des hermeneutischen Prozesses interpretiert werden[129].

Die Revisionsvorschläge gehen in zwei divergierende Richtungen: Der eine Vorschlag bejaht die Textorientierung, fordert aber – um ihr wirklich gerecht zu werden – die Integration der „Semiotik als propädeutische Disziplin"[130] in das Gesamtgefüge des Theologiestudiums; der andere Vorschlag plädiert dafür – da eine alleinige Textorientierung der Theologie zu kurz greife[131] –, die Zentrierung auf Texte schon während der 1. Ausbildungsphase aufzulösen: Hierzu sei die Einrichtung von Projektstudien, wie sie der Ausbildungsgesamtplan 1978 vorgesehen hatte[132], als Einbeziehung der kirchlich-gesellschaftlichen Wirklichkeit mit dem Ziel einer Verschränkung von Theorie und Praxis notwendig[133].

(c) Stellungnahme:

Die Kommission versteht diese kritischen Hinweise als Unterstreichung der Wichtigkeit der texterschließenden Verfahren und

---

129 So die „Stellungnahme des Systematisch-theologischen Arbeitskreises Marburg" (S. 6) und das Fazit von Martin Pöttner („Literalsinn und neuzeitliche Hermeneutik", in: ThPr 25 [1990], S. 137). – Vorbehaltloser Stock/Zippert (Marburg): „Wenn ich ein Papier verfasse, in dem ich die Nichtexistenz eines Literalsinns behaupte, muß ich die Existenz eben dieses Literalsinns in Anspruch nehmen . . . Ein Streit um die Wahrheit ist nur dann möglich, wenn der Streit den Literalsinn einer Textstelle oder Aussage als gemeinsamen Konvergenzpunkt als gegeben voraussetzt" („Einige Thesen zum Papier der Gemischten Kommission", S. 4).

130 „Stellungnahme des Systematisch-theologischen Arbeitskreises Marburg", S. 6.

131 Dies betonen – von unterschiedlichen Standpunkten aus – die „Stellungnahme der Evangelisch-Theologischen Fakultät der Universität München" (S. 2) ebenso wie die „Stellungnahme einer Arbeitsgruppe der Kirchlichen Hochschule Berlin" (S. 13 f.; ihr schließt sich hierin die „Stellungnahme der Kirchenleitung der Evangelischen Kirche in Berlin-Brandenburg (Berlin-West)" [S. 3 f.] an) und Dietrich Werner („Oekumenische Kompetenz als Ziel theologischer Ausbildung", S. 5).

132 „Theologiestudium – Vikariat – Fortbildung" (= Anm. 41), S. 19 f. und 32.

133 In diesem Sinn äußern sich u. a. die „Stellungnahme des Hochschulrats der Kirchlichen Hochschule Wuppertal" (S. 4), die „Stellungnahme einer Arbeitsgruppe der Kirchlichen Hochschule Berlin" (S. 11), die „Stellungnahme der Evangelisch-Theologischen Fakultät Bochum" (S. 7), die „Stellungnahme des Studierendenausschusses der Nordelbischen Theologiestudierenden" (S. 4) und die „Stellungnahme des Delegiertenrates der hannoverschen Theologiestudierenden" (S. 1).

hermeneutischen Regeln in allen Phasen theologischer Ausbildung, insbesondere der ersten. Insofern weiß sie sich mit den Kritikern einig.

Darüber hinaus veranlaßt sie die sorgfältige Kritik zu Präzisierungen ihrer Position:

Zunächst ist klarzustellen, daß die Beschreibung der Methoden der Texterfassung[134] nicht exklusiv ist und keine Vollständigkeit beansprucht. Es sind in der Tat weitere Verfahren denkbar. Beansprucht wird nur, daß jede Texterfassung methodisch unvollständig bleibt, die nicht wenigstens die genannten Gesichtspunkte regelmäßig berücksichtigt. Gerade hier, im Blick auf das Ganze von sachgemäßen Methoden der Texterschließung, ist zu beachten, daß die Vorlage nur Minimalpositionen einnimmt (notwendige Bedingungen benennt).

Ebenso ist dem Hinweis zuzustimmen, daß die Wahl und Anwendung von Methoden der Texterschließung Einfluß hat zwar nicht auf den kodierten Eigensinn eines Textes, wohl aber auf das, was jeweils als Sinn des befragten Textes überhaupt **zu Gesicht kommen kann**. Gerade daraus ergibt sich das Gewicht der Methodenfragen. Ihre Beantwortung entscheidet darüber, was überhaupt vom kodierten Eigensinn eines Textes in den verstehenden und kritischen Aneignungsprozeß eingehen und dem Rezipienten dann tatsächlich zu eigen werden kann.

Es ist auch richtig, daß die Ausrichtung aller Methoden der Texterfassung auf die Erhebung „des Literalsinnes" eines Textes Präzisierungen wünschenswert macht. Erstens verweist der Ausdruck in den Zusammenhang alter hermeneutischer Konzepte, die zwar klassisch, aber nicht unüberholbar und nicht unüberholt sind. Die Wahl des Sprachgebrauchs intendiert nicht die Festschreibung dieser alten hermeneutischen Programme. Ferner schließt die Vorlage keineswegs den Fall aus, daß der kodierte Eigensinn eines Textes nicht eindeutig, sondern nachweisbar mehrdeutig ist. Und schließlich wird auch nicht bestritten, daß über den kodierten Eigensinn eines Textes jedenfalls abgesehen von den gewählten Methoden der Texterschließung nichts ausgemacht werden kann – außer: daß es ihn gibt und daß seine Erfassung (nota bene: nicht er selbst bzw. seine Existenz) die regulative Idee aller Methoden der Texterfassung ist.

---

[134] Vgl. „Grundsätze", S. 21–24.

Diese Anerkennung der Existenz des kodierten Eigensinnes eines Textes ist – wie einige Rückäußerungen explizit festhalten – eine notwendige Implikation jeder verständigungsorientierten Textproduktion; also sogar noch der Behauptung: Es gibt keinen Literalsinn von Texten[135] – wenn sie denn verständigungsorientiert vertreten wird.
Die Kommission intendiert mit dem Methodenabschnitt der Vorlage nicht, den Pluralismus der hermeneutischen Methoden – und vermittels dessen dann auch den Pluralismus der Ergebnisse des Textverstehens – zu beseitigen. Ihre Hinweise dienen nur dazu, diesen Pluralismus von Beliebigkeit zu unterscheiden.
Es ist richtig bemerkt worden, sei aber noch einmal hervorgehoben, daß die „Grundsätze" mit einem denkbar weiten, nämlich an der **allgemeinen Semiotik** (Zeichentheorie) orientierten Verständnis von „Text" arbeitet, das für kommunikative Zeichensysteme („Texte") weit über den Bereich der Schrift hinaus offen ist. Darin ist die – geforderte und besonders für die zweite Ausbildungsphase wichtige – Ausweitung des Anwendungsgebietes hermeneutischer Verfahren auf die gesamte, also übersprachliche kirchlich-gesellschaftliche Wirklichkeit schon im Ansatz mit enthalten.

6. *Zusammenhang und Eigenart der theologischen Fächer*

(a) Entsprechend dem ihnen zugrundeliegenden Ansatz entwikkeln die „Grundsätze" die Organisation des Theologiestudiums, indem sie den klassischen „Fächerkanon"[136] aus seiner geschichtlichen Genese heraus als sachlich motiviert und begründet zu erweisen suchen.
(b) Auch wenn das methodische Vorgehen der Gemischten Kommission durchaus bejaht wird, das „Zusammenspiel der theologischen Disziplinen unter der Frage nach der Wahrheit selber sichtbar (zu) machen"[137], richten sich doch an seine konkrete Umsetzung Anfragen. In allgemeiner Hinsicht wird vereinzelt kritisch angemerkt, ob die „Zusammenschau der einzelnen theo-

---

135 Vgl. o. Anm. 129.
136 „Grundsätze", S. 28–35.
137 Votum Beyer/Bizer/Rickeberg/Schenk, „Unter dem Gesichtspunkt: ‚Lernen' . . ." (Diskussionsgrundlage Göttinger Fakultätstag), S. 1; auch Stellungnahme Prof. Hans Martin Müller (Tübingen), S. 3 f.

logischen Disziplinen“ tatsächlich gelungen sei[138] oder nicht doch letztlich nur auf „Legitimation des faktisch Bestehenden“ aus sei[139].

Im Blick auf die in den „Grundsätzen“ dargestellten einzelnen Fächer ergibt sich aus den eingegangenen Rückäußerungen folgendes Bild:

- **Systematische Theologie:** Die ihr von den „Grundsätzen“ zugewiesene Schlüsselstellung im Gesamtzusammenhang der Theologie wird als „positionelle Festlegung“ kritisiert[140]. Es werde „das Wechselverhältnis von ‚Begriff‘ und ‚Erfahrung‘ einseitig zugunsten einer Vorrangstellung des ‚theoretischen Begriffs‘ vor der Erfahrung aufgelöst; der theoretische Begriff steuert als ‚Vorverständnis‘ die Erfahrung – eine kritische Korrektur der Theorie (Begriff) durch Erfahrung wird konzeptionell nicht bedacht und berücksichtigt“[141].
- **Exegetische Theologie:** Neben der bereits angesprochenen Fraglichkeit eines Literalsinnes und der ihn als erkennbar voraussetzenden Auslegungsmethodik werden als Monita genannt: Der Text der Gemischten Kommission thematisiere nicht das spannungsvolle Verhältnis von Altem und Neuem Testament[142], sondern positioniere statt dessen eine

138 Stellungnahme der Evangelischen Landeskirche in Württemberg“, S. 1; dies bezweifeln ebenfalls die „Stellungnahme des Fachbereichsrates des Fachbereichs Evangelische Theologie der Universität Marburg“ (S. 2), die „Stellungnahme des Nordelbischen Konvents der Universität Göttingen“ (S. 1) und Prof. Klaus Schwarzwäller (Göttingen): „Der Zusammenhang ist positivistisch“ („Nur noch hantieren und reproduzieren?“, in: LM 29 [1990], S. 30).

139 Votum Beyer/Bizer/Rickeberg/Schenk, „Unter dem Gesichtspunkt: ‚Lernen‘ . . .“ (Diskussionsgrundlage Göttinger Fakultätstag), S. 1. Die „Stellungnahme einer Arbeitsgruppe der Kirchlichen Hochschule Berlin“ spricht in diesem Zusammenhang von einer *„reinen Stofflogik“* (S. 9).

140 „Stellungnahme der Evangelisch-Theologischen Fakultät der Universität Bonn“, S. 5.

141 „Thesen zum Papier der ‚Gemischten Kommission‘“ (verabschiedet vom Fachbereichstag des Fachbereichs Evangelische Theologie der Universität Marburg), S. 16 f. Dazu auch Prof. Henning Luther (Marburg): Das „alte Schema ‚vom Text zur Predigt‘ (werde) durch das Programm ‚Von der Dogmatik zur Predigt‘“ ersetzt („Hochschuldidaktische Anmerkungen“, in: ThPr 24 [1989], S. 315).

142 So die „Voten und Stellungnahmen von Theologiestudierenden der Evangelisch-lutherischen Landeskirche Hannovers“, S. 3 (Gruppe 2).

bestimmte, singuläre Kanontheorie, die von einem einheitlichen Offenbarungsverständnis für Altes und Neues Testament ausgeht[143].

- **Kirchengeschichte:** Diese Disziplin beziehe sich nicht allein auf das Leben, sondern auch auf die Lehre der Kirche. Deshalb könne die in den Grundsätzen angesprochene „gesellschaftliche Verflechtung" nicht als „Vorbedingung schlechthin" für das Verständnis von Kirchengeschichte gelten[144]. Eine „vorwiegend sozialgeschichtliche Beschreibung der Kirchengeschichte [sei zu] korrigieren"[145].
- **Praktische Theologie:** Bemängelt wird, daß „nicht nur der kritische Praxisbezug, sondern auch der konstruktiv-projektive Praxisbezug aus dem Studium der Praktischen Theologie abgewiesen"[146] würden. Zudem hätte die Ausarbeitung der Gemischten Kommission „zu sehr eine pastoraltheologische Engführung der Praktischen Theologie im Blick, anstatt deutlich eine Theorie der *ganzen* handelnden Kirche in ihren weltlichen Kontexten und mit ihren beruflichen und ehrenamtlichen Mitarbeiter/innen anzustreben"[147].

(c) Stellungnahme:

Die Kritik an der Darstellung der einzelnen Fächer macht überwiegend auf Akzentsetzungen aufmerksam, die zu Einseitigkeiten führen könnten. In dem Interesse, diese zu vermeiden, weiß sich die Kommission mit den Kritikern einig.

Zum Grundsätzlichen: Die Kommissionsvorlage versucht den

---

143 So das Votum von Prof. Hans Hübner (Göttingen), S. 5. – Die „Einheit des biblischen Offenbarungszeugnisses" könnte „kaum so eindeutig und systematisch-praktikabel, wie es die ‚Grundsätze' zu erwarten scheinen, dargestellt werden („Stellungnahme der Evangelisch-Theologischen Fakultät der Universität Bonn", S. 3).

144 „Randanmerkung" Prof. J. Martikainen (Göttingen).

145 „Stellungnahme der Evangelisch-Theologischen Fakultät der Universität Bonn", S. 5. Im übrigen sei der „spezifische Part der Kirchengeschichte . . . durchaus begrüßenswert, aber doch viel zu einseitig als Orientierung für die Praktische Theologie bestimmt. Sie hat die nämliche Funktion im Verein mit der Dogmatik in ihren speziellen Teildisziplinen der Dogmengeschichte und Konfessionskunde" (S. 4).

146 Prof. Henning Luther (Marburg), „Erkundung statt Anwendung" („Marburger Reader", S. 54).

147 „Stellungnahme der Evangelisch-Theologischen Fakultät der Universität Bonn", S. 6.

bestehenden Fächerkanon evangelischer Theologie als das Resultat von deren geschichtlicher Entwicklung im Kontext der allgemeinen Sozialgeschichte zu verstehen. Diese Entwicklung ist im großen und ganzen an den Grundsätzen reformatorischer Theologie orientiert. Insoweit ist ihr Resultat sachlich gerechtfertigt. Es verdient Respekt. Aber die Kommissionsvorlage rechtfertigt keinesfalls das Bestehende vorbehaltlos als absolut gültig. Sie behauptet nirgends, daß der im bestehenden Fächerkanon Institution gewordene Sachverstand evangelischer Theologie nicht überboten werden könnte.

Eine solche Überbietung ist aber nur denkbar als **Selbst**überbietung des Sachverstandes evangelischer Theologie, die sich an den prinzipiellen Erkenntnissen der Reformation orientiert.

7. *Darstellungsform und Sprache*

(a) Die Ausarbeitung der Gemischten Kommission trägt nach eigenem Verständnis einen „grundsätzlichen Charakter“[148]. Um diesem Anspruch gerecht zu werden, wurde eine Darstellungsform gewählt, die es erlauben sollte, alle unverzichtbaren Elemente theologischer Aus- und Fortbildung in stringenter Weise zu verknüpfen und in ihrer gegenseitigen Abhängigkeit zu entfalten. Dabei hat sich die Gemischte Kommission auf die Nennung einiger notwendiger Bedingungen für eine erfolgreiche Aus- und Weiterbildungsarbeit beschränkt. Durch eine möglichst genaue Sprachgestalt sollte eine prägnante öffentliche Diskussion aller wesentlichen Details und ihres Zusammenhangs erreicht werden.

(b) In den Rückäußerungen wird einerseits die klare Argumentationsstruktur gelobt. Hervorgehoben werden besonders der Ansatz, der in der Anknüpfung an bestehende Strukturen in Studium und Ausbildung von „institutionellem Realismus“ zeuge und darin auf „Verständigung“[149] angelegt sei, sowie die „Konzentration des Entwurfs auf wesentliche Grundfragen“[150] und die

---

[148] „Grundsätze“, S. 3.

[149] „Stellungnahme aus der Evangelisch-lutherischen Landeskirche Hannovers“, S. 1.

[150] „Stellungnahme der evangelischen Landeskirche Bayerns“, S. 1. Mit gleichem Tenor das „Protokoll der Sitzung des Kontaktausschusses zwischen dem Rat der EKD und dem Fakultätentag der evangelisch-theologischen Fakultäten“ (Die Gemischte Kommission habe „nur ein Minimum an Aussagen machen wollen,

Intention, den „Zusammenhang von Aus- und Fortbildung als Einheit“[151] zu beschreiben.
Andererseits wird die Knappheit der Darstellung als Erschwerung und Quelle von Mißverständnissen moniert: „Das, was implizit zur Sprache kommt, sollte – und zwar gerade weil es sich um ein ‚Konsenspapier‘ handelt – der Deutlichkeit halber auch explizit ausgeführt werden. Oder: wenn der Verzicht auf solche expliziten Ausführungen gerade absichtsvoll geschehen ist – was Sinn macht, sofern damit eine größere Interpretationsfreiheit gegeben ist –, dann bedarf es des Hinweises auf diese Interpretationsfreiheit in der Einleitung zu diesem Text.“[152]
Über solche Kritik hinaus gehen die Einwände, die an den „Grundsätzen“ eben diese in sich geschlossene und konzise Argumentation bemängeln: Sie führe zu einer „Dominanz struktureller Formalisierungen“[153], belege die „mangelnde Reflexion auf die Relativität des eigenen Standpunktes“[154] und repräsentiere auf diese Weise eine „strikte ideologische Ausrichtung“[155]. Die von der Gemischten Kommission gegebene Darstellung stelle dadurch eben nicht nur eine Deskription, sondern eine Präskrip-

---

indem sie darstellte, was grundlegend sei und zum unbestreitbaren Bestand gehöre“) und die „Gemeinsame Stellungnahme des Pfarrerausbildungsausschusses und des Pfarrerfortbildungsausschusses der Evangelischen Kirche von Westfalen“: „Im Unterschied zu manchen anderen Grundsatzpapieren beeindrucken die ‚Grundsätze‘ der GK durch die Klarheit der Argumentation. Dabei liegt der Schwerpunkt der Erörterungen eindeutig im Bereich des Grundsätzlichen“ (S. 1). Die „Grundsätze“ – so Stock/Zippert, Marburg („Einige Thesen zum Papier der Gemischten Kommission“) – hätten „*kategorialen* Charakter“ (S. 1).

151 „Stellungnahme aus der Evangelisch-lutherischen Landeskirche Hannovers“, S. 1.

152 Sondervotum II Stock/Streck/Zippert, „Einige Thesen zum Papier der Gemischten Kommission“, S. 6.

153 Stellungnahme der Interessenvertretung der Vikarinnen und Vikare in der EKD, „Theologische Omnipotenz?“, S. 3.

154 „Stellungnahme des Fachbereichs Evangelische Theologie der Universität Hamburg“, S. 5.

155 Achim Müller, „Ein soziologischer Blick auf das Papier der ‚Gemischten Kommission‘ . . .“ („Marburger Reader“, S. 33; kulminierend in dem Vorwurf S. 35: „Die Kirche schafft sich ein Korps von ideologisch gefestigten Funktionären . . .“).

tion dar[156]. Dem korrespondiere eine Sprachform innerhalb des Textes, die von einigen Stellungnahmen als „funktionalistisch“[157] und „synthetischer Jargon“[158] bzw. als „autoritärer Sprachstil“[159] und „unnötig zwanghafte Sprache“[160] aufgefaßt wird.
Ein besonderes Problem, das sich allerdings nicht allein auf den Umgang mit Sprache reduzieren läßt, stellt in diesem Zusammenhang der in den „Grundsätzen“ weitgehend geübte Verzicht auf frauengerechte Sprache (Studentin, Vikarin, Pfarrerin, Theologin) dar. Dies provoziert nicht nur Widerspruch bezüglich der Terminologie und die vielfach erhobene Forderung nach einer inklusiven Sprache, sondern – noch grundlegender – auch die Einschätzung, die Ausarbeitung der Gemischten Kommission wolle einer faktischen Marginalisierung von Frauen in Theologie und Kirche Vorschub leisten bzw. diese zumindest stabilisieren[161].

---

156 So die Vermutung in den Stellungnahmen von Prof. Theo Sundermeier (Heidelberg) und Prof. Klaus Schwarzwäller/Göttingen („Nur noch hantieren und reproduzieren?“, in: LM 29 [1990], S. 34), in der „Stellungnahme des Studierendenausschusses der Nordelbischen Theologiestudierenden“ (S. 6), in der „Stellungnahme des Moderamens des Reformierten Bundes“ (S. 1 f. und 8 f.) sowie bei Dietrich Werner („Oekumenische Kompetenz als Ziel theologischer Ausbildung“, S. 3). – Zudem wird innerhalb des Argumentationszusammenhangs das Übergewicht, das die „Grundsätze“ in ihren Ausführungen auf den Bereich des Studiums legen, kritisiert („Rückäußerung des Evangelischen Oberkirchenrats A. B. Wien“, S. 1, und „Gemeinsame Stellungnahme des Pfarrerausbildungsausschusses und des Pfarrerfortbildungsausschusses der Evangelischen Kirche von Westfalen“, S. 1 f.) und als „*Dominanzanspruch* der universitären Ausbildungsphase“ gedeutet („Votum des Praktisch-Theologischen Ausbildungsinstituts der Evangelischen Kirche in Berlin-Brandenburg“, S. 1).

157 „Stellungnahme des Konvents Berliner Theologiestudierender“, S. 1. – Die Gemischte Kommission habe um der „Konsensfähigkeit“ des Textes willen „auf Emotionalität zugunsten einer großen Nüchternheit, ja verwaltungstechnischen Sprache verzichtet“, in der Wirkung aber um so „größere und vielleicht unbedachte (ablehnende) Emotionalität“ hervorgerufen (Dietrich Werner, „Oekumenische Kompetenz als Ziel theologischer Ausbildung“, S. 6).

158 Prof. Klaus Schwarzwäller (Göttingen), „Nur noch hantieren und reproduzieren?“, in: LM 29 (1990), S. 32.

159 Prof. Dietrich Stollberg (Marburg), „Erste Anmerkungen“ („Marburger Reader“, S. 10).

160 „Stellungnahme aus der Badischen Landeskirche“, S. 2.

161 Als Beispiele für diese Kritik: „Stellungnahme des Moderamens des Reformierten Bundes“ (S. 5), „Stellungnahme der Konferenz der Predigerseminare“ (S. 3)

(c) Stellungnahme:
Die Kommission bedauert, daß Aufbau und Darstellungsweise der „Grundsätze" vielerorts als schwierig empfunden wurden und sogar Empörung und Ärgernis erregt haben.
Gelegentlich ist die Darstellungsweise Ausdruck von Ungeschick. Aber im ganzen ist sie bewußt gewählt. Die Kommission sah keinen besseren Weg, um einen komplexen Institutionszusammenhang umfassend und, wo erforderlich (z. B. Methodenkapitel), auch bis ins einzelne hinein durchsichtig zu machen.
Der Rücklauf zeigt, daß sie damit eine fruchtbare Provokation ausgelöst hat. Es ist ein öffentlicher Diskurs der evangelischen Theologie über sich selbst in Gang gekommen, wie er in dieser Breite kaum je gleichzeitig geführt worden ist. Er zeigt die Qualitätsmerkmale eines theologischen Gesprächs: „Leidenschaft" (bis an die Grenze des Erträglichen) und Bemühung um das sachlich Zentrale.

III. Perspektiven für die Weiterarbeit

1. *Angemahnte Desiderate*

(a) Die Gemischte Kommission hat ihre Absicht im Vorwort der „Grundsätze" offengelegt: Sie will „keine Empfehlungen zur Strukturierung des Studiums, zur Erarbeitung von Studienordnungen und von Prüfungsordnungen, zur Gestaltung des Vikariats und der Fortbildung usw." formulieren, sondern vielmehr „sehr präzise Ziele, Inhalte und Verfahren der theologischen Ausbildung und Fortbildung"[162] **in grundsätzlicher Weise** beschreiben und begründen. So umreißen die „Grundsätze" einen Rahmen, aber sie wollen ihn nicht füllen.

(b) Diese betonte Beschränkung hat verschiedentlich Enttäuschungen hervorgerufen und Nachfragen provoziert. Es werden zum Teil konkrete Reformwünsche geäußert, die sich vor allem auf drei Punkte erstrecken.

Der **erste** Bereich betrifft die **Frauenthematik**. Hierbei geht es um

---

und das Votum einer studentischen Arbeitsgruppe „Theologiestudium aus feministisch-theologischer Perspektive" (Diskussionsgrundlage Göttinger Fakultätstag), S. 1.

[162] „Grundsätze", S. 2.

mehr als das bereits zu „Darstellungsform und Sprache" Angemerkte. Vor allem Voten aus dem studentischen Raum fordern eine besondere Analyse und Aufarbeitung des Beitrags von Frauen in Universität und Kirche: „Aufgrund der Situation, daß 50 % aller Theologiestudierenden Frauen sind, erscheint es unbedingt notwendig, auf die besondere Situation der Frauen gesondert einzugehen."[163] Im gegenwärtigen Text jedenfalls werde sie „in keiner Weise"[164] beachtet. Dies impliziere auch eine stärkere Berücksichtigung der Arbeitsweisen und Ergebnisse feministischer Theologie, gehe aber nicht allein darin auf. Ziel sollte daneben die Bildung einer Frauenkommission sein, „die sich mit der besonderen Situation von Frauen im Studium, Beruf und Fortbildung auseinandersetzen soll und eine Konzeption für eine frauengemäße Ausbildung entwirft"[165].

Der **zweite** Bereich betrifft „die inzwischen deutlich veränderte Situation der Studierenden"[166]. Viele Rückmeldungen klagen die Bearbeitung folgender Problembereiche ein:

- Im Blick auf die **sozio-kulturelle Situation** von Theologiestudierenden seien sowohl hinsichtlich der „Bildungsvoraussetzungen"[167] als auch der religiös-kirchlichen Sozialisation große Unterschiede festzustellen, die in ihrer Relevanz für Aufbau und Organisation des Studiums genauer in den Blick genommen werden müßten. Als Möglichkeit einer institutionalisierten Reflexion über die vorgängigen – und prägenden – Lebenserfahrungen böten sich entsprechende „collegia

[163] „Stellungnahme des Generalkonvents der Theologiestudierenden der evangelisch-lutherischen Landeskirche Braunschweig", S. 7.

[164] Ebd., 8. In gleicher Weise urteilen die „Stellungnahme der Fachgruppe Theologische Ausbildung im Evangelischen Missionswerk" (S. 7), die „Thesen zum Papier der ‚Gemischten Kommission'" (verabschiedet vom Fachbereichstag des Fachbereichs Evangelische Theologie der Universität Marburg, S. 15) und die „Stellungnahme des Verbandes evangelischer TheologiestudentInnen/Konferenz evangelischer Fachschaften" (S. 6).

[165] „Thesen zum Papier der ‚Gemischten Kommission'" (verabschiedet vom Fachbereichstag des Fachbereichs Evangelische Theologie der Universität Marburg, S. 16); aufgenommen in der „Stellungnahme des Generalkonvents der Theologiestudierenden der evangelisch-lutherischen Landeskirche Braunschweig" (S. 8).

[166] „Grundsätze", S. 2.

[167] „Stellungnahme der Evangelischen Landeskirche in Württemberg", S. 1.

pietatis“[168] oder Lehrveranstaltungen in der Einführungsphase an[169].

- Notwendig sei auch die Rückfrage nach der **ökonomisch-sozialen Situation**: Hier sei zu analysieren, welche Folgen die Veränderung der materiellen Lebensumstände infolge der Kürzung öffentlicher Förderungsmittel für die jeweilige Planung, Durchführung und Dauer des Theologiestudiums habe[170].
- Schließlich müsse es zu einer eingehenderen Diagnose der **universitären Situation** kommen: Die konkrete Studienrealität an der Universität – gekennzeichnet durch das Stichwort „Massenuniversität“ auf der einen und die damit einhergehende Vereinzelung der Studierenden auf der anderen Seite – wirke sich negativ auf das Studium aus; das in den „Grundsätzen“ vorgestellte Modell des universitären Lehrbetriebs erweise sich „zusehends als *nicht durchführbar*“[171]. Daher sei eine „gründliche Analyse der *Ausbildungsbedingungen* an jedem Hochschulort“[172] dringend geboten. Im Zusammenhang dieses Fragehorizontes müsse auch die Stellung der Lehramtsstudierenden expliziter reflektiert[173] und die Möglichkeiten eines zweiten Bildungsweges zur Ausbildung im

---

168 „Stellungnahme der Evangelischen Kirche der Pfalz“, S. 3.

169 So die Vorschläge in der „Stellungnahme aus der Badischen Landeskirche“ (S. 4), in der Stellungnahme Prof. Gerhard May/Mainz (S. 3) und in der „Stellungnahme des Rates der Vikarinnen und Vikare der EKHN“ (S. 2).

170 Hierauf insistiert besonders die „Stellungnahme des Verbandes evangelischer TheologiestudentInnen/Konferenz theologischer Fachschaften“ (S. 7). Hinweise auf inhaltliche Rückwirkungen für das Theologiestudium gibt die „Stellungnahme des Fachbereichs Evangelische Theologie der Universität Hamburg“: „Dieser neuen Lage kann das Theologiestudium nur insoweit gerecht werden, als es die spezifischen Erfahrungen von Studierenden im materiellen Reproduktionsbereich auch ernst nimmt und thematisiert. Das Gespräch zwischen der theologischen Tradition und ökonomisch vermittelten Lebenserfahrungen junger Erwachsener kann im Rahmen des Studiums aber nur gelingen, wenn diesen Erfahrungen ein eigenständiger Wert beigemessen wird“ (S. 4).

171 „Stellungnahme des Studierendenausschusses der Nordelbischen Theologiestudierenden“, S. 4.

172 „Stellungnahme der Evangelisch-Theologischen Fakultät Bochum“, S. 10.

173 So die Professoren Henning Luther/Marburg („Hochschuldidaktische Anmerkungen“, in: ThPr 24 [1989], S. 314) und Reiner Preul/Kiel („Kieler Sondervotum“, S. 2).

Pfarrberuf bedacht werden[174]. Auch sei zu überlegen, ob und wie die Formen des Kontakts zwischen Theologiestudierenden und Landeskirchen bereits zu Beginn bzw. während des Studiums verbessert werden können[175].

Der **dritte**, in den vorliegenden Stellungnahmen allerdings nur knapp angesprochene Bereich bezieht sich auf die Reflexion der **kirchlichen Rahmenbedingungen** im gegenwärtigen wie künftigen gesellschaftlichen Kontext, auf die in den „Grundsätzen" zu wenig eingegangen worden sei: „Im GK-Papier wird nicht erkennbar, wie die Herausforderungen der Kirche in den 90er Jahren gedacht werden. Stichworte wie: ‚ökumenischer Horizont', kirchliche Mitgliedschaftsentwicklung, ‚missionarische Situation', Überschuß/Mangel an Theologinnen und Theologen (im Laufe der 90er Jahre) und v. a. könnten solche Herausforderungen benennen."[176]

(c) Stellungnahme:

Die Rückmeldungen weisen auf zentrale Schwierigkeiten der gegenwärtigen Lage hin. Die Wahrnehmung dieser Probleme bildete auch den Ausgangspunkt der Arbeit der Gemischten

---

174 Diesen Aspekt betonen besonders die „Stellungnahme der Kirchlichen Hochschule Bethel" (S. 2), die „Stellungnahme des Verbandes evangelischer TheologiestudentInnen/Konferenz evangelischer Fachschaften" (S. 7), die „Stellungnahme des Rates der Vikarinnen und Vikare der EKHN" (S. 2) und die Stellungnahme Hans-Lutz Poetsch/Bremen (S. 3).

175 Hierzu das Sondervotum II Stock/Streck/Zippert („Einige Thesen zum Papier der Gemischten Kommission"): „Zu denken ist hier etwa an regelmäßige Studientagungen, die die Landeskirchen durchführen, an Kontaktpfarrer mit speziellem Dienstauftrag an den Universitäten oder an regelmäßige Kontakte mit den Dekanen" (S. 12); in gleichem Sinn auch die „Stellungnahme des Systematisch-theologischen Arbeitskreises Marburg" (S. 8) und die „Stellungnahme aus der Badischen Landeskirche" (S. 7).

176 „Stellungnahme des Fachbereichs Evangelische Theologie der Universität Hamburg", S. 5. Die „Frage nach der missionarischen Kompetenz von Pfarrerinnen und Pfarrern" auf dem Hintergrund der Diskussion um den Auftrag der Kirche in der Gegenwart stellen auch die Stellungnahme der „Konferenz der Leiter der Religionspädagogischen Institute und Katechetischen Ämter im Bereich der EKD (ALPIKA)", die „Gemeinsame Stellungnahme des Pfarrerausbildungsausschusses und des Pfarrerfortbildungsausschusses der Evangelischen Kirche von Westfalen" (S. 3) und die „Stellungnahme der Evangelisch-Theologischen Fakultät Bochum" (S. 6). Eine eingehendere Berücksichtigung des ökumenischen Bezugsrahmens fordert Dietrich Werner („Oekumenische Kompetenz als Ziel theologischer Ausbildung", S. 4 f.).

Kommission. Von da aus gelangte sie zur Wahl ihres Ansatzes. Es kam ihr darauf an, die Konstruktionsprinzipien einer solchen theologischen Ausbildung zu benennen, die den theologischen Nachwuchs befähigt, den Anforderungen einer sich permanent ändernden sozio-kulturellen Gesamtsituation gerecht zu werden. Der Kommission ist bewußt, daß die Realisierung einer derart qualifizierten Ausbildung abhängig ist von der Überwindung zahlreicher aktueller Schwierigkeiten (nicht zuletzt der ausreichenden materiellen Absicherung der Studierenden). Sie hält es für erforderlich, daß darüber eine breite Diskussion in den zuständigen Gremien geführt wird[177].

2. *Vorschläge zur Reform des Curriculums*

(a) Die Kommission hat sich darauf beschränkt, die grundlegenden und unverzichtbaren Elemente des Curriculums der 1. Phase in ihrem Zusammenspiel darzustellen. Die Möglichkeit von Verbesserungen des Curriculums hat sie damit nicht ausgeschlossen. Sie will aber „die Vielfalt des Ausbildungsgeschehens nicht normieren“, sondern statt dessen erreichen, „daß sich diese Vielfalt durch Rückbezug auf gemeinsame Grundsätze begründet und so für alle am Ausbildungsgeschehen Beteiligten transparent wird“[178].

(b) In zahlreichen Rückäußerungen finden sich Hinweise zur Reform des Curriculums der 1. Phase, die über diese Intention wie auch über den Horizont der in den „Grundsätzen“ genannten Leitfragen[179] hinausgehen. Diese Vorschläge lassen sich nach zwei Richtungen hin zusammenfassen.

Eine erste Gruppe von Voten fordert die **Aufnahme weiterer**

---

177 An der Frauenthematik und der Aufgabe, „die Perspektive von Frauen in theologischer Forschung und Studienarbeit aller Disziplinen einzubeziehen sowie neue Ansätze theologischer Frauenforschung zu fördern“, arbeitet inzwischen ein auf Beschluß der EKD-Synode eingerichteter Ausschuß (Beschluß Nr. 4 der 6. Tagung der 7. Synode der Evangelischen Kirche vom 5. bis 10. November 1989, Bad Krozingen; veröffentlicht durch das Kirchenamt der EKD, Hannover 1990). Zur sozio-kulturellen Situation der (Theologie-)Studierenden kann auf die Ergebnisse der EKD-Studie „Zum Dienst der Evangelischen Kirche an der Hochschule“ (Gütersloh 1991) verwiesen werden.

178 „Grundsätze“, S. 3.

179 Vgl. ebd., S. 3 f.

Themen in den grundlegenden Fächerkanon. Vor allem werden hier genannt:

- **Religions-** und **Missionswissenschaft** sowie **Ökumenische Theologie** (oft als Trias aufgeführt), um so zu einer Beachtung des interkulturellen Kontextes zu kommen[180].
- **Feministische Theologie** müsse zu einem „integralen Bestandteil der Theologie" werden[181].
- Die Installierung eines Faches **„Gesellschafts-Diakonie"** entspreche einer notwendigen stärkeren Berücksichtigung der „gesellschaftlichen Praxis"[182].
- Unter den Voraussetzungen der „Grundsätze" müsse auch dem **Kirchenrecht** als „Teildisziplin der Kybernetik" größere Bedeutung beigemessen werden[183].

Eine zweite Gruppe von – allerdings nur wenigen – Stellungnahmen unterbreitet Vorschläge zu einer **Gesamtreform** des Theologiestudiums:

- Dabei wird einerseits die Neustrukturierung und die damit verbundene „Straffung" des Studiums in drei Phasen „Eingangsphase – Grundstudium – Aufbaustudium" vorgeschlagen, wobei letzteres Erprobungen in der kirchlichen Praxis und deren Reflexion einbezöge[184]. Andererseits wird die konstitutive Verzahnung von Studium und kirchlicher Praxis für die 1. und 2. Phase in geregeltem Wechsel erwogen,

---

180 So z. B. die Stellungnahme Prof. Theo Sundermeier (Heidelberg), die „Stellungnahme der Fachgruppe Theologische Ausbildung im Evangelischen Missionswerk" (S. 7), die „Stellungnahme des Hochschulrats der Kirchlichen Hochschule Wuppertal" (S. 4), die „Stellungnahme einer Arbeitsgruppe der Kirchlichen Hochschule Berlin" (S. 10 f.), die „Stellungnahme der Evangelisch-Theologischen Fakultät Bochum (S. 8 f.) sowie weitere Voten aus dem studentischen Bereich.

181 „Resolution des Fakultätstages Göttingen"; ebenso die „Stellungnahme einer Arbeitsgruppe der Kirchlichen Hochschule Berlin" (S. 11), die „Stellungnahme des Nordelbischen Konvents der Universität Göttingen" (S. 2) und passim.

182 „Stellungnahme der Vereinigung Württembergischer Vikarinnen", S. 3 f. Die „Stellungnahme des Vorstandes der Deutschen Diakonenschaft" fordert, Diakonie als weiteres, eigengewichtiges Lehrfach zu begreifen (S. 3).

183 Prof. Hans Martin Müller (Tübingen), „Das Kirchenrecht in der evangelischen Theologenausbildung", in: ZevKR 34 (1989), S. 229; auch Gebauer/Esders („Kirchen- und Arbeitsrecht im GK-I-Entwurf"; „Marburger Reader", S. 26 f.).

184 „Stellungnahme der bayerischen Predigerseminare", S. 2–4.

was auf ein „Ein-Phasen-Modell“ der Ausbildung hinausliefe[185].

- Außerdem erfolgt ein Plädoyer dafür, die **ökumenische Perspektive** theologischer Ausbildung programmatisch in den Blick zu nehmen und als Horizont einer umfassend zu leistenden Ausbildungsreform zu beschreiben: „Indem eine *gemeinsame* Orientierung an der Wirklichkeit der weltweiten Kirche in den gegenwärtigen Herausforderungen ihrer Sendung zum Leitkriterium für theologische Ausbildung und zum *bestimmenden Referenzrahmen* würde, könnte eine *falsche Polarisierung* zwischen den beiden Extremen einer akademischen Selbstisolierung und einer nationalkirchlichen Vereinnahmung oder Funktionalisierung theologischer Ausbildung überwunden werden“[186].

(c) Stellungnahme:

Die von der Kommission beabsichtigte Qualität der Ausbildung verlangt die kontinuierliche Aufnahme dringlicher neuer Themenfelder. Das darf allerdings nicht auf dem Wege einer zufälligen Hinzufügung und Summierung geschehen. Vielmehr muß die Aufnahme neuer Themenfelder im Einklang mit den Konstruktionsprinzipien des Theologiestudiums stehen. Die Erfahrung zeigt, daß dies besonders gut durch die Ausdifferenzierung des Themenspektrums der klassischen theologischen Fächer gelingt.

Schon die „Grundsätze“ weisen auf den möglichen Nutzen von Praktika hin[187]. Die Verzahnung von Theoriearbeit und Praxiserprobung zu einem einphasigen Ausbildungsmodell könnte nach Einsicht der Kommission den Anforderungen der gegenwärtigen kulturellen Gesamtsituation nicht gerecht werden. Das in der Vorlage der Gemischten Kommission entwickelte Ausbildungs-

---

185 So der Vorschlag von Barbara Tarnow/Prof. Gert Hartmann-Herborn („Bemerkungen zu den Grundsätzen“, S. 3 f.). In ähnliche Richtung gehen die Überlegungen im „Votum des Praktisch-Theologischen Ausbildungsinstituts der Evangelischen Kirche in Berlin-Brandenburg“ (S. 4).

186 Dietrich Werner, „Oekumenische Kompetenz als Ziel theologischer Ausbildung“, S. 7; gleiche Hinweise auch in der „Stellungnahme der Fachgruppe Theologische Ausbildung im Evangelischen Missionswerk“ (S. 7) und in der „Gemeinsamen Stellungnahme des Pfarrerausbildungsausschusses und des Pfarrerfortbildungsausschusses der Evangelischen Kirche von Westfalen“ (S. 7).

187 Vgl. „Grundsätze“, S. 33 f.

modell steht selbst schon in ökumenischer Perspektive. Dies wird die Kommission in den weiteren Beratungen zu verdeutlichen haben.

3. *Zur Beantwortung der in den „Grundsätzen" gestellten Fragen*

(a) Die Gemischte Kommission hatte über allgemeine Rückäußerungen zu ihren „Grundsätzen" hinaus um „spezielle Aussagen zu den Fragen" gebeten, „zu denen sie selbst bis jetzt expressis verbis noch nicht Stellung genommen hat, die aber als Folgeprobleme aus der vorliegenden Ausarbeitung unbedingt einer Antwort bedürfen"[188]. Sie war der Meinung, daß „eine begründete Antwort auf diese Fragen ... eine Verständigung über die von der Gemischten Kommission ausgearbeiteten Grundsätze"[189] voraussetze.

(b) Nur relativ wenige Stellungnahmen nehmen auf die vorgelegten Fragen Bezug. Unter dieser Voraussetzung ergibt sich folgendes Bild:

– **Zur Frage des Lehrangebots:** Besonders das Erlernen der drei alten Sprachen sei präziser zu begründen und konzeptionell mit dem Theologiestudium zu verzahnen[190]. Während des gesamten Studiums (Eingangs- wie Hauptstudium) sollten „berufsorientierende Phasen in kirchlichen Handlungsfeldern" eingerichtet werden[191].
– **Zur Frage der Lehr- und Lernformen:** Da es fraglich sei, ob die bisherigen traditionellen Formen universitären Lehrens und Lernens (Vorlesungen und Seminare) hinreichen, müßten hochschuldidaktisch motivierte Alternativen zunehmend in den Blick genommen werden[192]. Ein eigenes Gewicht komme

188 Ebd., S. 3.

189 Ebd., S. 4.

190 Dies fordern die „Stellungnahme aus der Badischen Landeskirche" (S. 4 f.) und die Stellungnahme Heinlein/Pleines/Kuhlmann/Schindel („Studium zwischen halbherziger Reform und administrativer Restauration der Ordninarienherrlichkeit"; „Marburger Reader", S. 43–47).

191 „Stellungnahme des Rates der Vikarinnen und Vikare der EKHN", S. 2; ebenso etwa auch die „Stellungnahme des Evangelisch-Lutherischen Oberkirchenrats Oldenburg" (S. 1), die „Stellungnahme des Delegiertenrates der hannoverschen Theologiestudierenden" (S. 1).

192 Die „Stellungnahme der Kirchenleitung der Evangelischen Kirche in Berlin-Brandenburg (Berlin-West)" nennt dabei im einzelnen: „Die klassischen

dabei dem Stichwort „Interdisziplinäres Arbeiten" zu, „um im Rahmen der modernen Gesellschaft theologische Inhalte verstehen und vermitteln zu können"[193]. Außerdem wäre eine „periodische Selbstüberprüfung theologischer Ausbildung" und der Austausch zwischen Ausbildungsinstitutionen innerhalb der Ökumene wünschenswert[194].

- **Zur Frage der Prüfungsordnungen und -verfahren:** Die Prüfungsordnungen sollten der Struktur des Studiums entsprechen und seien hinsichtlich der Frage zu spezifizieren: „Wie ist die Grenze zwischen Kompetenz- und ‚Bekenntnisprüfung' zu bestimmen?"[195] Von einer *„Vermehrung der stofflichen Prüfungsanforderungen"* wird abgeraten[196]; eine vorausgehende Beratung und Verständigung der Prüfungskommission „über ihre Kriterien ... und über ihr Prüfungsverhalten" wäre erstrebenswert[197]. Weiter geht die grundsätzliche Anfrage, „ob nicht Modelle von Studienordnungen sowie Neuregelungen der Examina eine dringliche Aufgabe seien"[198].

Formen der Seminare genügen da nicht, nicht nur wegen der großen Teilnehmerzahlen. Deswegen halten wir die Einrichtung von kleinen, arbeitsfähigen Gruppen, z. B. Tutorien, für wichtig. Deshalb halten wir auch die Vielfalt der Arbeits- und Kommunikationsformen, wie sie im Gesamtplan S. 18 ff. für die Studieneingangsstufen vorgesehen sind, für weiterhin wichtig. Auch die Arbeit an der Didaktik von Vorlesungen und Seminaren ist wichtig, wenn man verstehen will, was in den Grundsätzen als Ziel intendiert ist" (S. 4); ähnlich die „Stellungnahme aus der Badischen Landeskirche" (S. 5 f.).

193 Votum Beyer/Bizer/Rickeberg/Schenk, „Unter dem Gesichtspunkt: ‚Lernen' ..." (Diskussionsgrundlage Göttinger Fakultätstag), S. 3.

194 „Stellungnahme der Evangelisch-Theologischen Fakultät Bochum", S. 12.

195 „Stellungnahme des Studierendenausschusses der Nordelbischen Theologiestudierenden", S. 2.

196 „Stellungnahme der Evangelisch-Theologischen Fakultät Bochum", S. 12 f.

197 „Stellungnahme aus der Badischen Landeskirche", S. 6.

198 „Stellungnahme aus der Theologischen Fakultät der Universität Heidelberg", S. 7. Begründet wird diese Forderung wie folgt: „Eine Modernisierung ist ungemein schwierig, und in der Tat kann das hiesige Prüfungssystem ... im Vergleich zu den Prüfungen in anderen Fakultäten und zu theologischen Examina im Ausland nur als völlig veraltet bezeichnet werden. Das Aufrechterhalten eines vollständig prüfungslosen akademischen Studiums bei steigender

– **Zur Frage der Zulassung in den Vorbereitungsdienst:** Zusätzliche Überprüfungen für die Aufnahme in die 2. Ausbildungsphase werden, soweit sich die Voten dazu äußern, weitgehend abgelehnt[199].

(c) Stellungnahme:
Die Kommission sieht sich in ihrer Erwartung[200] bestätigt, daß vor der Beantwortung dieser und anderer Einzelfragen eine Verständigung über die reformleitenden Grundsätze erreicht werden muß. Erst danach können und müssen derartige Einzelprobleme von den direkt Beteiligten bearbeitet werden.

4. *Zu Vikariat und Fortbildung*

(a) Für die Gemischte Kommission war bei der Konzeption der „Grundsätze" der Gedanke leitend, daß die drei Phasen der Ausbildung und Fortbildung als „Einheit" zu begreifen seien, wobei die „Leistungsfähigkeit jeder einzelnen Phase" davon abhänge, „daß auch die beiden anderen Phasen die ihnen zugewiesenen Leistungen erbringen und so ein System gegenseitiger Verläßlichkeit und darin eingeschlossener Entlastung entsteht"[201]. Dementsprechend konnte die Gemischte Kommission im Blick auf die Gestaltung der zweiten Phase der Ausbildung (Vorbereitungsdienst) den engen Konnex mit der ersten Ausbildungsphase betonen und als „einheitliches Gesamtziel" das Erreichen der „subjektiven und objektiven Voraussetzungen für die Ordination"[202] nennen. Spezifikum der zweiten Ausbildungs-

---

Verweildauer an den Universitäten, die faktische Verweigerung der Anerkennung irgendwelcher im Studium erbrachter Leistungen für das Schlußexamen sowie das damit gegebene gänzliche Fehlen von Erfahrungen mit akademischen Examina vor dem 26. oder gar 30. Lebensjahr sind in der deutschen Universität und auch im Vergleich zum Ausland absolut einmalig" (S. 7 f.).

199 So die „Stellungnahme der Evangelisch-Theologischen Fakultät Bochum" (S. 12) und das „Votum der Vollversammlung der Studierenden der Evangelischen Kirche von Kurhessen-Waldeck" (S. 1), das hierin die „Stellungnahme des Landeskonventsvorstandes der Evangelischen Kirche von Kurhessen-Waldeck" (S. 2) aufnimmt. Abweichend allerdings die „Stellungnahme aus der Badischen Landeskirche": „Über das erste oder zweite theologische Examen hinaus sind gleichwohl zusätzliche Einstellungsgespräche legitim. Freilich müßten hierfür Kriterien entwickelt werden" (S. 7).

200 Vgl. „Grundsätze", S. 4.

201 „Grundsätze", S. 2.

202 Ebd., S. 38.

phase ist für sie die „Vertiefung der im Studium gewonnenen Kenntnisse, Einsichten und Fertigkeiten“[203] mittels *„Erfahrung eigener Praxis“*[204], die die Momente des Entwerfens, Durchführens und selbstkritischen Kontrollierens umfasse. Die Habitualisierung dieses Dreischritts ermögliche es, zu situationsgemäßem pfarramtlichen Handeln zu gelangen. Demgegenüber gehe es in der dritten Phase, der Fortbildung, nun darum, „die durch den vorangegangenen Erwerb theologischer Kompetenz de facto begründete *Beweglichkeit aus(zu)bauen und zur Erfahrung (zu) bringen*“. Dies könne sowohl durch *„‚Spezialisierung‘* für besondere Aufgaben“ als auch durch die *„Rückbesinnung auf den einheitlichen Kern von theologischer Kompetenz im allgemeinen“* erreicht werden[205].

(b) Die einzelnen Ausführungen der „Grundsätze“ zum **Vorbereitungsdienst** haben insgesamt kein großes Echo gefunden. Folgende Aspekte werden in den Stellungnahmen angesprochen: Der Übergang von der 1. zur 2. Ausbildungsphase werde in seiner „Komplexität“ nicht genügend gewürdigt; er fordere „nicht nur eine Wandlung auch der theologischen Kompetenz“ heraus, sondern werde „häufig als Bruch erlebt“[206]. Zu klären sei auch der im Blick auf das Vikariat von den „Grundsätzen“ verwendete Begriff einer „probeweisen Identifikation“[207]; zumindest dürfe er nicht im Sinne einer „Engführung der Vikarsausbildung in Richtung ‚Kirchenordnung‘“ führen[208]. Schließlich sollten die Spezifika des Bildungsortes ‚Predigerseminar‘ noch eingehender analysiert werden[209]. In diesen Zusammenhang gehöre auch die Reflexion über die Möglichkeiten gemeinsamen geistlichen Lebens[210].

---

203 Ebd., S. 40.
204 Ebd., S. 44.
205 Ebd., S. 54.
206 Barbara Tarnow/Prof. Gert Hartmann (Herborn), „Bemerkungen zu den Grundsätzen“, S. 2. „Die Krise der jungen Leute beim Übergang ins Vikariat besteht u. a. wohl auch darin, daß sie nicht selten diese Spannung in ihren Extremen – radikale Kirchenkritik und Identifikation mit klerikalen Ansprüchen – in sich ausbalancieren müssen“ (S. 3).
207 „Grundsätze“, S. 41 f.
208 „Stellungnahme der Evangelischen Kirche im Rheinland“, S. 3.
209 Dies moniert als ein Desiderat die „Stellungnahme der Fortbildungsreferentenkonferenz“, S. 2.
210 „Stellungnahme des Vikarinnenkurses Friedberg 2/88“, S. 1 f.

Umfangreicher sind die Rückmeldungen zum Abschnitt **„Fortbildung“** innerhalb der „Grundsätze“[211]: Als grundlegender Gesichtspunkt rückt die Kritik in den Mittelpunkt, daß die Explikation der Fortbildung innerhalb des Papiers der Gemischten Kommission insgesamt zu kurz komme[212]. Darüber hinaus wird bemerkt: Fortbildung diene nicht der Aufarbeitung von „Defiziten der vorausgehenden Phasen“, sondern besitze einen „eigenständigen Ansatz“: In ihr gehe es um „Auftragsvergewisserung und Kompetenzerweiterung“. Daher „sollte der Begriff der ‚theologischen Kompetenz‘ in der Fortbildung mit der ‚beruflichen Kompetenz‘ in Beziehung gesetzt werden“. Zwar sei zu bejahen, daß Fortbildung Aufgabe der Kirche ist, zugleich aber zu betonen, daß die Lernenden die Subjekte der Fortbildung darstellten. Aus dieser Teilnehmerorientierung ergebe sich die Möglichkeit, auch andere kirchliche Mitarbeiter/innen in die gemeinsame Fortbildung mit einzubeziehen[213].
Zu bedenken sei ebenfalls, ob sich nicht die „verstärkte Mitarbeit der Hochschullehrer in der Fortbildung“ sowohl für die 1. Ausbildungsphase wie für die Fortbildung selbst als fruchtbar erweisen könnte: „Die erste Phase der Ausbildung gewönne dadurch u. U. an Realitätsbezügen, der Dienst der Pfarrer/Pfarrerinnen an theologischer Kompetenz.“[214] Was die Fortbildung in den ersten Amtsjahren (FEA) angeht, so sollte ihr Ort „neu überdacht werden“: Sie stehe „der Fortbildung (Pastoralkolleg) näher als dem Vorbereitungsdienst (Predigerseminar), weil in ihr eigenverantwortlicher Dienst der Berufsanfänger/innen begleitet und theologisch reflektiert wird“[215].

---

211 „Grundsätze“, S. 53–57.

212 So z. B. die „Stellungnahme der Fortbildungsreferentenkonferenz“ (S. 1), Werner Wehrenfennig/Purkersdorf („Versuch einer Stellungnahme“, S. 1) und Prof. Hans Martin Müller/Tübingen (Stellungnahme, S. 4: „Es fällt allerdings auf, daß wie im ‚Gesamtplan‘, so auch in den ‚Grundsätzen‘ die Pfarrerfortbildung nur ungenügend berücksichtigt wurde“).

213 „Thesen der Konferenz der Pastoralkollegsleiter der EKID“, S. 1 f.; ähnlich auch die „Gemeinsame Stellungnahme des Pfarrerausbildungsausschusses und des Pfarrerfortbildungsausschusses der Evangelischen Kirche von Westfalen“ (S. 10 f.) und die „Stellungnahme der drei badischen Prälaten“ (S. 1 f.).

214 „Stellungnahme der Evangelischen Landeskirche in Württemberg“, S. 2; ähnlich die „Stellungnahme der drei badischen Prälaten“ (S. 1 f.).

215 „Thesen der Konferenz der Pastoralkollegsleiter der EKID“, S. 2.

(c) Stellungnahme:
Die Gemischte Kommission hätte sich eine ausführlichere Diskussion ihrer Vorlage zur 2. und 3. Phase gewünscht. Sie sieht sich durch die Rückmeldungen darin bestätigt, daß dem Verknüpfungsproblem von 1., 2. und 3. Phase besondere Aufmerksamkeit gebührt. Hier muß das Leitkonzept „theologische Kompetenz" seine Leistungskraft bewähren.
In der weiteren Diskussion über die 2. Phase wird wichtig sein, die derzeitigen Ausbildungspläne genau zu analysieren, um Theorie und Praxis des spezifischen Lehrvorgangs im Vikariat beschreiben zu können. Ausschlaggebend wird sein, die Ausdifferenzierungen der zweiten Ausbildungsphase (didaktische Leitziele) mit der Ausbildung der ersten Phase mehr zu verknüpfen. Eine beispielhafte Darstellung findet sich in der Orientierungshilfe der Evangelisch-lutherischen Landeskirche Hannovers „Der kirchliche Vorbereitungsdienst" (1990).
Zur 3. Phase wären die Verknüpfung von Fortbildung und Ausbildung (vor allem im Studium /„Realitätsbezug"), die Konzeption der Fortbildung in den ersten Amtsjahren (FEA) und das differenzierte Anforderungsprofil des Pfarramts, dazu die persönliche Fortbildungsverantwortung der Amtsträger/innen, die Fortbildungsverpflichtung der Kirchen sowie das Zusammenspiel beider zu erörtern.

C. Anhang

Zusammenstellung der erfolgten Rückmeldungen

Die Rückmeldungen sind nach Absendergruppen und hier in alphabetischer Reihenfolge zusammengestellt. Das Absende- bzw. Eingangsdatum ist beigefügt.

a) Kirchenleitungen und -ämter, gliedkirchliche Zusammenschlüsse
b) Referenten-Konferenzen und gesamtkirchliche Einrichtungen
c) Gliedkirchliche Einrichtungen und Ausschüsse
d) Hochschulen (einschließlich Einzelvoten)
e) Pfarrer/Pfarrerinnen – Vikare/Vikarinnen – Studierende
f) Sonstige/Einzelpersonen
g) Veröffentlichungen

a) Kirchenleitungen und -ämter, gliedkirchliche Zusammenschlüsse

(Texte von Einrichtungen etc. sind in Teil c bzw. e enthalten, auch wenn sie mit der gliedkirchlichen Stellungnahme zugesandt wurden)

Baden

1 Stellungnahme aus der Badischen Landeskirche 28. 02. 90

Bayern

2 Stellungnahme der Landeskirche Bayerns 13. 02. 90

Berlin-Brandenburg (Berlin-West)

3 Stellungnahme der Kirchenleitung 07. 03. 90

Braunschweig

4 Votum des Ausbildungsrates und des Ausbildungsreferates 12. 03. 90

Hannover

5 Stellungnahme aus der Ev.-luth. Landeskirche Hannovers 19. 01. 90

Nordelbien

6 Beschluß der Kirchenleitung 12. 02. 90

Österreich

7 Ev. Oberkirchenrat A. B. Wien 03. 08. 89

Oldenburg		
8	Stellungnahme des Ev. Oberkirchenrats	20. 02. 90
Pfalz		
9	Stellungnahme aus der Ev. Kirche der Pfalz	02. 90
10	Reformierter Bund – Moderamen	22. 10. 90
Rheinland		
11	Stellungnahme der Kirchenleitung	07. 12. 89
Westfalen		
12	Beschluß der Kirchenleitung	15. 02. 90
Württemberg		
13	Ev. Oberkirchenrat, Stuttgart	30. 08. 89

b) Referenten-Konferenzen und gesamtkirchliche Einrichtungen

14	Deutsche Diakonenschaft – Vorstand –	06. 09. 89
15	Konferenz der Fortbildungsreferenten	26. 04. 89
16	Konferenz der Leiter der Religionspädagogischen Institute und Katechetischen Ämter (ALPIKA)	.90
17	Konferenz der Pastoralkollegsleiter der EKD	.89
18	Konferenz der Predigerseminare	11. 89
19	Kontaktausschuß Rat der EKD – Fakultätentag (Protokollauszug)	10. 03. 89
20	Ökumenisch-Missionarischer Weltdienst (KED/EMW) – Ausschuß für Theologische Ausbildung (ATA)	27. 11. 89

c) Gliedkirchliche Einrichtungen und Ausschüsse (s. auch e)

Baden		
21	Stellungnahme der drei badischen Prälaten	28. 02. 90
Bayern		
22	Konferenz der bayerischen Predigerseminare	12. 09. 89
Berlin-Brandenburg (Berlin-West)		
23	Praktisch-Theologisches Ausbildungsinstitut der Ev. Kirche in Berlin-Brandenburg	16. 10. 89
Hessen-Nassau		
24	Gesprächsvorlage (Jäger)	01. 05. 89
25	Kammer für Ausbildung	14. 07. 89
26	Theologisches Seminar Herborn (Tarnow, Hartmann)	.89

Nordelbien

27 Prediger- und Studienseminare der Nordelbischen Ev.-Luth. Kirche (Breklum, Hamburg, Preetz) 14. 08. 89

Österreich

28 Rektor des Predigerseminars Purkersdorf 03. 08. 89

Westfalen

29 Gemeinsame Stellungnahme von Pfarrerausbildungs- und Pfarrerfortbildungsausschuß 29. 01. 90

Württemberg

30 Ev. Akademie Bad Boll (Buchholz) 18. 10. 89

31 Landesausschuß für Ausbildungs- u. Methodenfragen 10. 04. 90

d) Hochschulen (mit zugeordneten Einzelvoten)

Berlin

32 Arbeitsgruppe im Anschluß an dies academicus (5. 7. 89; Prof. Dr. Welten; stud. theol. Bühn, Hammer, Laabs; wiss. Mitarbeiter Germer) 02. 10. 89

Bethel

33 Stellungnahme der Kirchlichen Hochschule 08. 02. 90

Bochum

34 Stellungnahme der Ev.-Theol. Fakultät 25. 10. 89

Bonn

35 Stellungnahme der Fakultät 09. 01. 90

Erlangen

36 Stellungnahme der Theologischen Fakultät 28. 08. 89

Frankfurt

37 Stellungnahme des Fachbereichs Ev. Theologie 14. 02. 90

Göttingen

38 Stellungnahme der Fakultät;
dazu vom Fakultätstag 14. 06. 89 als Material 10. 07. 89

39 – Beschluß-Empfehlung der Studienkommission

40 – Vortrag Dr. Korsch

41 – Vorträge stud. theol. Wiebold und Meyer

42 – Diskussionsgrundlagen für die Arbeitsgruppen (div.)

43	– Zum systematischen Hintergrund (Thesen Prof. Dr. Ringleben)	
44	– Ergebnisse der Gruppenarbeit (unvollständig)	
45	– Votum Kampermann (Ausbildungsdezernat Hannover)	
46	– Resolution des Fakultätstages	
Hamburg		
47	Seminar für Syst. Theologie (Prof. Dr. T. Koch)	08. 06. 89
48	Seminarbericht Prof. Dr. Grünberg	06. 07. 89
49	Darstellung stud. theol. Kramer	
50	Fachbereich Ev. Theologie	10. 01. 90
Heidelberg		
51	„Bemerkungen, Stichwörter" (Prof. Dr. Sundermeier, Dekan)	28. 02. 90
52	Stellungnahme der Theol. Fakultät	30. 04. 90
Kiel		
53	Stellungnahme des Konvents der Theol. Fakultät	10. 07. 89
54	Sondervotum der Professoren Preul, Staats, Birkner	31. 08. 89
Mainz		
55	Prof. Dr. May (persönl. Stellungnahme)	19. 10. 89
Marburg		
56	Stellungnahme des Fachbereichs Ev. Theologie dazu die Materialien vom Fachbereichstag 21. 06. 89 („Marburger Reader") mit	25. 07. 89
57	– Thesen (verabschiedet)	
58	– Anmerkungen zu den „Grundsätzen . . ." (Prof. Dr. Stollberg)	
59	– Theologie als Wissenschaft (Esders/Miege)	
60	– Was heißt: Einsicht in den Wahrheitsgehalt? (Dahlke)	
61	– Literalsinn und neuzeitliche Hermeneutik (Pöttner)	
62	– Theologische Kompetenz (Dimpker/Kömm-Koch)	

63 – Kirchen- und Arbeitsrecht im GK-Entwurf (Gebauer/Esders)
64 – Hochschuldidaktische Anmerkungen (Prof. Dr. Luther)
65 – Ein soziologischer Blick (Müller)
66 – Amt, Ordination, Gemeinde (Prof. Dr. Gerstenberger)
67 – Studium zwischen halbherziger Reform und administrativer Restauration der Ordinarienherrlichkeit (Heinlein/Pleines/Kuhlmann/Schindel)
68 – The Masters Tool will never dismantle the Masters House (Frauenplenum)
69 – Erkundung statt Anwendung oder kritische Analyse in verändernder Absicht statt Vorstellung der Amtspraxis (Prof. Dr. Luther)
70 – Stellungnahme der Fachschaft
71 – Thesen (Dr. Stock, Zippert) 13. 07. 89
72 – Votum Dr. Stock, Streck, Zippert (mit Unterstützung Prof. Dr. Härle) 13. 09. 89

München

73 Stellungnahme der Fakultät 04. 12. 89

Neuendettelsau

74 Stellungnahme 06. 06. 89

Tübingen

75 – Prof. Dr. Müller
76 – Beitritt Prof. Dr. Rössler zur Stellungnahme Müller
77 – Antrag Sonderausschuß Synode 11. 05. 89
78 – Vorbereitung Studiennachmittag 20. 06. 89
79 – Einleitung zum Studiennachmittag 20. 06. 89
80 – Zusammenfassung der Diskussion d. Studiennachmittags
81 – Begleitbrief an Prof. Dr. Herms 29. 01. 90
82 – Begleitschreiben (Prof. Dr. Mehlhausen, Dekan) 29. 01. 90

Wuppertal

83 Hochschulrat der Kirchlichen Hochschule 30. 06. 89

e) Pfarrer/Pfarrerinnen – Vikare/Vikarinnen – Studierende (s. auch c)

Baden		
84	Konvent badischer Theologiestudierender	11. 11. 89
Berlin-West		
85	Konvent Berliner Theologiestudierender	18. 09. 89
Bethel		
86	Studierendenschaft der Kirchl. Hochschule	07. 02. 90
Bochum		
87	Vorbereitungspapier für Abteilungstag (Statement Vogel)	28. 06. 89
Braunschweig		
88	Stellungnahme des Generalkonvents der Studierenden	22. 06. 89
89	Vollversammlung der Vikare/Vikarinnen	o. D.
90	Pfarrerin Birgitt Adolph	11. 89
Bremen		
91	Konvent der Theologiestudierenden der Bremischen Evangelischen Kirche	13. 02. 90
Hannover		
92	SprecherInnenrat der Studierenden der hannoverschen Landeskirche	27. 08. 89
93	Voten und Stellungnahmen von Theologiestudierenden der Ev.-luth. Landeskirche Hannovers	09. 89
Hessen-Nassau		
94	VikarInnenkurs Herborn 1/89	04. 89
95	VikarInnenkurs Friedberg II/88	o. D.
96	Rat der Vikarinnen und Vikare der EKHN	20. 07. 89
97	Systematisch-theologischer Arbeitskreis Marburg (Studierende, Vikare, Promovenden etc.)	19. 09. 89
98	Interessenvertretung der Vikarinnen und Vikare in der EKD	06. 08. 89
Kurhessen-Waldeck		
99	Landeskonventsvorstand der EKKW	29. 08. 89
100	Landeskonvent der Studierenden	13. 09. 89
Mainz		
101	Fachschaft Theologie (Forum 5)	27. 08. 89
Nordelbien		
102	Studierendenausschuß Nordelbien	08. 06. 89

103	Nordelbischer Konvent der Universität Göttingen	01. 07. 89
Oldenburg		
104	Vollversammlung der TheologiestudentInnen	21. 09. 89
105	Verband ev. TheologiestudentInnen/Konferenz theologischer Fachschaften (VeTh/KThF)	15. 09. 89
Westfalen		
106	Ältestenrat und Vorstand der Theologiestudierenden	30. 08. 89
Württemberg		
107	Vereinigung Württembergischer Vikare und Vikarinnen	09. 08. 89

f) Sonstige/Einzelpersonen

108	Andy Gaida	19. 01./10. 02. 89
109	Horst Jesse	09. 10. 89
110	Karin Lehmeier/Karl Heinz Jumel	13. 06. 89
111	Prof. Dr. Bernhard Maurer	11. 90
112	Drs. Hans-Lutz Poetsch (SELK)	22. 08. 89
113	Dr. Dietrich Werner (Universität Bochum; Vortrag Evang. Akademie Iserlohn)	31. 07. 89
114	Studienleiter Rudolf Westerheide (Bodelschwingh-Haus Marburg, Bekenntnisbewegung „Kein anderes Evangelium“)	02. 90
115	Prof. Dr. Peter C. Bloth (Veröffentlichung geplant)	26./27. 10. 90

g) Veröffentlichungen

[66]	Erhard S. Gerstenberger, Amt, Ordination, Gemeinde, in: DtPfrBl 89 (1989), S. 225–227.	06. 89
116	Thies Gundlach, Schwierigkeiten theologischer Kommunikation in der Praxis. Reflexionen zur Vikariatsausbildung, in: PTh 79 (1990), S. 334–351.	09. 90
117	Nicolaus Hansen, Kann nicht heute durchaus ein Atheist auf die Kanzel steigen?, in: LM 29 (1990), S. 139 f. (Leserbrief)	03. 90
[64]	Henning Luther, Hochschuldidaktische Anmerkungen – Zur Vorlage der Gemischten Kommission, in: ThPr 24 (1989), S. 307–317.	10. 89

118 Hans Martin Müller, Das Kirchenrecht in der theologischen Ausbildung, in: ZevKR 34 (1989), S. 226–238. 09. 89

119 Hans Martin Müller, Kirchliche Praxis als Ziel der Universitätstheologie, in: PTh 79 (1990), S. 317–326. 09. 90

[61] Martin Pöttner, Literalsinn und neuzeitliche Hermeneutik, in: ThPr 25 (1990), S. 129–140. 04. 90

120 Trutz Rendtorff, Zweck verkannt – Zu Klaus Schwarzwäller: Nur noch reproduzieren?, in: LM 29 (1990), S. 93 f. (Leserbrief) 02. 90

121 Klaus Schwarzwäller, Nur noch hantieren und produzieren?, in: LM 29 (1990), S. 29–34. 01. 90

Teil III
Arbeitsmaterialien und gemeinsame Problemanzeigen aus den Konsultationen (1992)

A. Nord-Konferenz Hannover (15.–16. Mai 1992)

1. Oberlandeskirchenrat Ernst Kampermann (Votum 1 a) Vom Zusammenhang theologischer Aus- und Fortbildung oder Vom zielgerichteten und begründeten Vorhaben, Pfarrer oder Pfarrerin zu werden und zu bleiben

I. *Zum Ansatz der „Grundsätze“ der Gemischten Kommission I*

„Ziel und innerer Zusammenhang der Ausbildungsphasen“ sind Anliegen bereits des sogenannten „Gesamtplanes der Ausbildung für den Pfarrerberuf“ von 1978. Er billigt den drei Phasen – Theologiestudium, Vikariat, Fortbildung – bei je eigener Bedeutung grundsätzlich gleiches Gewicht zu. Ausgerichtet bleiben sollen sie an ein und derselben Konstante: „Der Theologe als Pfarrer bzw. der Pfarrer als Theologe“ (S. 10). In dieser Formel schienen theologische Wissenschaft und kirchliche Praxis seinerzeit hinreichend aufeinander bezogen und die nötige Perspektive für Planung und Ordnung des Ausbildungsweges für Theologen (und Theologinnen) bestimmt zu sein. Eine begründete Annahme, wie sich im folgenden Jahrzehnt bei der Erarbeitung von Studien-, Ausbildungs- und Prüfungsordnungen an den Fakultäten, mehr noch bei den Landeskirchen erweisen sollte. Die integrierende Wirkung des Gesamtplanes für den universitären und kirchlichen Bereich läßt sich kaum hoch genug einschätzen. Alle Ausbildungs- und Prüfungsordnungen, die seitdem in Kraft traten, sind an ihm ausgerichtet. Der Sinn für die gemeinsame Verantwortung von Fakultäten und Kirchen hat das enorm gefördert. Bereitschaft und Bestreben nach möglichst ähnlichen Verfahrensweisen zugunsten der künftigen Pfarrer und Pfarrerinnen wie der Institutionen Kirchen und Theologische Fakultäten sollten auch weiterhin bestimmend sein!

Bereits damals aber war es kein Geheimnis, daß die Formel „Der Theologe als Pfarrer bzw. der Pfarrer als Theologe“, so zutreffend sie ist, inhaltlich hätte näher bestimmt werden müssen; doch war die Zeit dafür nicht reif. Aus Furcht, den erreichten Konsens zu gefährden, wollte man in die dazu nötige Arbeit nicht mehr einsteigen. Die ließ sich jedoch auf Dauer nicht aufschieben.

„Veränderungen der Studienbedingungen, der Sozialisation und Schulbildung der Studienanfänger und -anfängerinnen, der Berufsperspektiven der Kirchen und allgemeine gesellschaftliche Veränderungen" forderten, wie der Diskussionsbericht der GK I vom Oktober 1991 festhält (S. 15), zu einer inhaltlichen Begründung und Füllung der bis dahin eher formal bestimmten Einheit der drei Phasen von theologischer Aus- und Fortbildung heraus. Hier nun setzen die „Grundsätze" der GK I von 1988 an. Sie beschreiben den Zusammenhang von Aus- und Fortbildung als eine Einheit, innerhalb derer die drei Phasen als Wegstrecken eines Bildungsprozesses verläßlich und einander entlastend aufeinander folgen. Es verdient festgehalten zu werden, daß die Intention, die hinter dem „Gesamtplan" steht, von den „Grundsätzen" voll aufgenommen wird. Die Integration theologischer Aus- und Fortbildung in ein konsensfähiges Konzept bleibt also für Fakultäten wie Landeskirchen ein fundamentales Anliegen. Über dieses Globalziel hinaus aber geht es den „Grundsätzen" darum, die Einheit der drei Phasen inhaltlich zu beschreiben und zu begründen. Die „Grundsätze" formulieren Ziel und Inhalte theologischer Aus- und Fortbildung vom kirchlichen Auftrag her. Die kompetente Wahrnehmung des geordneten Amtes der Kirche ist das durchgängig vorgegebene Bildungsziel. Unter diesem Aspekt sollen die drei Phasen die innere Bildungsgeschichte der künftigen Inhaber und Inhaberinnen des Amtes bestimmen. Was dabei herauszubilden ist, nennen die „Grundsätze" „theologische Kompetenz". Sie beschreiben sie als eine Grundfähigkeit, die jederzeit und in allen Tätigkeitsbereichen des Pfarramtes erwartet werden kann. Nicht ein bestimmtes Pfarrerbild und -profil wird entwickelt, kein Berufsbild vorgegeben, auf das sich zu einigen vermutlich mißlänge. Es soll vielmehr darum gehen, die Kriterien dafür herauszuarbeiten und bewußt zu halten, wie unter sich wandelnden Bildern und Profilen des Pfarrerberufes die konstitutiven Aufgaben des pastoralen Dienstes in Geltung gehalten werden können. Oder wie gesagt wurde (E. Herms, Berlin 1991): daß Pfarrer und Pfarrerinnen sich nicht „verhalten wie Wetterhähne", sondern daß sie unter aufmerksamer Beachtung der nie überall gleichen und der sich stets ändernden Verhältnisse Linie halten und dem Auftrag treu bleiben können. (Hinweis auf hannoversche Erfahrungen bei der Erarbeitung der „Orientierungshilfe" von 1990: *Alle* Beteiligten am Beratungsgang schätzten diesen Ansatz als klärend, orientierend und darum weiterführend ein. Schon Studierenden ist es eine Hilfe, die Relevanz dessen, was sie studieren, für den späteren Auftrag und Beruf systematisch zu bedenken.)

„Theologische Kompetenz" als „Inbegriff der für die auftragsgemäße und professionelle Führung des Pfarramtes" erforderlichen Fähigkeiten bietet eine Deutung des Zusammenhangs an, in dem alle Träger theologischer Aus- und Fortbildung und die damit befaßten Personen selbst sich verstehen und verantwortlich handeln können. Von daher lassen sich Erwartungen und kritische Einwände gegenüber (künftigen) Pfarrern und Pfarrerinnen begründen und ihre spezifische Aufgabe im Miteinander der verschiedenen Dienste und Ämter in der Kirche differenziert darstellen. Viele Mißverständnisse und Spannungen in der kirchlichen Arbeit lassen sich damit erklären, daß die Mitarbeitenden sich dessen unsicher sind, wer sie selbst im Miteinander sind und wie sie selbstbewußt und in ihren jeweiligen Aufgaben partnerschaftlich kooperieren können.

Die Landeskirchen haben diesen Ansatz der „Grundsätze" der GK I von 1988 – bei mancher kritischen Anfrage im Detail – als klärende und weiterführende Anregung und Orientierung bewertet und ihn in einigen Fällen (Hannover, EKHN) bereits konkret in die von ihnen verantwortete Ausbildung aufgenommen.

II. *Der Zusammenhang der Aus- und Fortbildung aus Sicht der Landeskirchen*

Bevor der Zusammenhang der drei Phasen im Bildungsprozeß von Pfarrern und Pfarrerinnen näher bestimmt wird, sei an zwei Voraussetzungen erinnert:

- Auch wenn künftige Pfarrer und Pfarrerinnen jeweils persönliche Wesensart und vielfältige Begabungen in ihren Beruf einbringen, die spezifische berufliche Fähigkeit wird durch Ausbildung gewonnen.
- Nicht eine Summierung von Kenntnissen, Einsichten und Fertigkeiten macht Theologen zu Pfarrern, Theologinnen zu Pfarrerinnen. So nötig diese Fähigkeiten sind, sie entfalten sich im Beruf positiv nur dann, wenn sie in theologischer Existenz integriert sind. Persönlicher Glaube muß sich mit theologischen Kenntnissen und Einsichten vermitteln, gelebte Frömmigkeit mit beruflichem Handeln, individuelle

Lebensführung mit grundsätzlicher Anerkennung kirchlicher Ordnungen verbinden. Eine oft spannungsreiche und nie bewältigte, aber notwendige Aufgabe!

Erst im Miteinander befähigen Lernbares und persönlich Eingebrachtes – und unverfügbarer Glaube – zu überzeugender Berufsausübung. Deswegen ziehen inzwischen viele es vor, nicht von „theologischer", sondern von „theologisch-pastoraler Kompetenz" zu sprechen. Bei diesem Doppelbegriff handelt es sich nicht um eine der üblich gewordenen Auffächerungen des Kompetenzbegriffs. Vielmehr ist es der Versuch, das Ausbildungsziel zutreffender und umfassender zu bestimmen. Es geht nicht nur darum, etwas zu lernen, sondern dabei auch etwas zu werden, nicht nur um Aneignung von spezifisch theologischen Fähigkeiten, sondern auch um den Zugewinn anderweitiger Fähigkeiten und um die Herausbildung der Person, die pastoral tätig werden will. Verfügbares und Unverfügbares wirken ineinander. Das gilt für alle drei Phasen. So unterschiedlich also Voraussetzungen und praktische Gestaltung der drei Phasen sind, so haben sie doch ein gemeinsames Ziel: den zunehmenden Gewinn an theologisch-pastoraler Kompetenz.

Damit ist der grundlegende Zusammenhang der drei Phasen benannt. Entscheidend ist, daß sie verläßlich und dadurch einander entlastend aufeinander aufbauen. Jede Phase hat ihren eigenen Sinn mit einem bestimmbaren Ziel. Beides wird aber erst im Prozeß des gesamten Bildungsweges für alle daran Beteiligten als sinnvoll erkennbar. Zumeist wird erst im nachhinein klar, wie unverzichtbar jede Phase mit ihrem Proprium war und daß für die berufliche Qualifikation Entscheidendes fehlt, wenn eine der Phasen hinter dem zurückbleibt, was in ihr erreichbar wäre.

So äußern viele Vikare und Vikarinnen sich erst im Verlauf des Vikariats oder an dessen Ende über Verlauf und Sinn der Studienphase leider oft sehr bitter. Erst jetzt wurde ihnen klar, was möglich gewesen wäre! Auch die landeskirchlichen Ausbildungsdezernenten sehen von daher kritisch auf manches am gegenwärtigen Studium. Was das Studium nicht bringt, ist schwerlich nachzuholen.

1. *Theologiestudium*

Die theologische Bildung, die Kandidaten und Kandidatinnen im Studium gewinnen und im Ersten theologischen Examen nachweisen sollen, besteht in

- Kenntnissen biblischer Tradition, kirchlicher Lehre und kirchlichen Lebens in Geschichte und Gegenwart, in
- Einsichten in die Relevanz des Evangeliums für Menschen in heutiger Zeit, in
- Fähigkeiten, Zusammenhänge methodisch zu erfassen, sie zu formulieren und sie im Lichte des Evangeliums zu deuten, so daß sie sich für andere in ihrer Lebenswelt erschließen können, – schließlich in
- Erfahrungen, die sie in den Lebens- und Lernprozessen der Studienzeit mit sich selbst und mit anderen machen und systematisch reflektieren.

So wichtig dieser Erfahrungsaspekt ist, sollte das Theologiestudium doch nicht versuchen, Erfahrungen künftiger Praxis in größerem Maße vorwegzunehmen. Studienziel sollte es eher sein, die theoretischen Fähigkeiten so auszubilden, daß der kirchliche Vorbereitungsdienst sinnvoll darauf aufbauen kann. Daß diese Fähigkeiten insbesondere an Texten auszubilden sind, betonen die „Grundsätze" gewiß mit Recht. An ihnen kann die hermeneutische Kompetenz, die für fast alle Bereiche pfarramtlichen Dienstes so wichtig ist, grundlegend entwickelt werden.

2. *Vorbereitungsdienst*

Die im Studium gewonnene theologische Kompetenz wird im Vorbereitungsdienst erweitert und vertieft durch hinzukommende Eindrücke, Aufgaben, Herausforderungen, kurz: durch die Teilhabe am pfarramtlichen Dienst. Themen und Fragen, die im Studium bereits bearbeitet wurden, stellen sich nun in einem anderen Kontext neu. So besteht der Unterschied zwischen den beiden Ausbildungsphasen nicht eigentlich im Inhalt als vielmehr in der Herausforderung an die Kandidaten und Kandidatinnen, das, was sie als persönlich angeeignete Kompetenz gewonnen haben, nun als Teilhabende am zwar vorläufigen, aber verbindlichen kirchlichen Auftrag im Vollzug zu vertreten. So wird der kirchliche Vorbereitungsdienst zu einer Probe auf die Tragfähigkeit dessen, was das Studium erbracht hat, und, wenn er gelingt, zu einem Impuls für den Dienst, zu dem er fähig und bereit machen will.

Neben dieser in der Sache selbst liegenden Kontinuität spielen Momente von Diskontinuität eine irritierende Rolle, so daß der Übergang von der einen in die andere Phase als ein Einschnitt, bisweilen als Bruch erlebt wird und nicht als Fortsetzung theologischer Ausbildung, in der sich das eine aus dem anderen organisch ergibt. Mit dem Übergang verbinden sich biographische und institutionelle Implikationen, die bedacht sein wollen.

Am unmittelbarsten wird vermutlich der biographische Aspekt wahrgenommen. Im Kontext des kirchlichen Dienstes ist das eigene Selbstverständnis neu zu gewinnen. Rollen und Erwartungen werden an die Kandidaten und Kandidatinnen von anderen herangetragen, die für sie nicht akzeptabel sind oder nicht zu passen scheinen. Zu manchen Ausdrucksformen von Frömmigkeit muß ein eigenes geklärtes Verhältnis erst gewonnen werden. So stellt sich die Frage nach der eigenen Identität neu: Wie kann ich im kirchlichen Dienst tätig sein und doch ich selbst bleiben?

Auch der institutionelle Aspekt bedeutet eine neue Erfahrung. Die Ausbildung vollzieht sich im kirchlichen Dienst, nicht mehr in der Privatheit des Studierens. Eine neue Verbindlichkeit konkretisiert sich im Gemeindeleben. Nun ist einzulösen, was im Studium vorbereitend bedacht und erarbeitet wurde. Zugleich ist persönliches Engagement gefordert, sich von anderen als evangelische Theologen und Theologinnen ansprechen zu lassen und auf die bisweilen überraschenden Anforderungen des Gemeindelebens einzugehen. Neu ist auch die Erfahrung der Dienstgemeinschaft mit haupt-, neben- und ehrenamtlich Mitarbeitenden und der institutionelle Rahmen des pfarramtlichen Dienstes. Weil die angedeuteten Momente der Diskontinuität so gravierend sind, bekommt der Aspekt der Kontinuität theologischer Kompetenz ein um so größeres Gewicht. Es geht eben auch um die Frage: Wie kann ich Theologe/Theologin bleiben, zu dem oder der ich im Studium ausgebildet worden bin? Eben darum muß man wissen, wer man als Theologe/Theologin ist!

Ziel des Vorbereitungsdienstes ist es, für die Übernahme eines Pfarramtes in der Landeskirche auszubilden. Am Ende muß ein Kandidat oder eine Kandidatin Klarheit darüber gefunden haben, ob er oder sie den Beruf eines Pfarrers oder einer Pfarrerin ausüben möchte. Die Landeskirche wiederum muß hinreichend überzeugend Anhaltspunkte und Zutrauen gewonnen haben, ob sie dem Bewerber oder der Bewerberin den Dienst eines Pfarrers oder einer Pfarrerin anvertrauen kann. Die Erfahrung lehrt, daß in fast allen Fällen diese Fragen von beiden Seiten positiv beantwortet werden.

3. *Fortbildung*

Gegenüber der Ausbildung, deren Ziel der Gewinn theologisch-pastoraler Kompetenz ist, soll Fortbildung berufsbegleitend die persönliche Fähigkeit zum pfarramtlichen Dienst festigen, gerade indem sie Offenheit und Beweglichkeit bewahrt, soll sie vertiefen und erweitern.

Auch der Übergang von der Ausbildung in das ordinierte Amt, das als Beruf wahrgenommen wird, löst Schwierigkeiten aus. Es wiederholen sich also die Momente der Diskontinuität wie beim Übergang ins Vikariat. Gemeindeleitung enthält vielfältige Anforderungen. So drohen schnell aufkommende Routine, Verführung zu rein pragmatischer Arbeitsweise frei von theologischer Reflexion. Eigentlich erst jetzt, noch nicht so sehr im Vikariat, wird die Herausforderung des Amtes zur Leitung und zu zielgerichtetem, verantwortlichem Handeln relevant. Die Fortbildung in den ersten Amtsjahren (FEA) muß darum gerade diese Fähigkeit ausbilden. Vor allem aber die sich schnell ändernden gesellschaftlichen und kirchlichen Rahmenbedingungen des Dienstes müssen aufmerksam wahrgenommen und in Fortbildungsseminaren gemeinsam reflektiert werden. Die Wichtigkeit dieser Angebote wird in den Landeskirchen leider oft nicht hinreichend erkannt. Theologisch-pastorale Kompetenz kann aber nur so lebendig erhalten und weiterentwickelt werden, daß Pfarrer und Pfarrerinnen bereit bleiben und Gelegenheit dazu erhalten, regelmäßig an Fort- und Weiterbildung teilzunehmen. Sie liegt sowohl im persönlichen Interesse der einzelnen wie im Interesse der Institution Landeskirche. Generell sollen berufliche Fähigkeiten angesichts fortschreitender Lebens- und Amtserfahrung methodisch fortentwickelt werden. Persönliches Interesse oder kirchliche Erfordernisse können und sollen dabei auch zu gezielter Weiterqualifikation oder Spezialisierung für bestimmte kirchliche Aufgaben führen.

III. *Theologisch-pastorale Kompetenz – Ziel und bleibende Aufgabe in der Aus- und Fortbildung von Theologen und Theologinnen*

Pfarrer und Pfarrerinnen, die im beschriebenen Sinn ausgebildet sind, werden ihre herausgebildete theologisch-pastorale Kompetenz nicht als unverlierbaren Habitus verstehen, sondern als Beweggrund allen weiteren beruflichen Tuns oder Lassens. Es sei nochmals festgehalten: Der Erfolg von Aus- und Fortbildung läßt sich nicht planerisch sicherstellen! Wohl aber können und sollen theologische Aus- und Fortbildung so angelegt sein und solche Bedingungen schaffen, daß die notwendige Berufsfähigkeit gewonnen und erhalten werden kann. Hieraus ergibt sich die besondere Verantwortung der dafür zuständigen Institutionen – vor allem der Theologischen Fakultäten und Kirchlichen Hochschulen und der Kirchen –, aber auch der Personen, die in Studium, Aus- und Fortbildung lehrend und ausbildend tätig sind. Daß zur Wahrnehmung dieser gemeinsamen Verantwortung ein viel höheres Maß an verbindlicher Zusammenarbeit erforderlich wäre, liegt am Tage. Hierfür muß mehr geschehen, z. B. in gemeinsamer Verantwortung bei Prüfungen, aber auch im Lehren und Lernen.

Um das Amt eines Pfarrers oder einer Pfarrerin als Beruf ausüben zu können, müssen als Grundbestimmungen Amt, Beruf, Person erkennbar und bewußt aufeinander bezogen bleiben. Die primäre Bezugsgröße aber ist die Gemeinde. Das Amt dient der Gemeinde, nicht umgekehrt! Es gehört also mitten in die Gemeinde, indem es deren Auftrag wahrnimmt, und steht ihr zugleich gegenüber, insofern die Gemeinde auf den Dienst des Amtes mit Wort und Sakrament angewiesen bleibt. In diesem Miteinander und zugleich Gegenüber ist eine Dynamik angelegt, die den pfarramtlichen Dienst, auch im Miteinander der verschiedenen Ämter und Dienste in der Kirche, stets bestimmen wird und muß.

Amt und Person treffen sich in der Ausübung des Berufs des Pfarrers und der Pfarrerin; anders gesagt: Im Beruf soll der Auftrag des Amtes persönlich vertreten werden. Diese Bestimmung ist bisweilen als Einengung bezeichnet worden – das Gegenteil ist der Fall! Denn diese Perspektive eröffnet ein weites Betätigungsfeld für theologisch gebildete, souverän denkende und handelnde Pfarrer und Pfarrerinnen. Sie üben ihren Beruf in einer Freiheit aus, zu der der Glaube an das Evangelium ermächtigt. Die daraus erwachsende Unabhängigkeit in der konkreten Ausübung des Dienstes schließt aber nicht aus, ist vielmehr letztlich darin begründet, daß dieses Amt sich in Schrift und Bekenntnis begründet und daran gebunden weiß. Es schließt die Freiheit ein, die eigene Person in den Auftrag einzubringen, aber auch die Pflicht, sich bei deutlicher Inkongruenz zwischen dem

anvertrauten Amt und der persönlichen Lebensführung von anderen darauf ansprechen zu lassen.
Daß Ausbildung oder die Ausübung des Berufs scheitern können, ist in der Sache der Theologie selbst, im persönlichen Glauben und oft konkret in den besonderen Anforderungen des Amtes begründet. Keineswegs muß jedes Scheitern als persönliches Versagen gewertet werden. Aber selbst, wenn Ausbildung gelingt, werden nicht alle ihre Ziele abschließend erreicht, und selbst wenn der Beruf überzeugend ausgeübt wird, bleiben Defizite vorhanden. Das ist nicht eine resignative Bemerkung, sondern es ist eine entlastende Feststellung, gleichzeitig für alle eine Erinnerung daran, daß Pfarrer oder Pfarrerin zu werden und zu bleiben eine nie abgeschlossene Herausforderung ist.

2. Stellungnahme der Vertreterinnen des Verbandes evangelischer TheologiestudentInnen/Konferenz theologischer Fachschaften (Votum 2)
Vorgetragen von stud. theol. Corinna Hektor

Sehr geehrte Damen und Herren!
Ich spreche zu Ihnen für die studentischen Vertreterinnen in der Gemischten Kommission I und will mich zu einigen Problemen äußern, die die 1988 vorgelegten „Grundsätze . . .“ mit sich bringen.
Ich will versuchen, mich an die Zeitvorgabe von 15 Minuten zu halten, damit wir direkt im Anschluß in die Diskussion einsteigen können.
Einleitung
Die GK I hatte 1984 den Auftrag bekommen, den heute noch gültigen Ausbildungsgesamtplan zu überarbeiten; sie sollte dabei insbesondere *„die bisher ausgeklammerten, aber inzwischen neu aufgekommenen Fragen nach den inhaltlichen Bestimmungen theologischer Kompetenz aufnehmen, die inzwischen deutlich veränderte Situation der Studierenden bedenken und die sich abzeichnenden künftigen Herausforderungen für die Kirche beachten“* („Grundsätze für die Ausbildung und Fortbildung der Pfarrer und Pfarrerinnen der Gliedkirchen der EKD“, S. 2; im folgenden „Grundsätze . . .“). Wir müssen leider feststellen, daß die GK I in ihren 1988 vorgelegten „Grundsätzen . . .“ zumindest auf die beiden

letzten Punkte nicht eingegangen ist, ihrem Auftrag also nicht gerecht geworden ist: Es war nicht ihr Auftrag, lediglich eine systematische Begründung der Einheit der drei Phasen der theologischen Ausbildung zu liefern.

Wir halten es aber dennoch für sinnvoll, uns an der begonnenen Diskussion zu beteiligen, da die „Grundsätze . . ." die seit langem erste breitere Diskussion von Fragen der Konzeption des Theologiestudiums ausgelöst haben. Wir begrüßen es also, daß mit den Konferenzen endlich ein Rahmen gegeben ist, in dem ein direkter Austausch über die unterschiedlichen Positionen stattfinden könnte. Wir wollen deshalb einige der Probleme, die auch im Rücklauf zu den „Grundsätzen . . ." benannt wurden, noch einmal pointiert zur Sprache bringen.

Die Vielfalt der Stellungnahmen zeigt, wie weit wir von einem Konsens entfernt sind - und läßt sogar fraglich erscheinen, ob er überhaupt zu erreichen ist. Dies ist - bei allem Bemühen, die geäußerte Kritik unter den Ansatz der „Grundsätze . . ." zu subsumieren - selbst im Diskussionsbericht sichtbar.

An dem Punkt „Bildung und Lernen", dem Ansatz „Kirche - Amt - Ordination" und an dem Zentralbegriff „Theologische Kompetenz" wollen wir zeigen, wo unseres Erachtens fundamentale Dissense bestehen. Wir beschränken uns auf diese drei Punkte, obwohl auch in den anderen von der GK I bearbeiteten Themenbereichen kein Konsens festzustellen ist - und, wie gesagt, zentrale Bereiche von der GK I gar nicht bearbeitet wurden.

1 *Bildung und Lernen*

An der hinter dem Entwurf stehenden Bildungstheorie ist grundsätzliche Kritik geäußert worden. Diese Kritik richtet sich gegen die Vorstellung, daß Bildung ein individueller Vorgang sei, der aus der Aneignung der in Geltung stehenden kirchlichen Lehre bestehe. Dem steht ein Verständnis von Bildung als Diskurs von Lehrenden und Lernenden im Spannungsfeld christlicher Tradition, Praxis der verfaßten Kirche und der eigenen Lebenserfahrung gegenüber. Dieser Diskurs umfaßt ein produktives Wechselverhältnis von Theorie und Praxis und sollte darum an den Hochschulen z. B. in Form von Praxisprojekten verortet sein.

Bildung ist ein aktiver Prozeß, der nur dann *möglich* ist, wenn die Lehrenden Lernende als Subjekte wahrnehmen und anerkennen und ihnen so die Möglichkeit geben, aus ihren eigenen Zugängen und Fragen ihre eigene Theologie zu erarbeiten. Somit kann das Bildungsziel nicht *„die zunehmend umfassende, vertiefte und sichere Habitualisierung der für die auftragsgemäß professionelle Führung des Pfarramtes erforderlichen Kenntnisse, Einsichten und Fertigkeiten“* („Grundsätze . . .“, S. 11) sein.

In verschiedenen Rückmeldungen wurde das aus den „Grundsätzen . . .“ erhebbare Verständnis von *„Habitualisierung“* kritisiert. Es ist anzunehmen, daß die Kritik sich insgesamt gegen das Bildungsverständnis richtet, das Professor Herms an anderer Stelle in bezug auf den eng verwandten – und in diesem Zusammenhang wichtigen – Begriff des *„begründenden Orientierungswissens“* noch prononcierter vertritt: *„Es bietet die Beschreibung der Praxissituation des Handelnden jeweils als einer solchen, die ein und dieselbe ist im Durchlaufen wechselnder Gestalten und Zustände; und als einer intersubjektiven. Wenn und wo es überhaupt für eine handelnde Person als Wahrheit zur Geltung kommt, kann es für sie also nur als Wahrheit in allen möglichen Zuständen und für alle möglichen Partizipanten ihrer Praxissituation zur Geltung kommen. Und das wiederum heißt: es muß von ihr gedacht werden als eine mit allen möglichen personalen Partnern kommunizierbare, tradierbare und erinnerbare, lehr- und lernbare Wahrheit.“* (Aus: Eilert Herms, Die „theologische Schule“. Ihre Bedeutung für die Selbstgestaltung des Evangelischen Christentums und seine sozialethische Praxis. In: MJTh 2. 1988, S. 89.)

Wir möchten in diesem Zusammenhang an Henning Luthers hochschuldidaktischen Ansatz erinnern. In seinen *„Hochschuldidaktischen Anmerkungen“* zu den „Grundsätzen . . .“ schreibt er: *„Wenn die neuere Sozialisationsforschung zunehmend von der . . . Auffassung ausgeht, daß Sozialisation nur als interaktiver Wechselprozeß von Individuum und Umwelt, als* sich wechselseitig bedingender Prozeß *von Sozialisation und Individuation verstanden werden kann, dann erscheint das das GK I-P[apier] beherrschende Bildungs- und Sozialisationsverständnis – vorsichtig ausgedrückt – unterbestimmt zu sein. Die Dominanz des Identifizierungsansinnens signalisiert, was im Verlauf der Argumentation des Papiers immer wieder auffällt: Das Verhältnis zwischen Subjekt und Institution (Tradition; Kirche) wird fast durchgängig nach der einlinigen (nicht reziproken) Logik von Vorgabe und Aneignung interpretiert. Andeutungen, daß das Verhältnis zur Vorgabe auch ein kritisches sein könnte, finden sich allenfalls sehr versteckt und verschämt. Gelin-*

gende Sozialisation und Bildung bestimmt sich hier eher an der Maßgabe von Orthodoxie als an der von Kommunikation" (ThPr 24. 1989, S. 307–317; Zitat S. 313).

Die „Grundsätze..." behaupten verschiedentlich, keine dezidierte bildungstheoretische Position zu vertreten, sondern nur die formalen Strukturen jedes Bildungsverständnisses aufzuzeigen. Das zuletzt Gehörte zeigt deutlich, daß dieser Anspruch zurückgewiesen werden muß.

2 *Kirche – Amt – Ordination*

Festgehalten sei zu Anfang, daß selbst der „Diskussionsbericht..." vermerkt, daß zu diesem Ansatz eine *„kritische Distanz"* überwiegt.

Die „Grundsätze..." operieren mit einem Kirchenbegriff, der nirgends definiert, aber trotzdem als *„unstrittig"* (S. 5) vorausgesetzt wird. Dieser Kirchenbegriff wird bezeichnet als *„das reformatorische Kirchenverständnis"*. Aber *„das reformatorische Kirchen- und Amtsverständnis"* kann – schon seit der Zeit der Reformation – nicht als einheitlich und darum auch nicht als *„unstrittiges Minimum"* gelten. Das in den „Grundsätzen..." deutlich werdende Kirchenverständnis ist einseitig lutherisch und mit dem in der tschechischen Reformation oder der reformierten Tradition Entwickelten nicht vereinbar.

Ebenso folgerichtig wie unmißverständlich formuliert die Evangelische Kirche im Rheinland:

„Die ‚Grundsätze' von 1988 sind von einem Amts- und Ordinationsverständnis geprägt, das dem der Evangelischen Kirche im Rheinland nicht entspricht. Die in den ‚Grundsätzen' von 1988 alle drei Bildungsphasen einschließende Ausrichtung auf die Ordination führt zu einem konfessionell einseitigen Amtsverständnis und zu einem Pfarrerbild, das mit dem Geist und der Intention des in unserer Kirche vorherrschenden presbyterial-synodalen Gemeindeverständnisses nicht in Übereinstimmung zu bringen ist."

Durch die Konzentration auf die Ordination bzw. die Ordinierten kommt die Gemeinde nur als Objekt pastoralen Handelns in den Blick. Dagegen wendet sich beispielsweise die „Gemeinsame Stellungnahme des Pfarrerausbildungsausschusses und des Pfarrerfortbildungsausschusses der Evangelischen Kirche von Westfalen": *„Die Verhältnisbestimmung von Pfarrer und Gemeinde muß ... kritisch hinterfragt werden. Die GK unterstellt der Gemeinde gegen-*

über der Pfarrerin/dem Pfarrer faktisch eine subsidiäre Stellung und Funktion ... An dieser Stelle wäre die breite Diskussion zu berücksichtigen, die seit Jahren innerhalb der Evangelischen Kirche, in der Ökumene und mit der Katholischen Kirche über das Verständnis des Amtes und über das Verhältnis von Ämtern und Diensten geführt wird. Ferner sollten Ernst Langes Arbeiten zu diesem Thema und das in der DDR entwickelte Konzept ‚Kirche als Lerngemeinschaft' berücksichtigt werden ... Gegenüber einer einseitigen und eng geführten Interpretation von CA VII sollte darum das Kirchenverständnis von Barmen III und IV ergänzend und korrigierend in die Diskussion über Aus- und Fortbildung der Pfarrerinnen und Pfarrer eingebracht werden" (S. 7).
Ein anderes Beispiel für solche Kritik ist das Votum des Moderamens des Reformierten Bundes:
„Die Grundsätze blenden die Gemeinde als theologisches Subjekt, als Subjekt auch theologischen Urteilens, als konstitutives Element geistlichen Lebens und der Kommunikation des Glaubens fast völlig aus. Gemeinde kommt überwiegend als Objekt pastoralen Handelns in den Blick ...
Die Gesamtkonzeption der ‚Grundsätze ...' ist zentral orientiert an der professionellen Führung des Amtes. Die Grundsätze bestätigen unter Berufung auf die CA ein Verständnis von Amt, das in traditioneller Weise als Hirtenamt, Lehramt und Leitungsamt gefaßt ist (S. 20). Sie bestätigen das traditionelle Pfarrerbild in einer Situation, in der es von verschiedenen Seiten in Frage gestellt wird. Gegenüber dem ‚Gesamtplan' von 1978 ist dies deutlich ein Rückschritt" (S. 5).
Die Unterscheidung zwischen der geglaubten und der verfaßten Kirche gehört in den protestantischen Kirchen zum theologischen Allgemeingut. Da davon auszugehen ist, daß die verfaßte Kirche nicht *per se* evangeliumsgemäß lebt, sondern an diesem Anspruch auch scheitern kann [und wohl auch muß ...], ergibt sich aus der Spannung zwischen Anspruch und Wirklichkeit die Notwendigkeit einer permanenten Kirchenreform.
Somit sind Ausbildungsreform und Kirchenreform untrennbar miteinander verbunden. In Frage steht aber nun die spezifische Art, *wie* diese beiden Größen miteinander in Beziehung zu setzen sind. Die „Grundsätze ..." verstehen Kirchen- und somit Studienreform als *„auftragsorientierte Anpassung an gesellschaftliche Veränderungen"* („Diskussionsbericht ...", S. 23). Sie setzen dabei voraus, daß darüber, wie *„der Auftrag der Kirche"* heute zu verste-

hen sei, Konsens bestehe; dies scheint aber nicht der Fall zu sein. Wir gehen im Gegenteil davon aus, daß Studienreform nicht als bloße Anpassung an das Faktische verstanden werden darf, nicht einfach am Bestehenden gemessen werden kann. Studienreform muß als Teil und Konsequenz des Auftrags der Kirche gedacht werden.

Gerade weil die Konzeption der GK I eine enge Verbindung zwischen dem Verständnis von Kirche und dem von Ausbildung sieht, muß die in den „Grundsätzen . . ." formulierte Vorstellung von Theologiestudium zurückgewiesen werden: Sie impliziert ein Kirchenverständnis, das innerhalb der EKD keinesfalls Konsens ist.

3 *Theologische Kompetenz*

Mit diesem für die „Grundsätze . . ." zentralen Begriff setzen sich fast alle Stellungnahmen auseinander. Auch hier war die Kritik groß.

In den „Grundsätzen . . ." wird „Theologische Kompetenz" definiert als *„der Inbegriff der Fähigkeiten, die für die auftragsgemäße und professionelle Führung des Pfarramtes erforderlich sind"*, konkret *„die Fähigkeit, im Lichte der angeeigneten kirchlichen Lehre die gegebene Situation des Amtes zu begreifen, ihre gegenwärtigen Aufgaben (Probleme) zu erkennen, sowie Lösungen zu entwerfen und durchzuführen"* („Grundsätze . . .", S. 6 und 7).

Uns scheinen mehrere Anfragen an den so bestimmten Zentralbegriff „Theologische Kompetenz" nötig:

Erstens: Kann der Begriff „Kompetenz" den Zentralpunkt kirchlichen – evangelischen – Amtsverständnisses wahrhaft beschreiben? CA VII geht davon aus, daß für das „Sein" der Kirche ausreichend ist, daß pure docetur evangelium et recte administrantur sacramenta – sie spricht in diesem Zusammenhang nicht von Menschen oder ihren „Kompetenzen" (übrigens auch CA XIV nicht!).

Zweitens: Es ist selbstverständlich, daß zur Verwaltung eines Pfarramtes neben der *Berufung* auch die *Befähigung* gehört. Diese Befähigung kann aber nicht in Rekurs auf einen einzigen Zentralbegriff bestimmt werden, selbst nicht auf eine so variable Formel wie „Theologische Kompetenz". Das „Pfarramt" ist eine zu differenzierte und komplexe Größe, um auf einen einzigen Gedanken, auf einen einzigen Begriff zurückgeführt werden zu können.

Wir verstehen das Pfarramt anders als die „Grundsätze . . .“; es steht unseres Erachtens im Spannungsfeld dreier Größen:
Es ist gegründet in der Tat Gottes und steht somit unter seiner Herrschaft und seinem Anspruch.
Es wird verwaltet von Menschen, die diesem Anspruch gerecht zu werden versuchen und die auf menschliche Art ausdrücken, wie sie das tun.
Es ist eingesetzt zum Dienst an der Gemeinde und zum Dienst in der Welt.
Es ist somit – wie die gesamte Kirche – nicht isoliert von „der Welt“ zu sehen, sondern in ihr und – zu einem großen Teil – abhängig von ihr.
Auf das Pfarramt kommen somit „schon immer“ divergente Ansprüche zu. Nur einer dieser Ansprüche ist originär theologisch. Es ist schlechterdings unmöglich, die Aus- und Fortbildung nur auf diesen einen Punkt zu reduzieren, da so zwei zentrale Bereiche des Pfarramtes wegfallen würden.
Das von der GK I präsentierte Konzept „Theologischer Kompetenz“ ist daher unseres Erachtens nicht dazu in der Lage, die für die *„auftragsgemäße und professionelle Führung“* eines Pfarramtes notwendigen „Kenntnisse“ auch nur begrifflich darzustellen; es ignoriert, daß wenigstens zwei zentrale Handlungsfelder des Pfarrers bzw. der Pfarrerin nicht unter ihrer/seiner Kontrolle stehen, sondern verlangen, daß wechselseitige, von vielen Faktoren beeinflußte und nicht planbare und somit unverfügbare Bildungs- und Lernprozesse zugelassen und als konstitutiv für eine angemessene Wahrnehmung des Amtes verstanden werden.
Somit zeigt sich insbesondere, daß „Theologische Kompetenz“ durch mangelnde Berücksichtigung der Gemeinde bzw. der gemeindlichen Praxis stark unterbestimmt ist. Die Praxis wird zu einem bloßen Anwendungsfeld theologischer Theorie degradiert.
Drittens ist festzuhalten, daß die „Grundsätze . . .“ den Begriff „Kompetenz“ in Abweichung vom üblichen Sprachgebrauch definieren. Henning Luther bemerkt hierzu: *„Als Terminus technicus bezeichnet der Begriff der Kompetenz in den einschlägigen Wissenschaften (Linguistik, Sozialisationsforschung u. a.) eine formal-strukturelle und nicht eine inhaltliche Dimension von Verhaltensvoraussetzungen. Kompetenz wird von Performanz, also der je konkret inhaltlichen Aktualisierung von vorausliegender Kompetenz unterschieden. Das GK-I-P[apier] versteht nun unter ‚theologischer Kom-*

petenz' den Inbegriff der für die Führung des geistlichen Amtes grundlegenden Kenntnisse, Einsichten und Fertigkeiten. Diese setzt ihrerseits die Identifizierung mit Auftrag und Ordnung der Kirche voraus. Damit aber wird der Aspekt der (inhaltlichen) Identifikation mit Kirche zu einem Konstituens von Kompetenz. Dies ist ein vergleichsweise mindestens ungewöhnlicher Begriff von Kompetenz. (Dies hieße etwa, daß die Kompetenz in der deutschen Sprache die Identifikation mit dem Deutschen voraussetze oder impliziere, was wohl kaum ernsthaft unterstellt werden wird.)" (Hochschuldidaktische Anmerkungen, a. a. O., S. 312.)

Auch wenn manche Voten sich etwas anderes wünschen: Das Konzept der „Theologischen Kompetenz" kann offenbar nicht in dem Sinne „nachgebessert" werden, daß die notwendige Sozialität von Wissen, von Kommunikation, von Handlungsfähigkeit, letztlich: von Kirche stärker zur Geltung kommt – das Modell der GK I ist auf individuelle funktionale Handlungskompetenz festgelegt. Der gebildete, allein handlungsfähige Bürger, den es vielleicht im letzten Jahrhundert einmal gab, ist und bleibt das Ziel dieser Konzeption – und er bleibt für die Jetztzeit eine Illusion.

Bevor wir zum Schluß kommen, möchten wir *viertens* noch einen uns wichtigen Punkt anmerken: In zahlreichen Voten, die sich auf die „Grundsätze . . ." beziehen, wird der Begriff „Theologische Kompetenz" aufgenommen; positiv und negativ. Dieser Begriff wird von verschiedenen Autorinnen und Autoren allerdings jeweils ganz anders verstanden als in den „Grundsätzen . . .".

Man kann diesen Sachverhalt verschieden bewerten: Entweder spricht man davon, die GK I habe einen *„Integrativen Mittelbegriff"* gefunden – oder man stellt fest, daß ein neues Schlagwort kreiert wurde, das für unterschiedliche Füllungen offen ist, die sich jedoch gegenseitig widersprechen. Damit wird die von den „Grundsätzen . . ." intendierte Eindeutigkeit nicht erreicht.

4 *Schlußbemerkung*

Wir hoffen, die Ausführungen konnten verdeutlichen, daß **zentrale Begriffe und Positionen** der „Grundsätze . . ." umstritten sind: Der Diskussions- und Verständigungsprozeß steht erst am Anfang.

3. Prof. Dr. Horst Balz (Votum 3)
Texte und Textauslegung in der theologischen Ausbildung Vorschlag zu einer Verständigung im Bereich des Grundsätzlichen

1. *Die Position der „Grundsätze“*

Die Grundsätze der GK waren davon ausgegangen, daß *theologische Kompetenz* in der theologischen Ausbildung, vor allem im Theologiestudium, nur da entstehen und wachsen kann, wo die für diese Kompetenz unverzichtbaren *Kenntnisse* und *Fähigkeiten* durch ein intensives Studium der für die Theologie wesentlichen *Gegenstände* erworben werden. Diese Gegenstände, seien es die Aussagen und der Wahrheitsanspruch kirchlicher Lehre und Verkündigung oder die Realität der Kirche in der Welt, sind den Studierenden stets in geschichtlicher bzw. in geschichtlich gewordener Gestalt vorgegeben. Sie werden in der Regel durch Texte (im weiten Sinn des Wortes) vermittelt bzw. dargestellt. Auch eine aktuelle Äußerung wird binnen kürzester Zeit zu solch einem „Text“, der den Gegenwärtigen nur u. U. minder „fremd“ ist als beispielsweise ein alter Text.

Daraus ergibt sich die *Textorientiertheit* des Theologiestudiums, aber auch der weiteren Phasen der theologischen Ausbildung. Natürlich sind diese Texte oder Quellen sachlich von sehr unterschiedlichem Gewicht: das biblische Zeugnis anhand der Quelle des biblischen Kanons als ausschließliche Regel und Grundlage aller weiteren kirchlichen Lehre und Verkündigung; andere Texte, z. B. Bekenntnisse, Kirchenordnungen, theologische Untersuchungen als am biblischen Zeugnis zu messende Versuche, dieses zu vertreten, ihm zu entsprechen oder es zu entfalten. Unbeschadet dessen kann das Theologiestudium insgesamt in erster Linie als ein *Textstudium* bezeichnet werden, wenn dabei das Wort „Text“ verbal oder zumindest zeichenhaft gefaßte Lebensäußerungen aller Art einschließt.

2. *Desiderate und Kritik*

Der geschilderte Ansatz zieht von zwei Seiten her Fragen auf sich: a) Redet er nicht einem klassisch gewordenen Studienmodell philosophisch-hermeneutischer Prägung das Wort, bei dem das heute erforderliche Moment umfassenderer Wirklichkeitswahrnehmung und -bewältigung zu kurz kommt? b) Läßt sich die geforderte Textorientiertheit methodisch in der Weise durchhalten, daß die Textauslegung wenigstens grundsätzlich zu einem weitgehend anerkannten Textverständnis führen kann, ja daß ein ursprünglicher oder eigener Sinn der jeweiligen Texte erhoben werden kann?

3. *Das Probem einer „Engführung“ (s. 2 a)*

Die Konzentration auf *Texte* kann (muß nicht) in der Tat ein einseitiges Theologieverständnis zur Folge haben, als seien damit, zumindest in der ersten Phase der Ausbildung, die Fähigkeiten zur zwischenmenschlichen Kommunikation, zur Wahrnehmung bestimmter psychischer oder gesellschaftlicher Situationen und ihrer Probleme oder schließlich das Sich-Einlassen auf den lebendigen Traditionszusammenhang des Glaubens und auf das Offenbarungshandeln Gottes in Menschen und in der Geschichte irrelevant: Theologie *nur* als Textwissenschaft.

Dieser Verengung wäre zu begegnen. Vielmehr geht es um eine möglichst umfassende Wahrnehmung der biblischen sowie der kirchlichen Glaubens- und Lebenswirklichkeit im Zusammenhang oder auch in der Konfrontation mit anderen Konzepten und Gestaltungen von Wirklichkeit. In diesem Sinn hat die GK den Momenten der Selbst- und Wirklichkeitserfahrung der Studierenden im Rahmen der Findung einer (theologisch) gebildeten Identität durchaus Bedeutung beigemessen. Dementsprechend werden auch beispielsweise Inhalte der Sozialwissenschaften oder die Ausbildung einer aktiven wie passiven Kommunikationsfähigkeit bei den Studierenden ihr eigenes Gewicht in der theologischen Ausbildung erhalten müssen. Alles liegt jedoch an der durch den Gegenstand der Theologie und durch das Ausbildungsziel zu bestimmenden Gewichtsverteilung. Sowohl die „Texte“ der Theologie als auch deren „Kontexte“ verlangen nach einem methodisch ausgewiesenen und auf die Frage nach der Wahrheit der biblischen und kirchlichen Überlieferung hin konzentrierten Umgang mit ihnen.

4. *Zum „Literalsinn“ (s. 2 b)*

So richtig es ist, daß die Ergebnisse der Texterschließung stets von den Vorverständnissen oder den gewählten hermeneutischen Verfahren her beeinflußt sind, so sehr ist sicher auch zu betonen, daß die Theologie als eine Wissenschaft, die mit Wahrheit zu tun haben will, um die Herausarbeitung eines „Eigensinnes“ der für sie relevanten Texte bemüht sein muß, selbst wenn eine Mehrdimensionalität bestimmter Texte nicht von der Hand zu weisen ist und wenn der „Eigensinn“ historischer Texte meist nur approximativ zu erschließen ist. Die von der GK benannten „klassischen“ Auslegungsmethoden und weitere – heuristische, strukturalistische, künstlerische oder spielerische – Auslegungsverfahren können sich hierbei durchaus ergänzen, ähnlich wie ja eine historisch-kritische und eine „sozialgeschichtliche“ Exegese nicht als alternative Auslegungsverfahren, sondern als auf Kooperation angewiesene Zugangsweisen zu Texten unter unterschiedlichen Perspektiven und Zielsetzungen zu verstehen sind. Es muß nur festgehalten werden, daß Willkür und Beliebigkeit in der Textauslegung gerade dem entgegenstehen würden, was als das Ziel der Auslegung der für die Theologie relevanten Texte anzusehen ist, nämlich der geistigen und personalen Auseinandersetzung der Ausleger mit dem Wahrheitsanspruch ihrer Texte. Daß hierbei das klassische Instrumentarium besonders hinsichtlich der historischen Verwurzelung der Texte und ihrer sprachlichen Gestalt unverzichtbar bleiben wird, ist mit Nachdruck zu betonen. Man wird z. B. wohl über die Art der Vermittlung und der Überprüfung der Kenntnisse in den alten Sprachen während des Theologiestudiums reden können, nicht aber über einen teilweisen oder gar vollständigen Verzicht auf sie.

5. *Die biblische Exegese im Theologiestudium*

Weil alle auszulegenden theologischen und kirchlichen Texte sowie die während der Ausbildung und dann zunehmend im kirchlichen Dienst zu verfassenden eigenen Texte auf den biblischen Kanon als den Grundtext christlichen Glaubens zurückbezogen sind, hat das Studium der biblischen Fächer seine bleibende konstitutive Funktion in der theologischen Ausbildung. Die biblische Exegese und Theologie kann weder als reine Einführung in die Theologie, im Sinne einer Bereitstellung von Grundlagenwissen, noch als ein frei zu wählendes Konzentrat der Theologie insgesamt verstanden werden. Hier hat die geschichtlich entstandene Ausdifferenzierung der Theologie in ihre Disziplinen, besonders auch hinsichtlich der Aufteilung in eine alttestamentliche und eine neutestamentliche Disziplin, ihr Recht. So bedarf die Systematische Theologie bei ihrer Aufgabe, die Wahrheit und Gültigkeit des christlichen Glaubens und der kirchlichen Lehre zu artikulieren, durchgehend der Vorgaben, aber auch des Korrektivs der biblischen Theologie; diese jedoch kann sich nicht mit der Beschreibung der Abständigkeit oder „Fremdheit" biblischer Texte in ihrer damaligen Situation zufriedengeben, sondern sie hat neben der historischen Erforschung der biblischen Theologie bzw. Theologien stets auch deren Wirkungsgeschichte in der Geschichte der christlichen Theologie und kirchlichen Lehre zu reflektieren und somit die Frage nach den „Ursprüngen" auch unter dem Eindruck von deren Fortwirken und späterer Ausformung zu stellen.

Es ist unverkennbar, daß die christliche Theologie den kanonischen Zusammenhang des Alten Testaments mit dem Neuen bereits in der frühen Kirche in einer Weise bestimmt hat, der deutlich vom Schriftverständnis des (frühen) Judentums abwich, aber auch über das Schriftverständnis des Urchristentums notwendig hinausging. Der kanonische Zusammenhang beider Testamente erschloß theologische Verbindungen und Traditionslinien, die vom Urchristentum an erst allmählich herausgestellt wurden. Hier wird heutige biblische Theologie stärker als noch in reformatorischer und vorkritischer Zeit differenzieren müssen zwischen dem näherungsweise erfaßbaren „Eigensinn" alttestamentlicher Texte und ihrer theologischen Deutung bzw. Bedeutung vom Christusgeschehen her, und zwar nicht nur um der historischen Genauigkeit willen, sondern auch um des jüdischen Volkes willen.

Die für die theologische Ausbildung Zuständigen (Kirchen, Fakultäten und Hochschulen) sind dafür verantwortlich, daß der Stellenwert der biblischen Exegese den Studierenden deutlich vor Augen gestellt wird und in den Prüfungsordnungen entsprechend verankert bleibt, und sie müssen sich darauf verlassen können, daß die dem Studium folgenden Ausbildungsphasen eine Fortbildung und Vertiefung der im Studium erworbenen Kenntnisse und Fähigkeiten ermöglichen, auch wenn die Textauslegung und die biblische Theologie dann in anderen Zusammenhängen, Praxisbereichen und vermehrt unter dem Anspruch des Verfassens eigener Texte geschieht. Das bei der biblischen Textauslegung erworbene theologische und kritische Potential ist unverzichtbar für die Pfarrer und Pfarrerinnen der Kirche; es macht einen wesentlichen Teil ihrer theologischen Kompetenz aus und signalisiert darüber hinaus einen Grundbestand des in den Fakultäten und Hochschulen vorhandenen kritischen und produktiven Gegenübers zu den Kirchen und zur kirchlichen Tradition.

6. *An folgenden Punkten sollte eine grundsätzliche Klärung gesucht werden:*

a) Die Evangelische Theologie hat es mit „Texten" im weitesten Sinn zu tun, d. h. mit durch Texte vermittelter Erfahrung, Geschichts- und Wirklichkeitsdeutung. Durch die mit der Auslegung dieser Texte notwendig verbundene Frage nach ihrer Wahrheit bzw. Gültigkeit unterscheidet sich die Theologie aber beispielsweise von philologischen oder historischen Wissenschaften.

b) Die entsprechenden Fähigkeiten des methodisch ausgewiesenen und insofern ernsthaften Umgangs mit Texten müssen im Theologiestudium gründlich gelernt und ausgebildet werden. Das schließt die Bedeutung einer umfassenden Kommunikationsfähigkeit oder einer gewissen Urteilsfähigkeit in den sog. Humanwissenschaften nicht aus. Vielmehr werden solche Fähigkeiten – abgesehen von den Anforderungen des kirchlichen Dienstes – erforderlich, damit die einzelnen Studierenden ihr eigenes, erarbeitetes und gewachsenes Selbst- und Wirklichkeitsverständnis in ihren verantwortlichen und lebensbestimmenden Umgang mit den theologisch relevanten Texten einbringen können.

c) Als Ziel aller Auslegung von biblischen oder weiteren Texten ist die Arbeit an der wenigstens annähernd zu erreichenden Erschließung des in den Texten jeweils vorgegebenen „Eigensinnes" anzusehen. Es gibt keine Alleinherrschaft der historisch-kritischen Methoden, wohl aber auch keine andere Texterschließungsmethode, die sich nicht zumindest dem kritischen Vergleich mit der historisch-kritischen Textauslegung stellen müßte.

d) Das Gewicht der Arbeit an den biblischen Texten signalisiert im Theologiestudium die grundsätzliche Vorordnung des Alten und Neuen Testaments vor der Lehre und der Lebensgestaltung der Kirche. Im Zusammenhang damit bleiben die biblischen Sprachen im Studium unverzichtbar. Die exegetisch vermittelten Einsichten in die z. T. eigenständige und z. T. auch kontroverse Herausbildung einzelner biblischer

Positionen bewahrt die Theologie und die Kirche vor einem ungebildeten Biblizismus; die gleiche Einsicht stellt aber die Studierenden während des Studiums und alle Textausleger im kirchlichen Dienst vor die entscheidende Frage nach der Wahrheit und Gültigkeit der jeweiligen biblischen Aussagen. Damit wird die biblische Textauslegung zu einer in Wahrheit theologischen Angelegenheit, in welcher sich exegetische und systematische, aber auch geschichtliche und praktische Aspekte miteinander berühren. Insofern gilt auch von daher noch einmal, daß die Evangelische Theologie im Grunde eine Textwissenschaft eigener Art ist.

e) Entziehen sich die theologischen Disziplinen, besonders die exegetischen und die systematischen, im Bereich des Theologiestudiums der sachlich gebotenen Kooperation, so wird die Realisierung der geschilderten umfassenden Textauslegungsarbeit verhindert. Ebenso kommt diese Auslegungsarbeit zum Erliegen oder wird in ihrem Ansatz nivelliert, wenn nicht die dem Studium folgenden Ausbildungsphasen wie auch der kirchliche Dienst weiterhin von der Textauslegung in ihrer Vielschichtigkeit geprägt sind.

f) Ein spezielles Problem wirft die theologische Auslegung alttestamentlicher Texte auf, die fast durchgehend unter unterschiedlichen Aspekten gleichzeitig zu bedenken sind: alttestamentliche Texte in ihrem jeweiligen historischen Zusammenhang, alttestamentliche Texte als Teile der „heiligen Schriften“ Jesu und des Urchristentums, alttestamentliche Texte als Texte im biblischen Kanon, der auf das im Neuen Testament erfahrene und bezeugte Christusgeschehen zuläuft und hier theologisch seine Mitte findet. Die theologische Exegese alttestamentlicher Texte hat einer unhistorischen Verkürzung ihres „Eigensinnes“ entgegenzutreten, kann sich aber auch nicht von ihrer christusbezogenen Auslegung im Urchristentum und in der Kirche dispensieren.

4. Prof. Dr. Michael Beintker (Votum 4)
Der systematische Ansatz des Entwurfs der Gemischten Kommission

Die „Grundsätze“ orientieren sich (1) an dem maßgeblichen Ziel aller theologischen Ausbildung, (2) an der Frage nach dem für die

Erreichung dieses Ziels geeigneten Weg und (3) an der sowohl für das Ziel als auch für den Weg zu ihm elementaren Steuerungsgröße: der in den Kirchen der EKD geltenden Ordnung und Lehre, wobei die Frage nach den Formen mündiger Aneignung des Wahrheitsgehalts kirchlicher Lehre gegenüber der Explikation der Ordnungsfragen im Vordergrund steht. Die Trias von Ziel, Weg zu diesem Ziel und den (in der kirchlichen Lehre gesuchten) inhaltlichen Vorgaben für die Beschreitung des Weges und die Bestimmung des Ziels prägt die innere Systematik der „Grundsätze". Bei der Ausrichtung an dieser Trias verfahren die „Grundsätze" analog den Ausbildungsdokumenten anderer universitärer Fächer.

(1) Als ein maßgebliches Ziel aller theologischen Ausbildung fassen die „Grundsätze" die auftragsgemäße und professionelle Ausübung des Pfarramtes ins Auge. Gewiß ließen sich auch noch andere Ziele theologischer Ausbildung namhaft machen. Aber vernünftigerweise wird man eine Ausbildung immer auf *das* Berufsfeld zuschneiden, auf dem sich die bei weitem dominierende Mehrheit der Absolventen bewegen wird. Man kann dieses Berufsfeld empirisch beschreiben, indem man ein wünschenswertes Leitbild heutiger pastoraler Existenz in Kirche und Gesellschaft entwirft und an ihm die Aus- und Fortbildungserfordernisse ausrichtet. Die „Grundsätze" haben an dieser Stelle das „grundsätzlichere" Verfahren gewählt, indem sie von dem alle Empirie konstituierenden theologischen Profil des Pfarrerberufes ausgehen und das evangelische Verständnis des „ministerium verbi Divini" als invariante Zielperspektive der Ausbildung reklamieren. Sie stützen sich dabei auf die in den Gliedkirchen der EKD als unstrittiger Konsens geltenden Aussagen von CA V, VII und XIV und ihre Bekräftigung in der Leuenberger Konkordie.

Die Gemeinde Jesu Christi als allgemeine Priesterschaft der getauften Glaubenden braucht Menschen, die sich für die öffentliche Wortverkündigung in Predigt und Sakrament ausbilden und qualifizieren lassen und in Form einer ordentlichen Berufung für diesen Dienst autorisiert werden. Von ihnen darf erwartet werden, daß sie in Gottesdienst, Seelsorge und Unterweisung die frohe und befreiende Botschaft des Evangeliums bezeugen und die Menschen der alles verwandelnden Wirklichkeit des Gekreuzigten und Auferstandenen vergewissern. Man muß also kein dem Christsein in der Welt von heute unverträgliches „steiles" Amtsverständnis aus den „Grundsätzen“ schlußfolgern oder ihnen gar die Bindung an ein volkskirchliches Konzept unterstellen. Die das kirchliche Amt betreffenden Aussagen sind vielmehr Erinnerung an den elementaren Grundbestand evangelischer Ekklesiologie, vor dem sich auch jede empirisch angelegte Beschreibung von Pfarrer- oder Pfarrerinnenbildern bewähren können muß. Die Erwartung, das Amt solle auftragsgemäß und professionell geführt werden, besagt etwas ganz Selbstverständliches: Sie weist auf die spezifische Verantwortung hin, die die theologisch qualifizierten Glieder der Gemeinde mit ihrer Ordination übernehmen. Und sie mutet ihnen ein aufgabenspezifisches Können (Professionalität) bei der Ausübung ihres Berufes (ihrer Profession) zu.

(2) Eine notwendige Bedingung solcher Professionalität ist *theologische Kompetenz*. Der Weg der Ausbildung zur Erreichung des Berufsziels Pfarrer/Pfarrerin soll die Studierenden in eine Lern- und Bildungsgeschichte einbeziehen, die sich wesentlich durch den Gewinn theologischer Kompetenz auszeichnet. Ich muß an dieser Stelle sicherlich nicht die vielzitierten Grundaussagen des Entwurfs zum Begriff der theologischen Kompetenz wiederholen. Er ist in den Rückäußerungen zutreffend als „integrativer Mittelbegriff“, als „diejenige *Grundfähigkeit*“ charakterisiert worden, „die jederzeit und in allen Tätigkeitsbereichen des Pfarramtes verlangt ist“ (Diskussionsbericht, 22.23). Absolventen einer theologischen Ausbildung sollen in der Lage sein, ihre beruflichen Tätigkeiten auf der Basis theologischer „Kenntnisse, Einsichten und Fertigkeiten“ zu entwerfen, zu reflektieren, zu beurteilen, zu korrigieren und sie in eine erkennbare Beziehung zum Wort vom Kreuz als dem konstitutiven Zentrum kirchlicher Lehre zu setzen. Sie sollen theologisch so weit urteilsfähig geworden sein, daß sie begründet wissen, was sie tun bzw. was sie nicht tun können. Ja sie sollen diese Urteilsfähigkeit in ihrer individuellen Bildungsgeschichte – die die Suche nach ihrer Identität einschließt – so weit verinnerlicht haben, daß sich auch von einer „Habitualisierung“ ihrer theologischen Kompetenz reden läßt.

Die „Grundsätze“ haben den Begriff der theologischen Kompetenz sehr bewußt prinzipiell gehalten. Es war das erklärte Ziel, die invariante Struktur der Entwicklung theologischer Kompetenz und ihre Aufbauelemente ins Gesichtsfeld zu bekommen, damit dann um so begründeter über erforderliche Reformprojekte nachgedacht werden kann. Und es sollte zum Ausdruck kommen, daß theologische Kompetenz nicht in Konkurrenz zu den anderen, vielfältigen Kompetenzfeldern des Pfarrdienstes gedacht werden kann (z. B. pastorale, dialogische, hermeneutische, kybernetische, diakonische, spirituelle, ökumenische Kompetenz), sondern als deren tragende Achse zu verstehen ist. Hierbei werden sich auch Rückwirkungen von den unterschiedlichen Kompetenzfeldern auf die Ausprägung theologischer Kompetenz ergeben. Eine für die Führung des Amtes relevante Eignung ist jedoch ohne theologische Kompetenz nicht vorstellbar. Das Können an dieser entscheidenden Stelle ist von ausschlaggebendem Gewicht für alles pastorale Handeln.

(3) Möglicherweise ist der Begriff der theologischen Kompetenz deshalb so kontrovers diskutiert worden, weil er von der GK in engste Beziehung zu der in den Kirchen der EKD in Geltung stehenden Lehre und Ordnung gesetzt wurde. Aber hatte die GK eine andere Wahl, um die entscheidende Steuerungsgröße für den Aufbau theologischer Kompetenz namhaft zu machen? Theologische Kompetenz entwickelt sich jedenfalls nicht abseits von ihrem eigentlichen Bewährungsfeld, sondern bedarf der lebendigen Fühlungsnahme mit der in einer – hier: reformatorischen – Kirche geltenden Lehre, die die angehenden Pfarrerinnen und Pfarrer kennen, beurteilen können und eigenverantwortlich – d. h. in frei gewonnener Überzeugung – vertreten sollen. Die Kritiker der „Grundsätze" befürchten an dieser Stelle Indoktrination. Das mag zum einen an einem den „Grundsätzen" unterstellten formelhaften Lehrbegriff liegen, zum anderen daran, daß man zu schnell übersieht, daß sich die Studierenden die Einsicht in die „Vertrauenswürdigkeit und Zuverlässigkeit des Evangeliums" (Grundsätze, 7) gerade nicht anlernen sollen (was die „Einsicht" faktisch aufhebt), sondern daß sie diese Einsicht *selber* gewinnen sollen. Darf man der Wahrheit des Evangeliums noch zutrauen, daß sie den Menschen, die sich ernsthaft um sie bemühen, auch wirklichkeitserschließend vernehmbar wird?

Das Evangelium – der Text spricht auch zutreffend vom „Wort vom Kreuz" – als Botschaft von der Rechtfertigung des Gottlosen allein aus Gnade ist mit Sicherheit als der Kristallisationskern aller in den reformatorischen Kirchen in Geltung stehenden Lehre zu betrachten. Es wird nützlich sein, an die Weite des reformatorisch gefaßten Begriffes von Lehre zu erinnern: Doctrina evangelica zu sehen als ein komplexes Beziehungsgefüge von grundlegenden Äußerungen des christlichen Glaubens, die uns bei der Frage nach dem sich uns in Christus erschließenden Geheimnis Gottes auf die rechte Fährte setzen wollen, damit wir den sich unser erbarmenden Gott recht erkennen (und von falschen Göttern zu unterscheiden lernen) und in ihm unser Leben finden. Zitate aus den – wichtigen – Bekenntnisschriften allein tun's hier nicht, gewißlich aber „Kenntnisse, Einsichten und Fertigkeiten", die im Dialog zwischen reformatorisch geschulter Lesart der Wirklichkeit und den heutigen Realitäten gewonnen werden. Wer sich auf einen solchen Lernprozeß einläßt (der Begriff der Lehre impliziert den des Lernens) wird es auf keinen Fall als Zumutung zurückweisen, den Christen und Nichtchristen seines Wirkungsfeldes das Evangelium nahezubringen und ihnen verläßlich Auskunft darüber zu geben, weshalb er/sie Pfarrer/Pfarrerin einer evangelischen Kirche ist.

Bei den Rückäußerungen haben zwei wichtige Fragen eine herausragende Rolle gespielt, auf die ich noch kurz eingehen möchte.

a) Ergibt sich nicht aus der Orientierung an kirchlicher Lehre eine problematische Verlagerung der Aufmerksamkeit vom reformatorischen „Sola scriptura" als der norma normans auf die Lehrüberlieferung der Kirche? Antwort: Reformatorische Lehre setzt das „Sola scriptura" als Kriterium und Korrektiv ihrer selbst voraus. Das Hören und Lernen mit der Schrift wird von reformatorischer Lehre zwingend gefordert. So gehört es zur theologischen Kompetenz, „den Literalsinn des biblischen Offenbarungszeugnisses so klar zu beschreiben, daß dann die kirchliche Lehre auf ihre Evangeliumsgemäßheit hin überprüft werden kann" (Grundsätze, 31).
b) Favorisieren die „Grundsätze" nicht viel zu einseitig die Identifikation der Studierenden mit der in Geltung stehenden Lehre, so daß die *kritische* Funktion der Theologie für die Lehre der Kirche marginalisiert wird? Antwort: Die „Grundsätze" hatten auf dem Hintergrund der Konfusionen, die gegenwärtig gegenüber der Wahrheitsfrage zu beobachten sind, Anlaß genug, die Wahrheitsfähigkeit von Lehraussagen zu unterstreichen. Gleichwohl kann ja nicht behauptet werden, daß die in der Kirche in Geltung stehende Lehre so gepflegt wird, daß man in den faktischen Äußerungen der Kirche das Evangelium erkennt. Ebenso kann nicht gesagt werden, daß die Lehre der Kirche nicht entwicklungsfähig sei.

Kritik ist angebracht, aber gerade auch Kritik setzt Kenntnisse, Einsichten und Fertigkeiten voraus. In diesem Sinne impliziert theologische Kompetenz viel rascher die Kritik an der vorfindlichen kirchlichen Realität, als den skeptischen Betrachtern des Entwurfs wohl bewußt war.

Ich stelle an das Ende dieser Skizze ein Zitat, das aus einer Thesenreihe der Theologischen Kommission des Bundes der Evangelischen Kirchen in der früheren DDR stammt. Die Kommission diagnostizierte in Gemeinde und Kirche eine problematische „Theologieverdrossenheit". Sie verabschiedete im Juni 1988 eine Thesenreihe, in der es unter anderem heißt:

„Theologie im engeren Sinn ist das Bemühen, mit Hilfe wissenschaftlicher Methoden den christlichen Glauben darzustellen, verstehbar zu machen und gegenüber den jeweiligen Herausforderungen der Zeit zu bewähren. Dies erfordert bestimmte Fähigkeiten und eine entsprechende Ausbildung. Dazu gehört die Gabe, den Glauben anderen in Verkündigung und Lehre auszulegen ..., Nichtchristen Auskunft zu geben ... oder auch falsche und richtige Erkenntnisse voneinander zu unterscheiden ..."

(Die Gemeinde braucht die Theologie – zur Kritik der „Theologieverdrossenheit". Stellungnahme der Theologischen Kommission des Bundes der Evangelischen Kirchen in der DDR [1988], These 2.2).

Auch das darf als ein Plädoyer für theologische Kompetenz verstanden werden.

Zu folgenden Punkten sollte ein Konsens angestrebt werden:

1. Für die Gestaltung und Reform theologischer Ausbildung ist das künftige Berufsfeld der Absolventinnen und Absolventen entscheidend. Der Beruf des Pfarrers/der Pfarrerin in einer evangelischen Landeskirche kann als der Regelfall des künftigen beruflichen Einsatzes der Studierenden Evangelischer Theologie gelten, sofern sie nicht einen Lehramts- oder einen Magisterstudiengang gewählt haben. Anhand der berufsspezifischen Erfordernisse der künftigen Tätigkeit lassen sich unterschiedliche Berufsbilder entwickeln, die dem Wandel pastoraler Existenz in den komplexen Lebensbezügen der heutigen Gesellschaft Rechnung tragen. Von tragender Bedeutung bleibt jedoch immer das theologische Verständnis des Pfarrerberufs. Es fordert den evangelischen Begriff des

kirchlichen Amtes, dessen Rechte und Pflichten durch die Ordination übertragen werden.

2. Mit der Übertragung des Amtes verbinden sich bestimmte Erwartungen. Sie sind nicht beliebig. So ist der Auftrag der Kirche, der im Missionsbefehl des Auferstandenen wurzelt, vorgegeben. Auf der Linie der reformatorischen Bekenntnisse ist er dahingehend formuliert worden, „an Christi Statt und also im Dienst seines eigenen Wortes und Werkes durch Predigt und Sakrament die Botschaft von der freien Gnade Gottes auszurichten an alles Volk“ (Barmen VI). Die Frage, inwieweit die Kirche aus diesem und für diesen Auftrag lebt, darf nicht verstummen. Besonders von den Inhaberinnen und Inhabern des Pfarramtes kann erwartet werden, daß sie sich in der Verantwortung gegenüber dem Auftrag der Kirche wahrnehmen und in der Lage sind, ihre beruflichen Tätigkeiten auf dem Hintergrund des Auftrags der Kirche zu sehen und auszuüben.
3. Auftragsbeschreibung, -entfaltung, -prüfung und -praxis sind jeweils nicht nur interpretationsbedürftig, sondern auch interpretationsfähig. Kirchliche Lehre im Sinne des reformatorischen Verständnisses von „doctrina evangelica“ ist zu verstehen als geistiges und geistliches Orientierungsgefüge der Auftragsentfaltung und Auftragsvergewisserung, das uns im Bemühen um Wahrheits- und Evangeliumsgemäßheit unserer Auftragspraxis unterstützt und fördert.
4. Es ist zu unterscheiden zwischen der in den evangelischen Kirchen geltenden Lehre, wie sie vornehmlich ihren Niederschlag in bekenntnishaften Lehrdokumenten („Bekenntnisschriften“) gefunden hat, und dem Prozeß ihrer Aneignung im Spannungsfeld von Kritik und Einverständnis. Nach evangelischer Auffassung ist kirchliche Lehre nicht reduzierbar auf feststellbare und erlernbare Satzwahrheiten (die womöglich blind geglaubt werden müssen). Vielmehr kommt kirchliche Lehre erst dann zu ihrem Ziel, wenn die Einsicht in ihren Wahrheitsgehalt jeweils neu gewonnen worden ist und eigenverantwortlich vertreten werden kann. Eine entscheidende Aufgabe wissenschaftlicher Theologie besteht darin, den Wahrheitsgehalt kirchlicher Lehre argumentativ und überprüfbar sichtbar zu machen.
5. Die selbst gewonnene Einsicht in den Wahrheitsgehalt evan-

gelischer Lehre ist die Mindestbedingung für eine auftragsgerechte Ausübung des Pfarramtes. In Verkündigung, Unterricht und Seelsorge sollen Menschen den befreienden Zuspruch und Anspruch des Evangeliums erfahren, um von ihm her zu leben. Wer Menschen in ihrer Ansprechbarkeit auf das Evangelium fördern möchte, muß selber verstanden haben, was er glaubt, braucht eigene Klarheit, um in seinem Reden und Handeln Klarheit zu vermitteln, soll Gewißheit empfangen haben, damit er nicht andauernd Ungewißheiten produziert und den Wahrheitsgehalt des Evangeliums verstellt.

6. „Theologische Kompetenz" bezeichnet die basale Grundstruktur aller pastoralen Kompetenzen, folglich besteht in ihrer Entwicklung ein vorzügliches Ziel theologischer Ausbildung.

5. Stellungnahme der Konferenz der gliedkirchlichen Referentinnen und Referenten für Fortbildung.

Vorgetragen von Oberkirchenrat Peter Godzik

Grundsätze zur theologischen Fort- und Weiterbildung
Villigst, den 10. 12. 1991

1. Die Fortbildungsreferentenkonferenz der EKD (FRK) hat noch einmal die Situation im Bereich der theologischen Aus- und Fortbildung – Phasen 1–3 – überdacht.

2. Sie hat noch einmal die folgenden Dokumente gesichtet:
   2.1 Empfehlungen zur Reform der theologischen Ausbildung 1972
   2.2 Grundsätze für die Ausbildung und Fortbildung der Pfarrer und Pfarrerinnen der Gliedkirchen der EKD, Gemischte Kommission, 1988
   2.3 Stellungnahme der FRK zu diesen Grundsätzen, April 1989
   2.4 Diskussionspapier zur V. Würzburger Konsultation über Personalplanung in der EKD, 1989

3. Die FRK geht davon aus, daß sich die Situation in der Kirche erheblich verändert hat. Aus der traditionsgeleiteten gewachsenen Lebensgemeinschaft ist eine offene *Lerngemeinschaft* geworden. Es kann daher nicht mehr nur um Bestätigung und Vergewisserung des christlichen Selbstverständnisses gehen, sondern es

muß auch um immer neues Fragen, um wiederholte Auseinandersetzungen, immer neue Begegnungen und insofern dann auch um gemeinsames Gestalten gehen.

4. Aufgrund dieser veränderten Situation hält die FRK im Blick auf die Fortbildung von Pfarrerinnen und Pfarrern die folgenden Punkte für wesentlich:
Grundsätzlich gehen wir davon aus, daß Fortbildung immer auf die Personen von Pfarrerinnen und Pfarrern, auf die konkreten Handlungsfelder (d. h. auch auf die in ihnen begegnenden anderen Mitarbeiterinnen und Mitarbeiter) und auf die personellen Erfordernisse der Kirche bezogen ist.
Ebenso gehen wir grundsätzlich davon aus, daß alle Dimensionen der Aus- und Fortbildung vorschauend und rückblickend (also epigenetisch) aufeinander bezogen und auf einer existentiellen Ebene integriert sind.
Wir knüpfen an die im Würzburger Papier genannten drei Dimensionen theologische Kompetenz, missionarische Kompetenz und kybernetische Kompetenz an und erweitern sie zu folgendem Schema:

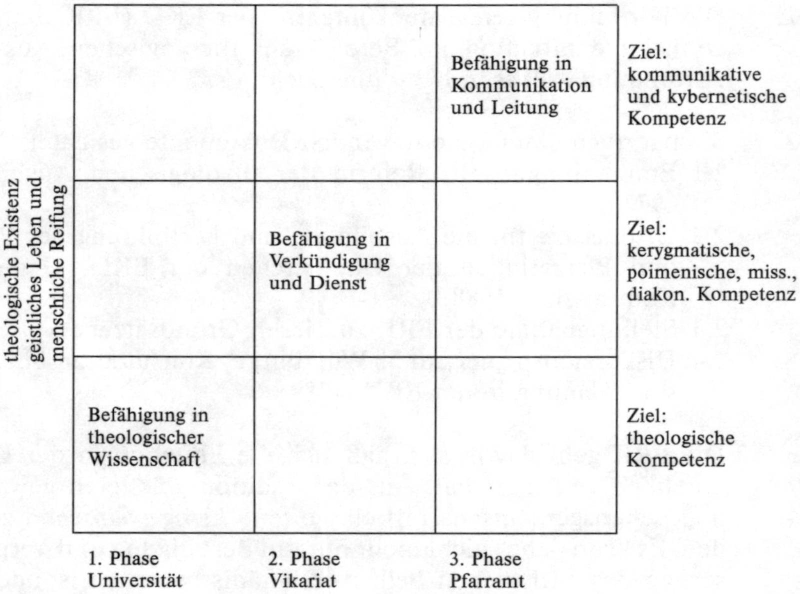

- Phase 1 der theologischen Ausbildung: Den Schwerpunkt bildet die Befähigung in theologischer Wissenschaft. Das Ziel ist der Erwerb theologischer Kompetenz.
  Die beiden anderen Kompetenzen sind von dort aus gesehen Ergänzungen und Erweiterungen und machen die Dynamik der künftigen beruflichen Entwicklung sichtbar.
- Phase 2 (Predigerseminar): Den Schwerpunkt bildet die Befähigung in Verkündigung und Dienst. Das Ziel ist der Erwerb kerygmatischer, poimenischer, missionarischer und diakonischer Kompetenz.
  Von dort aus gesehen ist die theologische Kompetenz die Grundlage, die kybernetische Kompetenz ein Ausblick auf die zu erwartenden Berufsanforderungen.
- Phase 3 (theologische Fort- und Weiterbildung): Den Schwerpunkt bildet die Befähigung in Kommunikation und Leitung. Das Ziel ist der Erwerb kommunikativer und kybernetischer Kompetenz.
  Von dort aus gesehen sind die theologische Kompetenz und die kerygmatisch-poimenische und missionarisch-diakonische Kompetenz Grundlagen, auf die ein ständiger Bezug erfolgen muß.

Die theologische Existenz wird von allen drei Ebenen bestimmt. Die Integration der drei Schwerpunkte ermöglicht lebensgeschichtlich akzentuiert geistliches Leben und menschliche Reifung.

5. Die theologische Existenz, die alle drei Dimensionen integriert, wird von Phase 1 über Phase 2 zu Phase 3 hin immer umfassender.
   Die Phase 3 ist noch entschiedener von den Strukturen, Bedingungen und Einflüssen der gesamtgesellschaftlichen Umgebung bestimmt als die Phasen 1 und 2. Zudem ist sie ein lebenslang dauernder Prozeß.

6. Die Berufspraxis erfordert eine ständige Überprüfung erworbener Kompetenzen, die sich einerseits als tragfähig erweisen müssen, andererseits aber auch einander durchdringen müssen, um zu neuen Ansätzen und Aufbrüchen kommen zu können.

7. Das Lernen ist an der persönlichen Lebensgeschichte ebenso

orientiert wie an den Entwicklungen in Kirche und Gesellschaft. So legt sich etwa folgende Angebotsstruktur nahe:

- erste Reflexion beruflicher Erfahrungen und Erwerb kybernetischer Fähigkeiten;
- Neuorientierung im Berufsfeld, Schwerpunktverlagerung oder Spezialisierung mit der Inanspruchnahme beruflicher Beratung;
- Angebote zur Motivation und zur Konzentration, Hilfen zum Wahrnehmen von Grenzen.

Selbstverständlich setzt die lebensgeschichtliche Orientierung einen hohen Grad an Selbstbestimmung von Pfarrerinnen und Pfarrern voraus – eine Selbstbestimmung, die die Anbieter von Fortbildungsveranstaltungen zu respektieren haben.

8. Möglicherweise wird es zu Konflikten zwischen den Fortbildungsinteressen einzelner und den personellen Erfordernissen der Kirchen kommen. Es ist nötig, diese Interessen transparent zu machen und auf dem Weg eines beruflichen Beratungsprozesses zur Geltung zu bringen.

9. Die Vielfalt gesellschaftlicher Gegebenheiten und der auf sie bezogenen kirchlichen Handlungsfelder macht die Zusammenarbeit mit Aus- und Fortbildern anderer kirchlicher Mitarbeiterinnen und Mitarbeiter und die Aufnahme humanwissenschaftlich konzipierter Fortbildungsangebote notwendig.

6. Stellungnahme der Interessensvertretung der Vikarinnen und Vikare in der Evangelischen Kirche in Deutschland (IVEKD). Vorgetragen von Vikar Bernd Nielsen

Sehr geehrte Damen und Herren!
Ich möchte in das Zentrum meines Votums keine weitere Exegese des GK-Papiers stellen, sondern ich möchte aus der Sicht der Vikarinnen und Vikare, aus der Perspektive ihrer *Erfahrungen* und *Bedürfnisse*, auf die hier vorgetragenen Voten antworten. Ich spreche zunächst als Person zu ihnen, die zur Zeit Praxiserfahrungen mit dem Vikariat macht und versucht, diese Erfahrungen mit dem Diskussionsprozeß in dieser Konferenz zusammenzubringen. Zum zweiten bemühe ich mich, dem Auftrag als Delegierter

der IVEKD gerecht zu werden, die sich seit ihrer Konstituierung im Jahre 1974 immer wieder mit Fragen der VikarInnenausbildung und der Identitätsentwicklung im Erfahrungsfeld des Vorbereitungsdienstes befaßt. Diese Arbeit ist sehr diskontinuierlich, das ist in der Hauptsache der Grund, weshalb ich zunächst beobachtend an der Beratungskonferenz teilgenommen habe. Die IVEKD hat schon im November 1991 versucht, das GK-Papier eingehend zu diskutieren, doch scheiterte dies mehrheitlich an emotionalen Widerständen (was vielleicht symptomatisch ist für die verschiedenen Ebenen, auf denen ein Text wirkt).
Nur eine Bemerkung zur Sprache des GK-Papieres. Insbesondere der erste Teil, der die Gesamtkonzeption vorstellt mit ihrem Zentralbegriff der „theologischen Kompetenz“, spricht für mein Gefühl eine *eher menschenferne* Sprache, die aufgrund ihrer Eigenart zu Mißverständnissen und einseitigen Verständnisweisen führen kann und Raum gibt für Ängste und Projektionen (Beispiele: „Habitualisierung“, „Aneignung des Wahrheitsgehaltes des Bekenntnisses“, „Erhebung des Eigensinnes von Texten“). Insbesondere entsteht dabei der Eindruck einer unlebendigen Festschreibung einer ersehnten „Einheit“ von theologischer Kompetenz, die es so in der Wirklichkeit nicht gibt. Gerade unter dem Aspekt einer Theologia Crucis sollte deutlich sein, daß Identitätsbildung nicht geradlinig und ohne Brüche geschieht.
Zum anderen ist in einer solchen Sprachweise eine mögliche Wirkungsgeschichte mitgesetzt, die zur Gesetzlichkeit und Unlebendigkeit im Ausbildungsgeschehen führen kann, wo doch Ausbildung evangelische Freiheit eröffnen und zum Erblühen des Lebens in seiner Vielfalt in der Kirche beitragen sollte!
Ich möchte nun im folgenden direkt von den Erfahrungen und Bedürfnissen der VikarInnen ausgehen, wie sie sich gegenwärtig im *Diskussionsprozeß innerhalb der IVEKD* artikulieren. Im Hinblick auf das GK-Papier möchte ich sagen, daß in seinem speziellen Teil eine wünschenswerte Vikarsausbildung formal hinreichend beschrieben ist. Dies gilt vor allem für die Ausbildungskonzeption eines *exemplarischen Lernens*, das sich vollzieht im Dreischritt von „Planung, Durchführung und Auswertung“ eines jeweils spezifischen Handelns in einem ausgewählten Praxisfeld. Was das Studium nicht leisten kann und soll, hat hier seine Zeit und seinen Freiraum. Im Frei- und Erfahrungsraum von exemplarischem Lernen wird es m. E. erst möglich, das *identitive* Gefühl

zu erleben, einen Praxisbereich wirklich durch die Umsetzung von Theorie und durch die Reflexion von Praxis *persönlich* erschlossen und professionalisiert zu haben. Darin geschieht Identitätsbildung über bloße Identifikation (mit dem PastorInnenberuf) hinaus, und darin wird *pastorale Identität* wirklich begründet.

Um diesen Raum des identitiven und persönlichen Lernens offenzuhalten, ist es (erfahrungsgemäß) wichtig, die VikarInnen vor zu eiligen Arbeitsanforderungen der VikariatsleiterInnen zu schützen und den VikariatsleiterInnen die Ausbildungskonzeption *verbindlich* zu vermitteln. Praxisfeld um Praxisfeld kann dann, auf organische Weise, pastorale Professionalität wachsen und sich erproben, bis hin zur Vollanforderung im Rahmen von sinnvoll bemessenen Urlaubsvertretungen. Das von Herrn Godzik vorgestellte epigenetische Modell beschreibt für mein Gefühl auf wirklichkeitsgerechte Weise diesen wünschenswerten Prozeß theologisch-pastoraler Identitätsbildung. *Kybernetische* Kompetenz in engen Bezug zu *kommunikativer* Kompetenz zu setzen und erst für die *dritte* Ausbildungsphase im Vollsinn zu erwarten, ermöglicht eben für die *zweite* Ausbildungsphase das *exemplarische Lernen* und die *Vikarszentriertheit* dieses Erfahrungsprozesses und entspricht einer Konzeption von Gemeindeaufbau und Gemeindeleitung, die nicht mehr um die pastorenzentrierte Kerngemeinde kreist, sondern geeignet ist, auch bislang Kirchenferne in die Gemeinde Christi einzuladen. *Kommunikative* bzw. *dialogische* Kompetenz muß dabei natürlich ihre Grundlegung in der Studiumsphase erfahren!

In einer *demokratischen* Auffassung von Gemeindeaufbau und -leitung, liegt eine große Chance für die Volkskirche als *Volks*kirche, und das Ausbildungsgeschehen hat dieser Perspektive zu entsprechen! Somit ist es ebenso einleuchtend und ein großes Desiderat, die von Herrn Godzik beschriebene *diakonische* Kompetenz zu stärken und die in manchen Landeskirchen vorherrschende Auffassung von Gemeindepädagogik, die zu sehr von kognitiven Lernzielen geprägt ist, zu überdenken. Gemeindepädagogik sollte im Ideal als Pädagogik *der* Gemeinde (als dem *handelnden Subjekt* dieser Pädagogik) bestimmt sein und *sozialpädagogisches* und *diakonisches* Handeln miteinbegreifen. Um im Vikariat darauf vorzubereiten, sollte über die Praktika in den Diensten und Werken hinaus auch ein Zusammenarbeiten mit

säkularen sozialen Einrichtungen angestrebt werden. Um die Ausbildung einer *erwachsenen* pastoralen Identität im Vikariat zu gewährleisten, muß für eine angemessene Finanzierung Sorge getragen werden (Wohnungsmarkt!), hier liegt in manchen Landeskirchen vieles im argen; die IVEKD hat dazu eine *Finanz-Synopse* erarbeitet.
Weitere Wünsche gelten der *Mitbestimmung* der VikarInnen bei der Erstellung der Ausbildungscurricula und der Möglichkeit zu *selbstorganisiertem* Lernen. Den Hintergrund hierfür bildet die Tatsache, daß die Lebens- und die Lerngeschichte der VikarInnen inzwischen von *großer Vielfalt* geprägt sind. Es geht auch hier essentiell um Identitätsbildung, weil wir in unserem *tatsächlichen* Menschsein wahrgenommen werden wollen, um *authentisch* in unser PastorInnensein hineinzuwachsen. In Frage steht dabei nicht, fast überflüssig zu betonen, die Bekenntnisbezogenheit unseres Handelns!

7. Problemanzeigen aus der Arbeit der Nord-Konferenz

Die Gemischte Kommission hat den Auftrag übernommen, den Gesamtplan 1978 unter dem Gesichtspunkt der wesentlichen Inhalte der Pfarrer/innen-Ausbildung zu überarbeiten. Diese wesentlichen Inhalte können nicht dekretiert, sondern nur im Dialog gefunden werden. In diesem Bewußtsein hat die Kommission als ersten Schritt ihrer Arbeit die Eröffnung der Diskussion durch die Erarbeitung und die Veröffentlichung der Diskussionsvorlage „Grundsätze für die Ausbildung und Fortbildung der Pfarrer und Pfarrerinnen der Gliedkirchen der EKD“ gewählt. Der zweite Schritt war folgerichtig die inhaltliche Auswertung des Rücklaufs auf diese Vorlage. Der dritte und vorläufig abschließende Schritt sollte darin bestehen, das in dieser Diskussion gewachsene gemeinsame Problembewußtsein durch zwei Konferenzen zwischen Vertretern der beteiligten Institutionen zu fixieren.

1. *In der Abfolge der Diskussion wurden folgende Hauptgesichtspunkte benannt:*

1.1 *„Der Zusammenhang der Ausbildung“ (Votum 1, Kampermann)*

a) Sollte das Studium als „wissenschaftliche Vorbildung“ vom Vorbereitungsdienst als „Ausbildung“ unterschieden werden?
b) In welchem Sinne sind die Bausteine theologischer Kompetenz „invariant“ und in welchem nicht?
c) Müßte man nicht den „dialogischen Vollzug des Studiums“ deutlicher in die Beschreibung aufnehmen (Bildung von Identität durch Begegnung)?
d) Welche Rolle spielt die Praxis im Studium?
e) Empfiehlt es sich, den Begriff „Kompetenz“ durch „Bildung“ zu ersetzen?
f) Sollte man mittel- und langfristig dem Rechnung tragen, daß in die Ausbildungsaufgaben der Fakultäten – abgesehen von den zentralen Aufgaben der Pfarrer- und Lehrerausbildung – weitere Ausbildungsaufgaben aufgenommen werden?
g) Kommen Ort und Aufgabe der Praktischen Theologie in den „Grundsätzen“ angemessen zur Geltung?
h) Wie bestimmt sich der Begriff der „theologisch-pastoralen Kompetenz“ im Verhältnis zur „theologischen Kompetenz“?

1.2 *Stellungnahme der Vertreterinnen des VeTh/KThF (Votum 2)*

a) Müßte die Kommission nicht weiterhin zwei Punkte berücksichtigen:
(1) Veränderung der Situation der Studierenden,
(2) künftige Herausforderung für die Kirche?
b) Kann – bzw. inwiefern kann – die „Aneignung von Vorgaben“ grundlegend für identitätsbildende Lernprozesse sein?
c) Ist der Ansatz bei „Kirche – Amt – Ordination“ konfessionell enggeführt (Ausfall der reformierten Tradition)?
d) Welche Sprache ist für die Beschreibung von Grundsätzen der theologischen Aus- und Fortbildung angemessen?
e) Hat der Kompetenzbegriff technizistische Implikationen, die seine Verwendung verbieten?
f) Kann man das Selbstverständnis „Theologie als kritische Funktion der Kirche“ aufgeben, ohne der Ideologisierbarkeit theologischer Wissenschaft Vorschub zu leisten?
g) Kann man die Kompetenz und die Selbständigkeit des Gewissens von einzelnen vernachlässigen, ohne die kirchliche Gemeinschaft zu schwächen?
h) Wie bedingen sich „theologische Kompetenz“ und „theologische Existenz“ gegenseitig?

i) Welche methodischen Konsequenzen für die Textauslegung ergeben sich, wenn der „Anspruch des Wortes Gottes“ ernst genommen und festgehalten werden soll?

1.3. *„Texte und Textauslegung in der theologischen Ausbildung“ (Votum 3, Balz)*

a) Muß die Auslegung einen Eigensinn des Textes voraussetzen?
b) Ist die Voraussetzung eines Eigensinns des Textes konstitutiv für das reformatorische Verständnis von Textauslegung?
c) In welchem Sinne ist Textexegese Sinnproduktion?
d) Welche Wahrheitsbegriffe werden in der neueren Hermeneutikdiskussion und in den „Grundsätzen“ verwendet?
e) Wie verhält sich die juristische Hermeneutik zur theologischen?
f) Ist der Eigensinn von Texten exegetisch erschöpfbar?
g) Wie lassen sich die Anerkennung eines Pluralismus von Interpretationen und die Vermeidung von Beliebigkeit vereinen?
h) Führen rezeptionsästhetische Methoden zur Beliebigkeit oder nicht?
i) Bejahen die „Grundsätze“ eine „objektive Hermeneutik“?

1.4 *Stellungnahme der gliedkirchlichen Referentinnen und Referenten für Fortbildung (Einbringung Godzik)*

a) Muß nicht „theologische Kompetenz“ als Kompetenz der ersten Phase von Kompetenz der anderen Phasen unterschieden werden?
b) Ist in den „Grundsätzen“ die Selbständigkeit und Vielfalt der Fortbildungsphase gewahrt?
c) Müssen die Fortbildungsprogramme nicht Angebote der beruflichen Beratung und der biographischen Orientierung enthalten?
d) Subsumieren die „Grundsätze“ de facto „theologische Existenz“ unter „theologische Kompetenz“?
e) Muß das gemeinsame Lernen auf den verschiedenen Handlungsfeldern der Kirche verstärkt wahrgenommen werden?

1.5 *„Der systematische Ansatz des Entwurfs der Gemischten Kommission“ (Votum 4, Beintker)*

a) Läßt sich die komplexe Wirklichkeit des Pfarramts und der

Ausbildung zu ihm überhaupt als einheitlicher Zusammenhang begreifen? Ist der Begriff „Theologische Kompetenz“ als Integrationsbegriff und Steuerungsperspektive untauglich, weil er „technizistisch“ ist und/oder weil er die erforderlichen Differenzierungen für die Erfassung sehr unterschiedlicher Bildungsvorgänge ausschließt (also reduktionistisch ist)?

b) Ist eine Gestaltung und Reform theologischer Ausbildung vom Amt her und bezogen auf die Berufsfeldspezifik „Pfarramt“ (Professionalität) sachgemäß?

c) Wie ist für den Begriff der „kirchlichen Lehre“ die Prozeßhaftigkeit der Lehrbildung so herauszuarbeiten, daß das Mißverständnis vermieden werden kann, kirchliche Lehre sei etwas statisch Vorgegebenes?

d) Wie kann die Verbindlichkeit der Frage nach der Wahrheit festgehalten werden, ohne daß ihre endgültige und eindeutige Beantwortbarkeit unterstellt werden muß (Streit um den Wahrheitsbegriff / Perspektivität jeden Wahrheitsbewußtseins / Konkurrenz der Wahrheitsansprüche)? In welchem Sinne ist „Gewißheit“ die notwendige Bedingung für die Erhebung und kritische Überprüfung von Wahrheitsansprüchen und insofern auch für die Ausübung des Pfarramts?

e) Wie kann die Relevanz der kirchlichen Lehre bereits im Studium so aufgenommen und expliziert werden, daß sie nicht als Eingriff der Kirchen in die I. Ausbildungsphase und die Freiheit des Studiums mißdeutet werden kann?

f) In welcher Weise lassen sich die innerhalb der Gemeinschaft der Leuenberger Konkordie vorhandenen unterschiedlichen Auffassungen von kirchlichem Amt so aufnehmen und miteinander verbinden, daß eine gemeinsame Rede von „kirchlichem Amt“ und ein gemeinsamer Bezug darauf gerechtfertigt bleiben und gleichzeitig die Bedeutung der Gemeinde für alle Ausbildungsphasen nicht übersehen werden kann?

g) Wie ist mit dem Faktum der Steuerungsfunktion der kirchlichen Prüfungsordnungen für Inhalt und Schwerpunktsetzungen des wissenschaftlichen Studiums umzugehen?

2. *Diese Gesichtspunkte lassen sich in folgenden Schwerpunktthemen zusammenfassen:*

2.1 Wie muß über Fragen der Ausbildung hinaus das Verhältnis von Fakultäten und Kirche begriffen werden?

2.2 Klärungsbedürftig für die Darstellung der Konstitutiva des Studiums sind folgende Punkte:
a) Berücksichtigung des dialogischen Vollzugs des Studiums,
b) Beschreibung des Vorgangs einer lebendigen Aneignung der Tradition,
c) Beschreibung der Rolle von persönlicher Erfahrung und Spiritualität,
d) Klärung des Verhältnisses von „theologischer Kompetenz" und „theologischer Existenz",
e) Berücksichtigung eines reziproken Theorie-Praxis-Verhältnisses.

2.3 Der Wahrheitsbegriff in der hermeneutischen Diskussion ist zu klären. Dies schließt die Klärung der Rede vom „Eigensinn von Texten" ein, ebenso die Entwicklung von Kriterien für die Unterscheidung eines legitimen Pluralismus exegetischer Methoden von methodischer Beliebigkeit.

2.4 Wie müßte das Zusammenspiel der theologischen Fächer – über die Beschreibung des historischen Zusammenhangs hinaus – begriffen werden?

2.5 Wie läßt sich eine konfessionelle Engführung vermeiden?

2.6 Wie können Eigenart und Besonderheit der jeweiligen Ausbildungs- bzw. Fortbildungsphase so beschrieben werden, daß ein je eigener Lern- und Erfahrungsraum deutlich wird?

B. Süd-Konferenz Frankfurt/Main (23.–24. Oktober 1992)

1. Oberkirchenrat Horst Birkhölzer (Votum 1 b) Der Zusammenhang von Ausbildung und Berufsausübung der Pfarrerinnen und Pfarrer

Vorbemerkung:

Ich rechne damit, daß Ihnen das Votum von Oberlandeskirchenrat Kampermann zugegangen ist und daß Sie es lesen konnten. Deshalb wiederhole ich das dort Gesagte nicht. Soweit ich sehen kann, teilen die Ausbildungsreferenten ebenso wie ich seine Beschreibung und seine Bewertung der Ausbildungsvollzüge.

1. *Das innere Ziel der Ausbildung:*

Die breite Zustimmung zu den „Grundsätzen“, die die Gemischte Kommission erarbeitet hat durch die Ausbildungsreferenten und die Landeskirchen ist zugleich eine Einverständniserklärung mit dem Ist-Stand der Pfarrersausbildung von seiten derer, die sie in der Kirche verantworten. Diese Zustimmung ist keineswegs selbstverständlich. Ich fürchte, die Kritiker an den „Grundsätzen“ aus den Reihen der Theologischen Fakultäten übersehen dies allzu leichthin. Die Landeskirchen als diejenigen, die Theologinnen und Theologen zum weit überwiegenden Prozentsatz später als Pfarrerinnen und Pfarrer anstellen und beschäftigen, könnten ja auch zu den massivsten Kritikern des jetzigen Ausbildungssystems in unserem Lande gehören. Die Aufteilung der Ausbildung in das akademische Studium an von der Kirche unabhängigen staatlichen Fakultäten und in das kirchliche Lehrvikariat zusammen mit kirchlichen Weiterbildungs- und Fortbildungsangeboten ist ökumenisch ein Unikat Mitteleuropas. Unter anderem bedeutet dieses System einen beträchtlichen Mehraufwand an Mitteln und an Zeit. Ohne die besondere staatskirchenrechtliche Situation in unserem Land wäre das Ganze überhaupt nicht zu denken und schon gar nicht zu verantworten. Wenn trotz dieser Lage, die ja ein ziemlich labiles Gleichgewicht in unserer Gesellschaft darstellt und deshalb gefährdet ist – man macht sich das meistens ja nicht klar –, die in der Kirche für die Ausbildung Verantwortlichen an diesem Miteinander von Fakultäten und Kirchen entschieden festhalten wollen, dann kann das doch nur darin seinen

Grund haben, daß sie etwas Besonderes, Wertvolles und Wichtiges als Ergebnis von solchen Ausbildungsvollzügen erwarten. Und in der Tat – das tun wir auch. Das Wertvolle und Wichtige, was wir erwarten und was sich nach unserer Beobachtung auch immer wieder einstellt – man kann freilich darüber diskutieren, ob oft genug – dieses Wertvolle ist die Fähigkeit zur freiwilligen Bindung an den Auftrag Jesu Christi, den die Kirche auszurichten hat. Freiwillig kann solche Bindung nur geschehen, wenn man weiß, woran man sich bindet, und wenn man in einer kritischen Auseinandersetzung eine innere Unabhängigkeit gewonnen hat, die dann auch fähig macht zu Kooperation und Konsens.

2. *Die Theologische Kompetenz und die Kritik am Papier:*
Die „Grundsätze" nennen die von mir oben angesprochene komplexe Fähigkeit zur freiwilligen Bindung an den Auftrag „theologische Kompetenz". So wie diese in den „Grundsätzen" näher bestimmt wird, soll sie uns recht sein, wenn sie nur auch wirklich erreicht wird. Das steht dann freilich auf einem anderen Blatt. Die vielfältige Kritik an den „Grundsätzen" trifft sicherlich darin zu, daß die notwendige Konzentration zwangsläufig dazu führen mußte, daß auch Wichtiges nicht erwähnt wurde. So fordert gewiß die augenblickliche Situation der Studierenden unsere ganze Aufmerksamkeit. Ich habe den Eindruck, daß mangelnde Wahrnehmung und Gedankenlosigkeit dieser Situation gegenüber schwerwiegende Folgen haben wird in unserer ganzen Gesellschaft. Das trifft freilich nicht nur, nicht einmal vor allem für die Theologen zu, aber für sie eben auch. Diese Tatsache ändert aber nun nichts daran, daß es erlaubt sein muß, über Ausbildungsgrundsätze nachzudenken, ohne alle Aspekte der gegenwärtigen Studiensituation zu bedenken. Kritik in diesem Rahmen trifft m. E. also nicht. Dort aber, wo dem Papier unterstellt wird, es sei als eine Art Reglementierungsinstrument der Kirchen gedacht, da allerdings muß entschieden von seiten der Ausbildungsreferenten widersprochen werden. Wir sind als Ausbildungsreferenten an der Ausbildung von Pfarrerinnen und Pfarrern interessiert – was auch sonst. Die Ordination zum Amt der Kirche folgt dieser Ausbildung, und es ist auch Tatsache, daß Kirchen, die sich in Verfassungen und Gesetzen eine Ordnung gegeben haben, ordinieren. Von ihrem rechtlichen Status her sind Pfarrerinnen und Pfarrer keine freischaffenden Künstler. Sie werden in ihrer

Berufsausübung auch Abhängigkeiten zu spüren bekommen. Aber all das bedeutet doch nicht, daß der Beruf des Pfarrers ausgeübt werden könnte ohne eine innere Unabhängig- und Eigenständigkeit, die nach unserer Überzeugung immer noch am besten in einem akademischen Studium gefördert werden kann. Bezogen auf die Person und ihre Bildung besteht Unabhängigkeit und Freiheit doch nicht im Fehlen von Vorgaben und Beschränkungen, sondern darin, daß man einen eigenständigen Umgang damit lernt. Bezogen auf den Beruf des Pfarrers besteht Unabhängigkeit nicht darin, daß einer da machen kann, was er will, sondern wie er die ihm übertragenen Aufgaben ausführt. Das Ja zur Freiheit des Studiums muß den Ausbildungsreferenten bis jetzt jedenfalls noch nicht abgetrotzt werden; es kommt aus Einsicht. Es gibt genug innerkirchliche Kritiker, die den Ausbildungsreferenten dieses Bekenntnis zum wissenschaftlichen Studium verübeln; trotzdem stehen wir aus Überzeugung dazu.

3. *Die anderen Ausbildungsvollzüge:*

Es hat sich aber nun herausgestellt, daß für die Berufsaufgaben der Pfarrerinnen und Pfarrer das Theologiestudium allein nicht mehr genügt. Aus dieser Einsicht heraus haben sich der kirchliche Vorbereitungsdienst ebenso wie die verschiedenen Formen der Fort- und Weiterbildung entwickelt. Dabei kann niemand behaupten, daß sich diese Entwicklungen einheitlichen Ausbildungskonzepten verdankten. Erst im nachhinein wurde versucht, inneren Zusammenhängen und dem Aufbau dieser Ausbildungsvollzüge nachzuspüren. Das geschah ausführlich in der Arbeit am Ausbildungsgesamtplan und eben auch an den „Grundsätzen". Da bei der Entwicklung der einzelnen Ausbildungsgänge vernünftige Menschen am Werke waren, ist es nicht verwunderlich, daß sich eine gewisse Logik des Aufbaus und des Zusammenwirkens der einzelnen Vollzüge herausgestellt hat. Es ist gut, daß die „Grundsätze" dabei deutlich machen, daß die Ausbildung von Pfarrerinnen und Pfarrern auch didaktischen Kriterien genügt, insofern sie zeigt, daß Lernvollzüge sich wechselseitig bedingen und aufeinander aufbauen. Das besondere Verdienst der „Grundsätze" ist aber, daß sie mit dem Begriff der theologischen Kompetenz deutlich machen, daß sich Studium und Vorbereitungsdienst nicht einfach wie Theorie und Anwendung zueinander verhalten. Vielmehr weist dieser Begriff auf eine in beiden Ausbildungsphasen und auch in der Fortbildung vorhandenen Spannung hin, nämlich die Spannung – hier nehme ich Kampermann auf – zwischen persönlicher theologischer Existenz und dem Erwerb von Kenntnissen und Fähigkeiten, die zur Ausübung des Pfarrerdienstes erforderlich sind. Grundsätzlich also auch nach aller Kritik Zustimmung zu den „Grundsätzen". Die Ziele stimmen. Es fragt sich nur, in welchem Umfang sie erreicht werden.

2. Stellungnahme der Vertreterinnen des Verbandes evangelischer TheologiestudentInnen/Konferenz evangelischer Fachschaften (Votum 2)

Einleitung

Die GK I hatte 1984 den Auftrag bekommen, den heute noch gültigen Ausbildungsgesamtplan zu überarbeiten; sie sollte dabei insbesondere *„die bisher ausgeklammerten, aber inzwischen neu aufgekommenen Fragen nach den inhaltlichen Bestimmungen theologischer Kompetenz aufnehmen, die inzwischen deutlich veränderte Situation der Studierenden bedenken und die sich abzeichnenden künftigen Herausforderungen für die Kirche beachten"* (Beschluß des Fakultätentages von 1984; zitiert nach „Grundsätze . . .", S. 2). Wir müssen leider feststellen, daß die GK I in ihren 1988 vorgelegten „Grundsätzen . . ." zumindest auf die beiden letzten Punkte nicht eingangen ist, ihrem Auftrag also nicht gerecht geworden ist: Es war nicht ihr Auftrag, eine neue systematische Begründung der Einheit der drei Phasen der theologischen Ausbildung zu liefern und damit wesentliche Argumentationszusammenhänge des Ausbildungsgesamtplanes fundamental zu verändern.

Wir halten es aber dennoch für sinnvoll, uns an dem begonnenen Gespräch zu beteiligen, da die „Grundsätze . . ." die seit langem erste breitere Diskussion von Fragen der Konzeption des Theologiestudiums ausgelöst haben. Es ist begrüßenswert, daß mit dieser Konferenz – wie auch schon mit der, die in Hannover stattgefunden hat – ein Rahmen gegeben ist, in dem ein direkter Austausch über die unterschiedlichen Positionen stattfinden könnte. Es ist zu hoffen, daß diese Konferenz endlich auch die GK I dazu bewegt, die von verschiedenster Seite geäußerte Kritik angemessen wahrzunehmen.

Wir wollen im folgenden einige der Probleme, die auch im

Rücklauf zu den „Grundsätzen ..." benannt wurden, noch einmal pointiert zur Sprache bringen.

Der Tenor der Stellungnahmen zeigt, wie weit wir von einem Konsens entfernt sind – und läßt sogar fraglich erscheinen, ob er überhaupt zu erreichen ist. Dies ist – bei allem Bemühen, die geäußerte Kritik unter den Ansatz der „Grundsätze ..." zu subsumieren – selbst im Diskussionsbericht sichtbar und wurde ebenso in den „Problemanzeigen ..." der Nord-Konferenz sehr deutlich. Interessant ist insbesondere die Feststellung, daß fast alle theologischen Fakultäten massive Kritik an den „Grundsätzen ..." üben; auch aus dem Bereich der unierten Kirchen sowie der Reformierten Kirche kommen deutlich ablehnende Voten, während die lutherischen Kirchen ihre Propria in den „Grundsätzen ..." eher wiederfinden.

An dem Punkt „Bildung und Lernen", dem Ansatz „Kirche – Amt – Ordination" und an dem Zentralbegriff „Theologische Kompetenz" wollen wir zeigen, wo unseres Erachtens fundamentale Dissense bestehen. Wir beschränken uns auf diese drei Punkte, obwohl auch in den anderen von der GK I bearbeiteten Themenbereichen kein Konsens festzustellen ist – und, wie gesagt, zentrale Bereiche von der GK I gar nicht behandelt wurden.

1. *Bildung und Lernen*

An der hinter dem Entwurf stehenden Bildungstheorie ist grundsätzliche Kritik geäußert worden. Sie richtet sich gegen die Vorstellung, daß Bildung ein individueller Vorgang sei, der aus der Aneignung der in Geltung stehenden kirchlichen Lehre bestehe. Dem steht ein Verständnis von Bildung als Diskurs von Lehrenden und Lernenden im Spannungsfeld christlicher Tradition, Praxis der verfaßten Kirche und der eigenen Lebenserfahrung gegenüber. Dieser Diskurs umfaßt ein produktives Wechselverhältnis von Theorie und Praxis und sollte darum an den Hochschulen beispielsweise auch in Form von Praxisprojekten verortet sein.

Bildung ist ein aktiver Prozeß, der nur dann *möglich* ist, wenn die Lehrenden Lernende als Subjekte wahrnehmen und anerkennen und ihnen so die Möglichkeit geben, aus ihren eigenen Zugängen und Fragen ihre eigene Theologie zu erarbeiten, um zu selbständiger theologischer Urteilsbildung zu gelangen. Somit kann das Bildungsziel nicht *„die zunehmend umfassende, vertiefte und sichere*

Habitualisierung der für die auftragsgemäß professionelle Führung des Pfarramtes erforderlichen Kenntnisse, Einsichten und Fertigkeiten" („Grundsätze . . .", S. 11) sein.
In diesem Sinne wurde in verschiedenen Rückmeldungen das aus den „Grundsätzen . . ." erhebbare Verständnis von *„Habitualisierung"* kritisiert. Diese Kritik nötigt dazu, das von Herms vertretene Bildungsverständnis grundsätzlich abzulehnen. Herms schreibt an anderer Stelle in bezug auf den mit der Vorstellung von *„Habitualisierung"* eng verwandten – und in diesem Zusammenhang wichtigen – Begriff des *„begründenden Orientierungswissens"* noch prononcierter: *„Es bietet die Beschreibung der Praxissituation des Handelnden jeweils als einer solchen, die ein und dieselbe ist im Durchlaufen wechselnder Gestalten und Zustände; und als einer intersubjektiven. Wenn und wo es überhaupt für eine handelnde Person als Wahrheit zur Geltung kommt, kann es für sie nur als Wahrheit in allen möglichen Zuständen und für alle möglichen Partizipanten ihrer Praxissituation voll zur Geltung kommen. Und das wiederum heißt: es muß von ihr gedacht werden als eine mit allen möglichen personalen Partnern kommunizierbare, tradierbare und erinnerbare, lehr- und lernbare Wahrheit."* (Aus: E. Herms, Die „theologische Schule". Ihre Bedeutung für die Selbstgestaltung des Evangelischen Christenthums und seine sozialethische Praxis. In: MJTh 2. 1988, S. 89.)
Wir möchten in diesem Zusammenhang nur ganz kurz an Henning Luthers hochschuldidaktischen Ansatz erinnern, der sicherlich nicht nur in Marburg eine große Rolle in der Diskussion spielt. In seinen *„Hochschuldidaktischen Anmerkungen"* zu den „Grundsätzen . . ." schrieb er: *„Wenn die neuere Sozialisationsforschung zunehmend von der . . . Auffassung ausgeht, daß Sozialisation nur als interaktiver Wechselprozeß von Individuum und Umwelt, als sich wechselseitig bedingender Prozeß von Sozialisation und Individuation verstanden werden kann, dann erscheint das das GK I-P[apier] beherrschende Bildungs- und Sozialisationsverständnis – vorsichtig ausgedrückt – unterbestimmt zu sein. Die Dominanz des Identifizierungsansinnens signalisiert, was im Verlauf der Argumentation des Papiers immer wieder auffällt: Das Verhältnis zwischen Subjekt und Institution (Tradition; Kirche) wird fast durchgängig nach der einlinigen (nicht reziproken) Logik von Vorgabe und Aneignung interpretiert. Andeutungen, daß das Verhältnis zur Vorgabe auch ein kritisches sein könnte, finden sich allenfalls sehr versteckt*

und verschämt. Gelingende Sozialisation und Bildung bestimmt sich hier eher an der Maßgabe von Orthodoxie als an der von Kommunikation.“ (Hochschuldidaktische Anmerkungen, in: ThPr 24. 1989, S. 307–317; Zitat S. 313).

Die „Grundsätze . . .“ behaupten verschiedentlich, keine dezidierte bildungstheoretische Position zu vertreten, sondern nur die formalen Strukturen *jedes* Bildungsprozesses aufzuzeigen. Das zuletzt Gehörte zeigt deutlich, daß sich dies nicht aufrechterhalten läßt.

2. *Kirche, Amt und Ordination*

Festgehalten sei zu Anfang, daß selbst der „Diskussionsbericht . . .“ vermerkt, daß zu diesem Ansatz eine *„kritische Distanz“* überwiegt („Diskussionsbericht . . .“, S. 19). Viele Voten betonen, daß sie es für grundsätzlich falsch halten, Fragen der Reform des Theologiestudiums aus der ausschließlichen Perspektive des kirchlichen Amtes zu diskutieren; nötig sei es vielmehr, von der Trias „Subjekt – Hochschule – Bildung“ auszugehen. Im folgenden gehen wir auf solche weitergehenden Positionen nicht ausführlich ein, sondern kritisieren den Ansatzpunkt des Entwurfs der GK I zunächst immanent.

Die „Grundsätze . . .“ operieren mit einem Kirchenbegriff, der nirgends definiert, aber trotzdem als *„unstrittig“* vorausgesetzt wird (S. 5). Dieser Kirchenbegriff wird bezeichnet als *„das reformatorische Kirchenverständnis“*. Aber *„das reformatorische Kirchen- und Amtsverständnis“* kann – schon seit den Zeiten der Reformation – nicht als einheitlich und darum auch nicht als *„unstrittiges Minimum“* gelten. Das in den „Grundsätzen . . .“ deutlich werdende Kirchenverständnis ist einseitig lutherisch-landeskirchlich – und es ist mit reformierten Ekklesiologien oder dem von der tschechischen Reformation entwickelten Kirchenverständnis nicht vereinbar.

In der Stellungnahme aus der Theologischen Fakultät Heidelberg wird dieser Hintergrund kurz beleuchtet: *„Es wird ohne Umschweife bei ‚Amt und Ordination‘ eingesetzt. Dieses Vorgehen erweckt unter Kennern der dogmengeschichtlichen Bezüge sofort den Eindruck, hier wurde angeknüpft an eine bestimmte theologische Linie, die auch in der Reformationszeit den Prozeß des deutschen evangelischen Landeskirchentums praktisch gefördert und theoretisch in einem prinzipiellen Sinne untermauert hat. Es war die*

Bildung eines evangelischen Kirchentums, die Philipp Melanchthon in seinen ‚Definitiones ...‘, ‚Loci praecipui theologici‘ und seinen ‚Responsiones ...‘ in den frühen fünfziger Jahren des 16. Jahrhunderts und bereits auch in den frühen Jahren ansatzweise in den Bekenntnisschriften vorgetragen und theoretisch ausformuliert hat. Der Text der Gemischten Kommission knüpft in mehrfacher Hinsicht an die melanchthonische Struktur an, die von Luthers Theologie, von Calvin und Bucer, um drei profilierte Reformatoren zu nennen, in spezifischer und folgenreicher Weise abweicht.“

Ebenso folgerichtig wie unmißverständlich formuliert die Kirchenleitung der Evangelischen Kirche im Rheinland in einem Beschluß vom 7. 12. 1989: *„Die ‚Grundsätze‘ von 1988 sind von einem Amts- und Ordinationsverständnis geprägt, das dem der Evangelischen Kirche im Rheinland nicht entspricht. Die in den ‚Grundsätzen‘ von 1988 alle drei Bildungsphasen einschließende Ausrichtung auf die Ordination führt zu einem konfessionell einseitigen Amtsverständnis und zu einem Pfarrerbild, das mit dem Geist und der Intention des in unserer Kirche vorherrschenden presbyterial-synodalen Gemeindeverständnisses nicht in Übereinstimmung zu bringen ist.“*

Ein anderes Beispiel für solche Kritik ist das Votum des Moderamen des Reformierten Bundes: *„Die ‚Grundsätze ...‘ blenden die Gemeinde als theologisches Subjekt, als Subjekt auch theologischen Urteilens, als konstitutives Element geistlichen Lebens und der Kommunikation des Glaubens fast völlig aus. Gemeinde kommt überwiegend als Objekt pastoralen Handelns in den Blick ... Die Gesamtkonzeption der ‚Grundsätze ...‘ ist zentral orientiert an der professionellen Führung des Amtes. Die Grundsätze bestätigen unter Berufung auf die CA ein Verständnis von Amt, das in traditioneller Weise als Hirtenamt, Lehramt und Leitungsamt gefaßt ist (S. 20). Sie bestätigen das traditionelle Pfarrerbild in einer Situation, in der es von verschiedenen Stellen in Frage gestellt wird. Gegenüber dem ‚Gesamtplan‘ von 1978 ist dies deutlich ein Rückschritt.“*

Auch die Evangelische Kirche in Westfalen hält das von der GK I vertretene Verständnis des kirchlichen Amtes für verfehlt: *„Die Verhältnisbestimmung von Pfarrer und Gemeinde muß ... kritisch hinterfragt werden. Die GK unterstellt der Gemeinde gegenüber der Pfarrerin/dem Pfarrer faktisch eine subsidiäre Stellung und Funktion ... An dieser Stelle wäre die breite Diskussion zu berücksichtigen, die seit Jahren innerhalb der Evangelischen Kirche, in der*

Ökumene und mit der Katholischen Kirche über das Verständnis des Amtes und über das Verhältnis von Ämtern und Diensten geführt wird. Ferner sollten Ernst Langes Arbeiten zu diesem Thema und das in der DDR entwickelte Konzept ‚Kirche als Lerngemeinschaft' berücksichtigt werden ... Gegenüber einer einseitigen und eng geführten Interpretation von CA VII sollte darum das Kirchenverständnis von Barmen III und IV ergänzend und korrigierend in die Diskussion über Aus- und Fortbildung der Pfarrerinnen und Pfarrer eingebracht werden."

Die Unterscheidung zwischen der geglaubten und der verfaßten Kirche gehört in den protestantischen Kirchen zum theologischen Allgemeingut. Da davon auszugehen ist, daß die verfaßte Kirche nicht *per se* evangeliumsgemäß lebt, sondern an diesem Anspruch auch scheitern kann [und wohl auch muß ...], ergibt sich aus der Spannung zwischen Anspruch und Wirklichkeit die Notwendigkeit einer permanenten Kirchenreform.

Somit sind Ausbildungsreform und Kirchenreform untrennbar miteinander verbunden. In Frage steht aber nun die spezifische Art, *wie* diese beiden Größen miteinander in Beziehung zu setzen sind. Die „Grundsätze ..." verstehen Kirchen- und somit Studienreform als *„auftragsorientierte Anpassung an gesellschaftliche Veränderungen"* („Diskussionsbericht ...", S. 23).

Wir gehen im Gegenteil davon aus, daß weder Kirchen- noch Studienreform als bloße Anpassung an das Faktische verstanden werden dürfen, nicht einfach am Bestehenden gemessen werden können. Die GK I setzt darüber hinaus voraus, daß darüber, wie *„der Auftrag der Kirche"* heute zu verstehen sei, Konsens bestehe; dies ist nicht der Fall.

Gerade weil die Konzeption der GK I eine enge Verbindung zwischen dem Verständnis von Kirche und dem von Ausbildung sieht, muß die in den „Grundsätzen ..." formulierte Vorstellung von Theologiestudium zurückgewiesen werden: Sie impliziert ein Kirchenverständnis, das innerhalb der EKiD keinesfalls Konsens ist.

3. *Theologische Kompetenz*

Mit diesem für die „Grundsätze ..." zentralen Begriff setzen sich fast alle Stellungnahmen auseinander.

In den „Grundsätzen ..." wird „Theologische Kompetenz" definiert als *„der Inbegriff der Fähigkeiten, die für die auftragsgemäße*

und professionelle Führung des Pfarramtes erforderlich sind', konkret *,die Fähigkeit, im Lichte der angeeigneten kirchlichen Lehre die gegebene Situation des Amtes zu begreifen, ihre gegenwärtigen Aufgaben (Probleme) zu erkennen sowie Lösungen zu entwerfen und durchzuführen"* („Grundsätze ...", S. 6 und 7).
Uns – wie auch vielen Stellungnahmen scheinen zumindest drei Anfragen an den so bestimmten Zentralbegriff „Theologische Kompetenz" nötig.
Erstens: Kann der Begriff „Kompetenz" den Zentralpunkt kirchlichen – evangelischen – Amtsverständnisses wahrhaft beschreiben? CA VII geht davon aus, daß für das „Sein" der Kirche ausreichend ist, daß *pure docetur evangelium et recte administrantur sacramenta* – sie spricht in diesem Zusammenhang nicht von Menschen oder ihren „Kompetenzen" (übrigens auch CA XIV nicht!).
Zweitens: Es ist selbstverständlich, daß zur Verwaltung eines Pfarramtes neben der *Berufung* auch die *Befähigung* gehört. Diese Befähigung kann aber nicht in Rekurs auf einen einzigen Zentralbegriff bestimmt werden, selbst nicht in Rekurs auf eine so variable Formel wie „Theologische Kompetenz". Das „Pfarramt" ist eine zu differenzierte und komplexe Größe, um auf einen einzigen Gedanken, auf einen einzigen Begriff zurückgeführt werden zu können:

- Es ist gegründet in der Tat Gottes und steht somit unter seiner Herrschaft und seinem Anspruch.
- Es wird verwaltet von Menschen, die diesem Anspruch gerecht zu werden versuchen und die auf menschliche Art ausdrücken, wie sie das tun.
- Es ist eingesetzt zum Dienst an der Gemeinde und zum Dienst in der Welt.
- Es ist somit – wie die gesamte Kirche – nicht isoliert von „der Welt" zu sehen, sondern in ihr und – zu einem großen Teil – abhängig von ihr.

Auf das Pfarramt kommen somit „schon immer" divergente Ansprüche zu. Es ist schlechterdings unmöglich, Aus- und Fortbildung nur auf einen Punkt zu reduzieren, da so zentrale Bereiche des Pfarramtes wegfallen würden.
Das von der GK I präsentierte Konzept „Theologischer Kompetenz" ist daher unseres Erachtens nicht dazu in der Lage, die für die Verwaltung eines Pfarramtes notwendige Befähigung auch nur

begrifflich darzustellen; es ignoriert, daß zentrale Handlungsfelder des Pfarrers bzw. der Pfarrerin nicht unter ihrer/seiner Kontrolle stehen, sondern verlangen, daß wechselseitige, von vielen Faktoren beeinflußte, nicht planbare *und somit unverfügbare* Bildungs- und Lernprozesse zugelassen und als konstitutiv für eine angemessene Wahrnehmung des Amtes verstanden werden, denn es muß darum gehen, dazu zu befähigen, kirchliches Handeln auf dem jeweiligen Handlungsfeld theologisch zu verantworten.
Somit zeigt sich insbesondere, daß „Theologische Kompetenz" durch mangelnde Berücksichtigung der Gemeinde bzw. der gemeindlichen Praxis stark unterbestimmt ist. Die Praxis wird zu einem bloßen Anwendungsfeld theologischer Theorie degradiert.
Drittens ist darauf zu verweisen, daß der von der GK I und von Herms verwandte Kompetenzbegriff aus der Sozialwissenschaft entlehnt ist; im Hintergrund stehen die Arbeiten von Noam Chomsky, dessen Begrifflichkeit Herms pragmatistisch auf die Theologie/die theologische Bildung zu beziehen versucht. Herms definiert im Fortgang „Kompetenz" als *„eine spezifische Qualifikation von Handeln selber"*. (Was heißt „theologische Kompetenz"?, in: WzM 30. 1978, S. 253–265; Zitat S. 253; überarbeitete Fassung in: E. Herms, Theorie für die Praxis. Beiträge zur Theologie. München 1982, S. 35–49; Zitat S. 35.)
„Theologische Kompetenz" wird in einem späteren Text genauer bestimmt als *„der Inbegriff derjenigen Fähigkeiten . . ., die für die auftragsgemäß professionelle Führung des Pfarramtes erforderlich sind und zusammen die Fähigkeit begründen: im Lichte der angeeigneten kirchlichen Lehre die gegebene Praxissituation des Amtes zu begreifen, ihre aktuellen Aufgaben (Praxisprobleme) zu identifizieren sowie Lösungen für sie zu entwerfen und durchzuführen"*. (E. Herms, Die „theologische Schule", in: MJTh 2. 1988, S. 84–110; Zitat S. 86.)
Wenigstens zweierlei ist hier anzumerken: Herms interpretiert Chomsky gegen dessen Intention; es entsteht so eine empirisch-funktionale Theorie, deren eigentliches Interesse auf der „Machbarkeit", der „Verfügbarkeit", der „Planbarkeit" liegt. Auf unseren Bereich angewandt: „Theologische Kompetenz" soll durch ein („reformiertes") Theologiestudium erzeugt werden; sie ist abprüfbar, weil ein Kriterium von „Kompetenz" der Erfolg ist: Ist man erfolgreich, ist man auch kompetent, wenn nicht, dann nicht. Die so hergestellte „Kompetenz" erachtet Herms zudem für eine

„notwendige Bedingung der Handlungskompetenz aller Glieder der christlichen Kirche“ (ebd.). Das hieße: Ohne „theologisch kompetenten“, also erfolgreichen Pfarrer keine christliche Gemeinde. Nicht nur das Neue Testament, auch alle uns bekannten Bekenntnisschriften sehen das anders.

Zum einen ist anzumerken, daß in den Sozialwissenschaften durchaus konkurrierende Modelle zu dem Chomskys bestehen – genannt sei nur der Name Habermas –, daß die GK I also begründen müßte, warum sie sich auf eine spezielle sozialwissenschaftliche Theorie bezieht und nicht auf eine andere. Es ist natürlich notwendig, Erkenntnisse der Sozialwissenschaften von der Theologie aus zu beerben – aber nicht in dem Sinne, daß diese zu einem „Steinbruch“ werden, der je nach Bedarf und Belieben zu plündern ist. Das Beerben einer bestimmten Theorie muß erstens im Rahmen der beerbten Wissenschaft, zweitens im Rahmen der theologischen Wissenschaft begründet werden.

Zum zweiten aber muß festgestellt werden, daß mit dieser Hermsschen Begriffsdefinition eine ganze Reihe von Bestimmungen gegeben sind, die nicht zufällig, sondern notwendig aus einer solchen Fassung von „Theologischer Kompetenz“ erwachsen; genannt sei hier nur die Tendenz zur vollständigen Vereinzelung der „Besitzer“ *„Theologischer Kompetenz“*. Herms schreibt selbst: *„Die durch die Bildung des Theologen begründete Kompetenz ist stets individuelle Kompetenz.“* (Was heißt „theologische Kompetenz“?, in: WzM 30. 1978, S. 264 A 15 bzw. in: Theorie für die Praxis, München 1982, S. 48 A 16).

Auch wenn manche sich etwas anderes wünschen: Das Konzept der „Theologischen Kompetenz“ kann eben nicht in dem Sinne „nachgebessert“ werden, daß die notwendige Sozialität von Wissen, von Kommunikation, von Handlungsfähigkeit, letztlich: von Kirche stärker zur Geltung kommt – das Modell der GK I ist auf individuelle funktionale Handlungskompetenz festgelegt.

Bevor wir zum Schluß kommen, möchten wir *viertens* noch einen uns wichtigen Punkt anmerken: In zahlreichen Voten, die sich auf die „Grundsätze . . .“ beziehen, wird der Begriff „Theologische Kompetenz“ aufgenommen; positiv und negativ. Dieser Begriff wird von verschiedenen Autorinnen und Autoren allerdings jeweils ganz anders verstanden als in den „Grundsätzen . . .“.

Man kann diesen Sachverhalt verschieden bewerten: Entweder spricht man davon, die GK I habe einen *„integrativen Mittelbe-*

griff" gefunden - oder man stellt fest, daß ein neues Schlagwort kreiert wurde, das für unterschiedliche Füllungen offen ist, die sich jedoch gegenseitig widersprechen. Damit wird die von den „Grundsätzen . . ." intendierte Eindeutigkeit nicht erreicht.

4. *Schlußbemerkung*

Wir hoffen, die Ausführungen konnten verdeutlichen, daß zentrale Begriff und Positionen der „Grundsätze . . ." umstritten sind; der Diskussions- und Verständigungsprozeß steht immer noch am Anfang. Schon jetzt muß aber die Frage erlaubt sein, ob die von der GK I vorgelegten „Grundsätze . . ." ihre Funktion nicht erfüllt haben, indem sie die Diskussion anstießen. Sie scheinen uns aber nicht dazu geeignet, Grundlage der weiteren Diskussion über die Reform theologischer Ausbildung zu sein.

3. Prof. Dr. Horst Balz (Votum 3)
Texte und Textauslegung in der theologischen Ausbildung, besonders im Studium
Vorschlag zu einer Verständigung im Bereich des Grundsätzlichen

1. *Die Position der „Grundsätze"*

Die Grundsätze der GK waren davon ausgegangen, daß *theologische Kompetenz* in der theologischen Ausbildung, vor allem im Theologiestudium, nur da entstehen und wachsen kann, wo die für diese Kompetenz unverzichtbaren *Kenntnisse* und *Fähigkeiten* durch ein intensives Studium der für die Theologie wesentlichen *Gegenstände* erworben werden. Zu diesen Gegenständen gehören vornehmlich die Aussagen und der in ihnen enthaltene Wahrheitsanspruch kirchlicher Lehre und Verkündigung, aber auch die Lebensvollzüge von Kirche und Gemeinde in der „Welt", und zwar im weiten Spannungsfeld zwischen Konfrontation, Begegnung und Solidarität mit dieser. Den Studierenden sind diese Gegenstände in geschichtlicher oder geschichtlich gewordener Gestalt vorgegeben, und es kommt darauf an, daß sie ihren Bezug zu ihnen wahrnehmen bzw. finden. Diese Arbeit an der eigenen theologischen Bildung und Identität verlangt - unbeschadet aller persönlichen Involviertheit - in erster Linie den reflektierten und selbständigen Umgang mit Texten unterschiedlicher Art, wobei das Wort „Text" in einem weiten Sinn zu fassen ist: nicht nur die

Tradition, sondern auch gegenwärtige Auseinandersetzungen oder Lebensgestaltungen werden in Texten jeglicher Art wahrgenommen; auch die jeweils eigene Beschäftigung mit ihnen ist letztlich ohne irgendeine Textgestalt nicht zu denken, auch wenn es nicht um verbale Äußerungen, sondern um eigene Entwürfe, Handlungen oder symbolische Realisierungen jeglicher Art geht. Im Beziehungsgeflecht von „Text“ und „Kontext“ vollzieht sich „theologische Existenz“.

Daraus ergibt sich die *Textorientiertheit* des Theologiestudiums, aber auch der weiteren Phasen der theologischen Ausbildung. Natürlich sind diese Texte oder Quellen sachlich von sehr unterschiedlichem Gewicht: das biblische Zeugnis anhand der Quelle des biblischen Kanons als ausschließliche Regel und Grundlage aller weiteren kirchlichen Lehre und Verkündigung; andere Texte, z. B. Bekenntnisse, Kirchenordnungen, theologische Untersuchungen als am biblischen Zeugnis zu messende Versuche, dieses zu vertreten, ihm zu entsprechen oder es zu entfalten. Unbeschadet dessen kann das Theologiestudium insgesamt in erster Linie als ein *Textstudium* bezeichnet werden, wenn dabei das Wort „Text“ verbal oder zumindest zeichenhaft gefaßte Lebensäußerungen aller Art einschließt.

2. *Desiderate und Kritik*

Der geschilderte Ansatz zieht von zwei Seiten her Fragen auf sich:

a) Redet er nicht einem klassisch gewordenen Studienmodell philosophisch-hermeneutischer Prägung das Wort, bei dem das heute erforderliche Moment umfassenderer Wirklichkeitswahrnehmung und -bewältigung zu kurz kommt?
b) Läßt sich die geforderte Textorientiertheit methodisch in der Weise durchhalten, daß die Textauslegung wenigstens grundsätzlich zu einem allgemein anerkannten Textverständnis führen kann, ja daß ein ursprünglicher oder eigener Sinn der jeweiligen Texte erhoben werden kann?

3. *Das Problem einer „Engführung“ (s. 2 a)*

Die Konzentration auf *Texte* kann (muß nicht) in der Tat ein einseitiges Theologieverständnis zur Folge haben, als seien damit, zumindest in der ersten Phase der Ausbildung, die Fähigkeiten zur zwischenmenschlichen Kommunikation, zur Wahrnehmung bestimmter psychischer oder gesellschaftlicher Situationen und

ihrer Probleme oder schließlich das Sich-Einlassen auf den lebendigen Traditionszusammenhang des Glaubens und auf das Offenbarungshandeln Gottes in Menschen und in der Geschichte irrelevant: Theologie *nur* als Textwissenschaft.
Dieser Auffassung wäre zu begegnen. Vielmehr geht es um eine möglichst umfassende Wahrnehmung der biblischen sowie der kirchlichen Glaubens- und Lebenswirklichkeit im Zusammenhang oder auch in der Konfrontation mit anderen Konzepten und Gestaltungen von Wirklichkeit. In diesem Sinn hat die GK den Momenten der Selbst- und Wirklichkeitserfahrung der Studierenden im Rahmen der Findung einer (theologisch) gebildeten Identität durchaus Bedeutung beigemessen. Dementsprechend werden auch beispielsweise Inhalte der Sozialwissenschaften oder die Ausbildung einer aktiven wie passiven Kommunikationsfähigkeit bei den Studierenden ihr eigenes Gewicht in der theologischen Ausbildung erhalten müssen. Alles liegt jedoch an der durch den Gegenstand der Theologie und durch das Ausbildungsziel zu bestimmenden Gewichtsverteilung. Sowohl die „Texte" der Theologie als auch deren „Kontexte" verlangen nach einem methodisch ausgewiesenen und auf die Frage nach der Wahrheit der biblischen und kirchlichen Überlieferung hin konzentrierten Umgang mit ihnen.

4. *Zum „Literalsinn" (s. 2 b)*

So richtig es ist, daß die Ergebnisse der Texterschließung stets von den Vorverständnissen oder den gewählten hermeneutischen Verfahren her beeinflußt sind, so sehr ist sicher auch zu betonen, daß die Theologie als eine Wissenschaft, die mit geschichtlich geoffenbarter Wahrheit zu tun haben will, um die Herausarbeitung eines „Eigensinnes" der für sie relevanten Texte bemüht sein muß, selbst wenn eine Mehrdimensionalität bestimmter Texte nicht von der Hand zu weisen ist und wenn der „Eigensinn" historischer Texte meist nur approximativ zu erschließen ist. Die von der GK benannten „klassischen" Auslegungsmethoden und weitere – heuristische, strukturalistische, künstlerische oder spielerische – Auslegungsverfahren können sich hierbei durchaus ergänzen, ähnlich wie ja eine historisch-kritische und eine „sozialgeschichtliche" Exegese nicht als alternative Auslegungsverfahren, sondern als auf Kooperation angewiesene Zugangsweisen zu Texten unter unterschiedlichen Perspektiven und Zielsetzungen zu verstehen sind. Es muß nur festgehalten werden, daß Willkür und Beliebigkeit in der Textauslegung gerade dem entgegenstehen würden, was als das Ziel der Auslegung der für die Theologie relevanten Texte anzusehen ist, nämlich der geistigen und personalen Auseinandersetzung der Ausleger mit dem geschichtlichen und dem grundsätzlichen Wahrheitsgehalt und Verkündigungsanspruch ihrer Texte. Daß hierbei das klassische Instrumentarium besonders hinsichtlich der historischen Verwurzelung der Texte und ihrer sprachlichen Gestalt unverzichtbar bleiben wird, ist mit Nachdruck zu betonen. Man wird z. B. wohl über die Art der Vermittlung und der Überprüfung der Kenntnisse in den alten Sprachen während des Theologiestudiums reden können, nicht aber über einen teilweisen oder gar vollständigen Verzicht auf sie.

5. *Die biblische Exegese im Theologiestudium*

Weil alle auszulegenden theologischen und kirchlichen Texte sowie die während der Ausbildung und dann zunehmend im kirchlichen Dienst zu verfassenden eigenen Texte auf den biblischen Kanon als den Grundtext christlichen Glaubens zurückbezogen sind, hat das Studium der biblischen Fächer seine bleibende konstitutive Funktion in der theologischen Ausbildung. Die biblische Exegese und Theologie kann weder als reine Einführung in die Theologie, im Sinne einer Bereitstellung von Grundlagenwissen, noch als ein frei zu wählendes Konzentrat der Theologie insgesamt verstanden werden. Hier hat die geschichtlich entstandene Ausdifferenzierung der Theologie in ihre Disziplinen, besonders auch hinsichtlich der Aufteilung in eine alttestamentliche und eine neutestamentliche Disziplin, ihr Recht. So bedarf die Systematische Theologie bei ihrer Aufgabe, die Wahrheit und Gültigkeit des christlichen Glaubens und der kirchlichen Lehre zu artikulieren, durchgehend der Vorgaben, aber auch des Korrektivs der biblischen Theologie; diese jedoch kann sich nicht mit der Beschreibung der Abständigkeit oder „Fremdheit" biblischer Texte in ihrer damaligen Situation zufriedengeben, sondern sie hat neben der historischen Erforschung der biblischen Theologie bzw. Theologien stets auch deren Wirkungsgeschichte in der Geschichte der christlichen Theologie und kirchlichen Lehre zu reflektieren und somit die Frage nach den „Ursprüngen" auch unter dem Eindruck von deren Fortwirken und späterer Ausformung zu stellen.

Es ist unverkennbar, daß die christliche Theologie den kanonischen Zusammenhang des Alten Testaments mit dem Neuen bereits in der frühen Kirche in einer Weise bestimmt hat, die deutlich vom Schriftverständnis des (frühen) Judentums abwich, aber auch über das Schriftverständnis des Urchristentums notwendig hinausging. Der kanonische Zusammenhang beider Testamente erschloß theologische Verbindungen und Traditionslinien, die vom Urchristentum an erst allmählich herausgestellt wurden. Hier wird heutige biblische Theologie stärker als noch in reformatorischer und vorkritischer Zeit differenzieren müssen zwischen dem näherungsweise erfaßbaren „Eigensinn" alttestamentlicher Texte und ihrer theologischen Deutung bzw. Bedeutung vom Christusgeschehen her, und zwar nicht nur um der historischen Genauigkeit willen, sondern auch um des jüdischen Volkes willen.

Die für die theologische Ausbildung Zuständigen (Kirchen, Fakultäten und Hochschulen) sind dafür verantwortlich, daß der Stellenwert der biblischen Exegese den Studierenden deutlich vor Augen gestellt wird und in den Prüfungsordnungen entsprechend verankert bleibt, und sie müssen sich darauf verlassen können, daß die dem Studium folgenden Ausbildungsphasen eine Fortbildung und Vertiefung der im Studium erworbenen Kenntnisse und Fähigkeiten ermöglichen, auch wenn die Textauslegung und die biblische Theologie dann in anderen Zusammenhängen, Praxisbereichen und vermehrt unter dem Anspruch des Verfassens eigener Texte geschieht. Das bei der biblischen Textauslegung erworbene theologische und kritische Potential ist unverzichtbar für die Pfarrer und Pfarrerinnen der Kirche; es macht einen wesentlichen Teil ihrer theologischen Kompetenz aus und signalisiert darüber hinaus einen Grundbestand des in den Fakultäten und Hochschulen vorhandenen kritischen und produktiven Gegenübers zu den Kirchen und zur kirchlichen Tradition.

6. An folgenden Punkten sollte eine grundsätzliche Klärung gesucht werden:

a) Die Evangelische Theologie hat es mit „Texten" im weitesten Sinn zu tun, d. h. mit durch Texte vermittelter Erfahrung, Geschichts- und Wirklichkeitsdeutung. Durch die mit der Auslegung dieser Texte notwendig verbundene Frage nach ihrer Wahrheit bzw. Gültigkeit unterscheidet sich die Theologie aber beispielsweise von philologischen oder historischen Wissenschaften.

b) Die entsprechenden Fähigkeiten des methodisch ausgewiesenen und insofern ernsthaften Umgangs mit Texten müssen im Theologiestudium gründlich gelernt und ausgebildet werden. Das schließt die Bedeutung einer umfassenden Kommunikationsfähigkeit oder einer gewissen Urteilsfähigkeit in den sog. Humanwissenschaften nicht aus. Vielmehr werden solche Fähigkeiten – abgesehen von den Anforderungen des kirchlichen Dienstes – erforderlich, damit die einzelnen Studierenden ihr eigenes, erarbeitetes und gewachsenes, Selbst- und Wirklichkeitsverständnis in ihren verantwortlichen und lebensbestimmenden Umgang mit den theologisch relevanten Texten einbringen können.

c) Als Ziel der Auslegung von biblischen oder weiteren Texten ist die Arbeit an der wenigstens annähernd zu erreichenden Erschließung des in den Texten jeweils vorgegebenen „Eigensinnes“ anzusehen. Selbst die Einsicht, daß über diesen „Eigensinn“ u. U. kontrovers diskutiert werden kann und daß die Textwahrnehmung der Ausleger stets von ihrer Selbstwahrnehmung oder ihren eigenen Erfahrungen und Zielen geprägt sein wird, kann die theologische Textauslegung nicht von dieser Zielsetzung und der entsprechenden Erschließungsarbeit dispensieren. Die historisch-kritischen Auslegungsmethoden sind bei dieser Arbeit unverzichtbar, ohne daß dadurch andere Möglichkeiten des Umgangs mit Texten ausgeschlossen oder unterschätzt werden sollen. Solche anderen Formen der Texterschließung müßten stets im Vergleich und im Zusammenhang mit den Arbeitsweisen und Ergebnissen der historisch-kritischen Textauslegung beurteilt bzw. praktiziert werden.

d) Das Gewicht der Arbeit an den biblischen Texten signalisiert im Theologiestudium die grundsätzliche Vorordnung des Alten und Neuen Testaments vor der Lehre und der Lebensgestaltung der Kirche. Deshalb stellt auch eine möglichst umfassende Kenntnis biblischer Texte und Zusammenhänge den Grundbestand theologischer Kenntnisse überhaupt dar. Im Zusammenhang damit bleiben die biblischen Sprachen im Studium unverzichtbar. Die exegetisch vermittelten Einsichten in die z. T. eigenständige und z. T. auch kontroverse

Herausbildung einzelner biblischer Positionen bewahrt die Theologie und die Kirche vor einem ungebildeten Biblizismus; die gleiche Einsicht stellt aber die Studierenden während des Studiums und alle Textausleger im kirchlichen Dienst vor die entscheidende Frage nach der Wahrheit und Gültigkeit der jeweiligen biblischen Aussagen. Damit wird die biblische Textauslegung zu einer in Wahrheit theologischen Angelegenheit, in welcher sich exegetische und systematische, aber auch geschichtliche und praktische Aspekte miteinander berühren. Insofern gilt auch von daher noch einmal, daß die Evangelische Theologie im Grunde eine Textwissenschaft eigener Art ist.

e) Entziehen sich die theologischen Disziplinen, besonders die exegetischen und die systematischen, im Bereich des Theologiestudiums der sachlich gebotenen Kooperation, so wird die Realisierung der geschilderten umfassenden Textauslegungsarbeit verhindert. Ebenso kommt diese Auslegungsarbeit zum Erliegen oder wird in ihrem Ansatz nivelliert, wenn nicht die dem Studium folgenden Ausbildungsphasen wie auch der kirchliche Dienst weiterhin von der Textauslegung in ihrer Vielschichtigkeit geprägt sind.

f) Ein spezielles Problem wirft die theologische Auslegung alttestamentlicher Texte auf, die fast durchgehend unter unterschiedlichen Aspekten gleichzeitig zu bedenken sind: alttestamentliche Texte in ihrem jeweiligen historischen Zusammenhang, alttestamentliche Texte als Teile der „heiligen Schriften“ Jesu und des Urchristentums, alttestamentliche Texte als Texte im biblischen Kanon, der auf das im Neuen Testament erfahrene und bezeugte Christusgeschehen zuläuft und hier theologisch seine Mitte findet. Die theologische Exegese alttestamentlicher Texte hat einer unhistorischen Verkürzung ihres „Eigensinnes“ entgegenzutreten, kann sich aber auch nicht von ihrer christusbezogenen Auslegung im Urchristentum und in der Kirche dispensieren.

4. Prof. Dr. Hans Schneider (Votum 4)
Die „Grundsätze“ und die (Kirchen-)Geschichte

Bei meinen Überlegungen zum Stichwort „Geschichte“ geht es um zwei Aspekte: sie zielen zum einen auf die „geschichtliche

Dimension“ in den „Grundsätzen“ der Gemischten Kommission, zum andern auf das Fachgebiet Kirchengeschichte.

I. Die Darstellung der ersten Ausbildungsphase begegnete dem versteckten Verdacht oder auch dem offenen Vorwurf, ein unhistorisches Konstrukt darzubieten. Doch nimmt zwar ihren Ausgangs- und Fluchtpunkt bei dem Begriff der Kompetenz gewählt, reflektiert ihn aber im Blick auf den geschichtlichen Ort heutigen Theologiestudiums in Deutschland. Dabei ist einzuräumen, daß eine Analyse der Situation der Studierenden (Wandlungen in der religiösen Sozialisation in Elternhaus und Schule, ökonomische Lage etc.) nicht ausführlich entfaltet wird, sondern die institutionelle Verfaßtheit des Studiums im Mittelpunkt der Überlegungen steht.

Die Grundsätze betonen mehrfach, daß das gegenwärtige Theologiestudium und seine Organisation das institutionalisierte Resultat einer langen geschichtlichen Entwicklung darstellt. Das gilt sowohl (1.) für die Verortung des Theologiestudiums an (staatlichen) Universitäten als auch (2.) für die Differenzierung der Theologie in Teildisziplinen, den klassisch gewordene Fächerkanon. Von diesen Ergebnissen geschichtlicher Entwicklungen als dem Ist-Zustand gehen alle Überlegungen zur Reform des Theologiestudiums aus.

Die Grundsätze wollen aber weder eine nur positivistische Beschreibung des faktisch Bestehenden und Üblichen geben noch seiner gedankenlosen Verfestigung Vorschub leisten. Sie stellen jedoch die Frage, ob nicht in diesen geschichtlich gewordenen Organisationsformen institutionalisierter Sachverstand zum Ausdruck kommt. Diese Frage wird im Blick auf den universitären Rahmen des Theologiestudiums wie auch im Blick auf die Fächerdifferenzierung positiv beantwortet.

Zu 1. Die Grundsätze betrachten die institutionelle Verortung der ersten Ausbildungsphase im Rahmen der Universität (als dem Raum gesamtgesellschaftlicher wissenschaftlicher Kommunikation) nicht nur als (durch die historische Entwicklung) zufällig vorgegeben, sondern in unserem gesellschaftlichen Kontext als sachlich angemessen und geboten. (Die Sonderstellung der kirchlichen Hochschulen wird erörtert.)

In den eingegangenen Stellungnahmen sind grundsätzliche Einwände gegen die Universität als Ort des Theologiestudiums nicht vorgebracht worden; kritische Vorbehalte gelten nur der Verhältnisbestimmung von Universität(stheologie) und Kirche.

Zu 2. Die bestehende Differenzierung der Theologie in die klassischen Fächer wird nicht kurzerhand vorgetragen als systematisch konstruierter Entwurf einer theologischen Enzyklopädie, sondern es wird das Resultat der geschichtlichen Entwicklung seit der Reformation systematisch reflektiert. Der Fächerkanon „verdankt sich der geschichtlichen Selbsterfahrung der Theologie im Kontext der gesamtgesellschaftlichen Entwicklung von Bildung und Wissenschaft". Auch hier wird die Frage aufgeworfen und bejaht, ob in dieser Differenzierung nicht „durch geschichtliche Selbsterfahrung gewachsener Sachverstand" seinen Ausdruck gefunden hat.

In der Beschreibung der einzelnen Fächer versucht das GK-Papier dann auf diesem Hintergrund, den enzyklopädischen Zusammenhang des Theologiestudiums aufzuzeigen. Das leitende Interesse gilt der Konsistenz und Stringenz eines als Einheit verstandenen Ausbildungsprozesses. Damit nimmt das GK-Papier berechtigte Wünsche auf, einem zunehmend als diffus und verwirrend empfundenen Differenzierungs- und Spezialisierungsprozeß innerhalb der theologischen Wissenschaft entgegenzuwirken. Es handelt sich um den Versuch, das Zusammenspiel der theologischen Disziplinen unter der Frage nach der Wahrheit deutlich zu machen. (Dabei versteht es sich, daß dies in den Grundsätzen nicht in der Ausführlichkeit eines theologischen Traktats geschehen konnte.)

Ein Leitsatz lautet: Die theologischen Fächer sind die *„Ausdifferenzierung* der Beziehung auf ihren – *einheitlichen* – Gegenstand: den christlichen Glauben in seiner geschichtlichen Wirklichkeit und sozialen Verfaßtheit als Kirche".

Gegenüber der Anfrage, ob die Einheit – vermeintlich anders als in dem GK-Entwurf – nicht statisch vorgegeben, sondern immer erst aufgegeben sei, kann präzisiert werden:

Die Einheit der Theologie ist weder nur vorgegeben noch nur erst aufgegeben, sondern sowohl schon *vorgegeben* wie stets neu *aufgegeben.*

Das regulative Ziel einer Einheit der Theologie begegnet als vorgegebener Anspruch; er impliziert die Behauptung, daß sich die Teile auf ein Ganzes beziehen, daß eine Beziehung der Disziplinen zu einem einheitlichen Gegenstand vorhanden und verifizierbar ist. Ohne die Voraussetzung einer vorhandenen Einheit wird der Oberbegriff „Theologie" ebenso sinnlos wie die Institution der theologischen Fakultäten/Fachbereiche.

Zugleich gilt: Die behauptete Einheit ist eine ständige Aufgabe des theologischen Diskurses; sie muß im Vollzug theologischer Lehr- und Lernprozesse stets neu hergestellt werden. Sie kann nur durch die Kommunikation aller Disziplinen (und – freilich in unterschiedlicher Gewichtung während der einzelnen Ausbildungsphasen – zwischen Theorie und Praxis) partiell erreicht werden und muß sich stets neu bewähren. Denn die Gewißheit empfangener Wahrheit und die Suche nach der Wahrheit sind ein im Leben der Theologen/Theologinnen und in der Geschichte der Kirche unabgeschlossener Prozeß.

Das Papier konzentriert sich auf den klassischen Fünf-Fächer-Kanon des theologischen Lehr- und Lernbetriebs. Der Darstellung der Disziplinen liegen einige Leitfragen zugrunde: Inwiefern stellt sich jeweils in dieser, aus einem historischen Differenzierungsprozeß hervorgegangenen Disziplin ein notwendiger Aspekt der Theologie dar? Warum ist es sinnvoll und nötig, sie als eigenständige Disziplin zu führen? Welche spezifischen Einsichten in das Ganze können in dieser Disziplin gewonnen werden? Wie ist das Verhältnis zu den andern Disziplinen? Was macht sie jeweils zu einer theologischen Disziplin?

In den eingegangenen Stellungnahmen zum GK-Papier wurde zum einen die Beschränkung auf den Kanon der klassischen Fächer moniert. Die Beschreibung war jedoch keineswegs so gemeint, daß dieser Fächerkanon unüberbietbar und nicht ergänzungsfähig oder sogar im Sinne notwendig werdender weiterer Differenzierung ergänzungsbedürftig sei. Er ist allerdings in dem Sinne irreversibel, als es kein Zurückgehen hinter das differenzierte, in den Fragestellungen der Teildisziplinen repräsentierte Problembewußtsein geben kann. Die Kommission sieht in diesen klassischen Fächern den dem Gegenstand der Theologie angemessenen Grundbestand und notwendigen Bildungskanon, aus dem keine Disziplin ohne Schaden für das Ganze der Theologie herausgebrochen werden darf.

Zum andern zeigten die kritischen Anfragen an das GK-Papier, daß die Zusammenschau der Disziplinen nicht von allen Lesern als optimal gelungen beurteilt wurde, und auch, daß einige Akzentsetzungen als einseitig verstanden werden konnten. Das soll am Beispiel der Kirchengeschichte erörtert werden.

II. Bei der Beschreibung des Faches Kirchengeschichte geht das GK-Papier nicht von einer programmatischen „Definition“ von

Kirchengeschichte aus; es versucht vielmehr die Aufgaben zu benennen, die sich der Disziplin (als Resultat ihrer Entwicklung seit Pietismus und Aufklärung) stellen, und von hier aus seinen enzyklopädischen Ort zu bestimmen.
Als Ziel des kirchengeschichtlichen Studiums wird ein doppeltes namhaft gemacht: die *Kenntnis* des Lebens der Kirche in seiner geschichtlichen Bewegung und das *Verständnis* für die geschichtliche Bedingtheit der Praxis des Glaubens. Eine Abfolge von Fragen soll den Zugang zu diesem doppelten Ziel (freilich nicht als didaktische Reihenfolge) beschreiben:
Die 1. Frage gilt der Stellung und Funktion des Christentums im Kontext des jeweiligen gesellschaftlichen Gesamtsystems und seiner Teilsysteme (Politik, Wirtschaft, Wissenschaft und Bildung). (Das dazu unabdingbare kritische Gespräch mit den nichttheologischen Geschichts- und Handlungswissenschaften unterstreicht noch einmal die Notwendigkeit der universitären Verortung der Theologie.) Damit soll jedoch nicht, wie geargwöhnt wurde, eine ausschließlich oder vorwiegend sozialgeschichtliche Beschreibung der Kirchengeschichte gegeben werden. Die Fragestellung lenkt aber den Blick zu Recht auf die ursprünglich und wesentlich soziale Verfaßtheit des Glaubens (Kirche).
Die 2. Frage richtet sich auf die inneren Bewegkräfte für die Gestalt der Kirche in der Entwicklung der Theologie, der Frömmigkeit und des kirchlichen Rechts.
Erst (3.) die Verstrebung dieser beiden Fragestellungen, die eng zusammengehören und in gleicher Weise notwendig sind, ermöglicht ein geschichtliches Verstehen, denn erst auf dem Hintergrund dieser Zusammenschau läßt sich die
4. Frage nach der Evangeliumsgemäßheit der geschichtlichen Praxis der Kirche stellen, indem innerhalb der besonderen Grundstruktur von Kirche die Beziehungssysteme („Weltbezug" und Bezug zu Christus als dem Grund des Glaubens) in ein Verhältnis gesetzt werden: Wie hat der christliche Glaube in Orientierung an seinem Grund sich auf wandelnde geschichtliche Situationen eingestellt bzw. neue geschichtliche Situationen hervorgebracht?
Wie alle theologischen Disziplinen hat es die Kirchengeschichte „mit ‚Texten' im weitesten Sinn zu tun, d. h. mit durch Texte vermittelter Erfahrung, Geschichts- und Wirklichkeitsdeutung" (vgl. Votum Balz, Punkt 6). Die Kriterien für die „Evangeliumsge-

mäßheit“ kann sie aber nur indirekt ihren „Texten“ entnehmen, indem diese über sich hinaus-, nämlich zurück-verweisen auf die biblischen Texte als Bezeugung des Glaubensgrundes.
Nur exemplarisch-schlaglichtartig wird im GK-Papier die Frage beantwortet: Was „gibt oder nützet“ das Studium der Kirchengeschichte? Die Erfassung der „Komplexität der geschichtlichen Praxissituation der Kirche im gesamtgesellschaftlichen Kontext“, zu dem das kirchengeschichtliche Studium anleiten kann, wird als eine „Voraussetzung für die angemessene Wahrnehmung der Praxisbedingungen der Kirche im geschichtlichen Leben der Gegenwart“ bezeichnet. Der Part der Kirchengeschichte soll damit aber keineswegs einseitig als „Orientierung für die Praktische Theologie“ bestimmt werden. Wenn dem kirchengeschichtlichen Studium „eine grundlegende Orientierungsfunktion für die Praxis der Kirche und das Handeln in ihrem Amt“ beigemessen wird, so mag diese Formulierung vielleicht ein solches einengendes Mißverständnis nahelegen. Gemeint ist aber: für die ganze Breite kirchlichen Lebens in Lehre und Handeln.
Es wäre wohl hilfreich gewesen, einige Konkretionen dieser Orientierungsfunktion auch im Blick auf den Zusammenhang mit anderen theologischen Disziplinen aufzuführen: z. B. die Bedeutung für die biblischen Fächer (Auslegungsgeschichte), für die Dogmatik (Dogmen- und Theologiegeschichte, Konfessionskunde, Ökumenik).
Gerade auch bei der Beschreibung der Kirchengeschichte und ihrer Bedeutung für das Studium der Theologie wäre es angezeigt gewesen, die Situation der Studierenden zu bedenken (Wandlungen im Selbst- und Wirklichkeitsverständnis; Defizite des Geschichtsunterrichts an den Schulen und Fülle des kirchengeschichtlichen Stoffes etc.).
Was macht die so beschriebene Kirchengeschichte zu einer theologischen Disziplin? Welchen Beitrag leistet sie zur Gewinnung theologischer Kompetenz?
Wenn als Gegenstand der Kirchengeschichte die Fülle der Ausdrucksformen „der ursprünglich und wesentlich sozial verfaßten Existenz des Glaubens in der geschichtlichen Welt“ begriffen wird, dann resultiert das Verständnis der Kirchengeschichte als theologischer Disziplin aus dieser Grundstruktur – der spannungsvollen Polarität und doch unlösbaren Zusammengehörigkeit von „Weltbezug“ und Bezug zum Grund des Glaubens („Evangeliumsgemäßheit“).

Die Kirchengeschichte vermittelt nicht (im kath. Sinn) einen Wahrheitszuwachs des Glaubens, wohl aber einen Erkenntnis- und Verständnisgewinn im Umgang mit der Wahrheit. Die Einübung im Wahrnehmen fremder Wirklichkeit leistet einen wichtigen Beitrag zur Dialogfähigkeit (vgl. Seelsorge!) und zur Schärfung eigener theologischer Verantwortung (Luther: „Usus historiarum est, quod docent conscientias."). Sie kann die Erfahrung der eigenen geschichtlichen Bedingtheit und Beschränktheit bewußtmachen und so dazu anleiten, „mit dem Wahrheitsanspruch anspruchsvoll gegen sich selbst und bescheiden nach außen hin umzugehen" (Ebeling).

5. Prof. Dr. Jürgen Ziemer (Votum 5)

Praxisbezug im Theologiestudium
– Praktisch-theologisches Votum –

Die Zuordnung der drei Dimensionen theologischer Ausbildung – Befähigung zu wissenschaftlicher Urteilsbildung, Aneignung unverzichtbaren Berufswissens und Herausbildung persönlicher theologischer Identität – ist das Grundproblem jeder Ausbildungskonzeption. Die „Grundsätze" der Gemischten Kommission haben dieses Problem durch die Formulierung und Ausarbeitung eines Leitbegriffs für die Theologenausbildung, eben dem der „theologischen Kompetenz", zu lösen versucht. Mir scheint dieser, inzwischen vieldiskutierte Begriff (den übrigens auch die 3. Kommission für Ausbildung des BEK in ihren „Überlegungen und Vorschlägen zur Gestaltung des Theologiestudiums" von 1984 in den Mittelpunkt gestellt hatte) recht geeignet, die unterschiedlichen Zielaspekte zu bündeln und der theologischen Ausbildung eine einheitliche, logische und systematische Ausrichtung zu geben. Ohne den mit den Grundsätzen gegebenen sachlichen Fortschritt der Ausbildungsdiskussion in Frage stellen zu wollen, sollen im Folgenden einige ihrer Intentionen verstärkt und Akzentuierungen modifiziert werden.

Das geschieht aus dem Blickwinkel der Praktischen Theologie und auf dem Hintergrund ostdeutscher Erfahrungen.

Als Leitfaden dient mir dabei die Forderung nach einem angemessenen Praxisbezug im Grundausbildungsgang.

Dabei ist von vornherein das Mißverständnis einer pragmatistischen Engführung auszuschließen. Es geht natürlich nicht um eine extensive Ausbildung von Berufsfertigkeiten, wohl aber um exemplarische Ermöglichung berufsrelevanter Erfahrungen. Praxisbezug erscheint mir primär vor allem deswegen unverzichtbar zu sein, damit das in den Grundsätzen intendierte Ziel – die Ausbildung „theologischer Kompetenz“ – auch wirklich erreicht werden kann.

Praxisbezug im hier gemeinten Sinne hat vor allem die Funktion, den Studierenden die notwendigen Erfahrungen zu vermitteln, ohne die die geforderten kognitiven, personalen und pragmatischen Fähigkeiten nicht erlangt werden können. Vor allem durch konkreten Praxisbezug wird der „Text“ der gemeindlichen und gesellschaftlichen Wirklichkeit zugänglich, den es in der Ausbildung zu „studieren“ gilt.

Die Bemühung um einen verstärkten Praxisbezug im Studium, die besonders auch in der Diskussion um eine Ausbildungsreform in den Kirchen der früheren DDR eine wichtige Rolle spielte, bedingt zwei Modifikationen gegenüber dem Grundsatzpapier der Gemischten Kommission:

- **einmal** erscheint es mir notwendig, die **Verzahnung** der drei Ausbildungsphasen stärker zu betonen, als dies in den Grundsätzen geschieht. Es wäre durchaus sachgemäß, wenn bestimmte Ausbildungsmethoden – etwa Predigt- und Gesprächsanalyse – schon im Studium ihren Platz hätten, so daß im Predigerseminar mit der vertiefenden Arbeit an bereits Gelerntes angeknüpft werden könnte. Eine Herstellung von mehr Kontinuität scheint mir schon deshalb notwendig, um der Gefahr zu entgehen, daß das im Studium Erworbene in der zweiten Ausbildungsphase oder doch spätestens nach dem zweiten Examen leichtfertig über Bord geworfen wird.

  In umgekehrter Richtung gilt aber auch, daß in den fortführenden Ausbildungsphasen vor dem neuen Erfahrungshintergrund noch einmal Aufgaben und Methoden des Studiums aufgenommen werden sollten.
- **zum andern** erscheint mir die Festlegung der Praktischen Theologie auf die „Theorie der Praxis“ (Grundsätze S. 35) zu einseitig. Ohne hier auf wissenschaftstheoretische Zusammenhänge eingehen zu können, möchte ich doch betonen, daß zur Praktischen Theologie auch in Maßen „eigenverantwortlich zu projektierende Praxis“ (Grundsätze S. 33) gehö-

ren sollte. Praktische Theologie hat für mich – und das ist gewiß auch eines ihrer Probleme – stets etwas Zwitterhaftes: sie teilt mit den anderen Disziplinen den überwiegend theoretischen Charakter des Grundstudiums, sie bereitet andererseits auf die Praxissituation des Pfarramtes auch dadurch vor, daß sie eine punktuelle Teilhabe an dieser ermöglicht.

Was heißt nun **„Praxisbezug"** im einzelnen? Ich nenne, ohne Anspruch auf Vollständigkeit, ein paar mir besonders wichtige Aspekte:

1. Die wichtigste Form des Praxisbezugs wäre im Sinne des Hauptzieles der Ausbildung ganz gewiß die **„Reflexion eigener Lebenserfahrung"** (Grundsätze S. 18). Es ist außerordentlich begrüßenswert, daß die Grundsätze dieser Aufgabe eine zentrale Position im theologischen Grundstudium zuerkennen. Die Aufgabe ist implizite allen theologischen Disziplinen gestellt. Praktisch bedeutet dies aber, daß es während des Studiums auch Orte und Gelegenheiten geben muß, wo der Prozeß der Selbstauseinandersetzung explizite vorangetrieben werden kann. Nicht alles wird hier von der Fakultät oder Hochschule selbst geleistet werden können, aber diese dürfen sich doch der Verantwortung nicht entziehen. Begegnungsgruppen, Meditationspraxis, existenzbezogene Bibelarbeit, Einzelgespräche, punktuelle Praxis gemeinsamen Lebens (z. B. bei Blockseminaren) u. a. m. sollten den Studierenden als Angebot präsentiert werden. Es muß im Studium leicht zugängliche Möglichkeiten geben, die Studierende einladen, Zweifel und Glauben zu artikulieren und nach begründeter Lebensorientierung zu suchen.
2. Unbedingt notwendig sind Möglichkeiten einer aktiven und passiven Partizipation an der **geistlichen Praxis** von Kirche und Gemeinde. Erfahrungsgemäß ist die Verwurzelung im Gemeindeleben bei vielen Theologiestudierenden heute nicht mehr selbstverständlich gegeben. Die verpflichtende Bindung an eine Gemeinde am Hochschul- oder Heimatort, die Einrichtung geistlicher Mentorate o. ä. scheint unter gegenwärtigen Bedingungen kaum realisierbar zu sein. Auch die ESG und der Hochschulgottesdienst erfüllen die hier zu leistenden Aufgaben in vielen Fällen nicht. Dagegen könnte die Installation von Studentenseelsorgern oder Studentenseelsorgerinnen durch die jeweiligen Landeskirchen hier eini-

ges leisten. Sicher gibt es keine generellen Lösungen, aber die Suche nach Wegen zur Ermöglichung von Erfahrungen in geistlicher Lebenspraxis muß intensiviert werden.

3. Ein wichtiger Aspekt des Praxisbezugs ist nun ferner die im Grundsatzpapier herausgestellte Verpflichtung zum **„Verfassen eigener Texte“** (S. 24). Daß diese Aufgabe oft erst eigentlich das Er-fassen vorgegebener Texte und ihres „Sinnes“ herbeiführt, ist jedem theologischen Lehrer vertraut. Darüber hinaus stellt das Verfassen eigener Texte ein wichtiges Moment persönlicher und theologischer Selbsterfahrung dar. Erst wer eigene Texte – sei es theoretisch-reflektierender oder praktisch-entwerfender Natur – zu erarbeiten hat, erkennt oft, wie es mit seinem persönlichen Verhältnis zur Sache, seiner Fähigkeit, diese eigenständig zu vertreten, und seiner spezifischen Vermittlungskompetenz steht. Hierin liegt beispielsweise ein besonderer Wert der Predigt, die im Studium zu erstellen ist: Sie fordert Studierende heraus, verständlich zu anderen über den Glauben zu reden, ohne sich hinter Autoritäten verstecken zu können.
4. Bei einer größeren Anzahl von Studienbewerbern kann heute kaum noch vorausgesetzt werden, daß sie eine ausreichende Anschauung vom Leben der Kirche und Gemeinden mitbringen. Für die im Grundsatzpapier zu Recht geforderte **„Vorstellung“** von der Praxissituation des geistlichen Amtes (S. 35) sind darum Praxiserfahrungen unerläßlich. Mir scheinen diese gegenwärtig ohne ein verpflichtendes **Gemeindepraktikum** (neben Praktika in Diakonie, Industrie, Sozialarbeit) nicht erreichbar. Die Praktika sollten so lang und intensiv sein, daß nicht nur durch Hospitation eine Anschauung von der Gemeindepraxis gewonnen wird, sondern auch durch begrenzte Beteiligung an den pastoralen Arbeitsaufgaben eine Erfahrung im Blick auf die spezifischen Chancen und Probleme des Pfarramts erlangt wird. Es hat sich gerade im Blick auf die Berufs- und Studienmotivation als sinnvoll erwiesen, ein etwa dreimonatiges Gemeindepraktikum in der Mitte des Studiums zu positionieren. Dabei käme es darauf an, das Praktikum nicht als eine „Unterbrechung“ des Studiums, sondern als dessen integralen Bestandteil anzusehen, für dessen fachgerechte Vorbereitung und Auswertung die Fakultäten/Hochschulen mitverantwortlich wären. (Zur

Bedeutung des Praktikums für das Studium in der früheren DDR vgl. die ausführliche Analyse von F.-H. Beyer, Theologiestudium und Gemeinde, Rostock 1990 [ungedr. Habil. Schr.].)

5. In den Lehrveranstaltungen der Praktischen Theologie sollte der Anteil **praktische Übungen** nicht zu gering veranschlagt werden. Dabei käme es darauf an, die gemeindliche Situation nicht nur zu „imaginieren“ (vgl. Grundsätze S. 35). Das homiletische Seminar etwa wird sehr viel wirklichkeitsnäher und dann auch verbindlicher, wenn die Studierenden selbständig Gemeindegottesdienste vorbereiten und durchführen müssen. Ähnliches gilt von religionspädagogischen bzw. katechetischen Übungen. Auch in einem Seelsorgeseminar sollte es möglich sein, reale Gesprächserfahrungen mit einzubeziehen und so ein Gespür für die Dynamik einer Seelsorgebeziehung zu vermitteln. Natürlich kommt man im Studium nicht ohne imaginierte Praxissituationen aus (z. B. Rollenspiel, Fallstudien, Beispielberichte), sie haben auch ihren guten Sinn, aber der Praxisbezug sollte auf diese nicht beschränkt bleiben. In angemessener Weise wäre z. B. auch an Projektseminare (z. B. für einen Familiengottesdienst, ein Gemeindeseminar o. ä.) zu denken. Von großer Bedeutung für die Ausbildung wäre es auch, wenn Methoden empirischer Forschung (Interviews, Befragungsaktionen, Gemeindeanalyse u. a.) stärker integriert werden könnten (nicht nur bei der Planung entsprechender Lehrveranstaltungen, sondern auch bei der Vergabe von Themen für Hausarbeiten).

In allen Fällen ist klar, daß für den Praxisbezug im Studium nur ein begrenzter Raum zur Verfügung steht. Gegenwärtig ist er in den meisten Fällen jedoch zu gering. Hier sind in Zukunft Umschichtungen unerläßlich. Praxisbezug darf nicht als eine Zusatzforderung verstanden werden, die dann nur dazu beitrüge, die Studienzeiten noch mehr zu verlängern. Es geht, das sei noch einmal betont, bei allem nicht um eine extensive Einübung in den Pfarrdienst, sondern um exemplarische Praxisbegegnung, der dann jeweils eine intensive, wissenschaftlich fundierte Reflektion zugeordnet werden müßte.

Die Gefahr einer Verflachung und Verzweckung des Theologiestudiums sollte nicht geringgeschätzt weden. Allerdings sollte man sie auch nicht überbewerten. Jedenfalls glaube ich keineswegs, daß mehr Praxisbezug automatisch zu einem Verlust an wissenschaftlichem Niveau führen müßte. Es bleibt bedauerlich, daß Erfahrungen mit alternativen – stärker praxis- und gruppenbezogenen – Studienformen, wie sie z. B. im Bereich der sächsischen Landeskirche einmal geplant waren, nicht zur Verfügung stehen.

6. Prof. Dr. Michael Beintker (Votum 6)

Der systematische Ansatz des Entwurfs der Gemischten Kommission

Die „Grundsätze" orientieren sich (1) an dem maßgeblichen Ziel aller theologischen Ausbildung, (2) an der Frage nach dem für die Erreichung dieses Ziels geeigneten Weg und (3) an der sowohl für das Ziel als auch für den Weg zu ihm elementaren Steuerungsgröße: der in den Kirchen der EKD geltenden Ordnung und Lehre, wobei die Frage nach den Formen mündiger Aneigung des Wahrheitsgehalts kirchlicher Lehre gegenüber der Explikation der Ordnungsfragen im Vordergrund steht. Die Trias von Ziel, Weg zu diesem Ziel und den (in der kirchlichen Lehre gesuchten) inhaltlichen Vorgaben für die Beschreitung des Weges und die Bestimmung des Ziels prägt die innere Systematik der „Grundsätze". Bei der Ausrichtung an dieser Trias verfahren die „Grundsätze" analog den Ausbildungsdokumenten anderer unversitärer Fächer.

(1) Als ein maßgebliches Ziel aller theologischen Ausbildung fassen die „Grundsätze" die auftragsgemäße und professionelle Ausübung des Pfarramtes ins Auge. Gewiß ließen sich auch noch andere Ziele theologischer Ausbildung namhaft machen. Aber vernünftigerweise wird man eine Ausbildung immer auf *das* Berufsfeld zuschneiden, auf dem sich die bei weitem dominierende Mehrheit der Absolventen bewegen wird. Man kann dieses Berufsfeld empirisch beschreiben, indem man ein wünschenswertes Leitbild heutiger pastoraler Existenz in Kirche und Gesellschaft entwirft und an ihm die Aus- und Fortbildungserfordernisse ausrichtet. Die „Grundsätze" haben an dieser Stelle das „grundsätzlichere" Verfahren gewählt, indem sie von dem alle Empirie konstituierenden theologischen Profil des Pfarrerberufes ausgehen und das evangelische Verständnis des „ministerium verbi Divini" als invariante Zielperspektive der Ausbildung reklamieren. Sie stützen sich dabei auf die in den Gliedkirchen der EKD als unstrittiger Konsens geltenden Aussagen von CA V, VII

und XIV und ihre Bekräftigung in der Leuenberger Konkordie. Die Gemeinde Jesu Christi als allgemeine Priesterschaft der getauften Glaubenden braucht Menschen, die sich für die öffentliche Wortverkündigung in Predigt und Sakrament ausbilden und qualifizieren lassen und in Form einer ordentlichen Berufung für diesen Dienst autorisiert werden. Von ihnen darf erwartet werden, daß sie in Gottesdienst, Seelsorge und Unterweisung die frohe und befreiende Botschaft des Evangeliums bezeugen und die Menschen der alles verwandelnden Wirklichkeit des Gekreuzigten und Auferstandenen vergewissern. Man muß also kein dem Christsein in der Welt von heute unverträgliches „steiles" Amtsverständnis aus den „Grundsätzen" schlußfolgern oder ihnen gar die Bindung an ein volkskirchliches Konzept unterstellen. Die das kirchliche Amt betreffenden Aussagen sind vielmehr Erinnerung an den elementaren Grundbestand evangelischer Ekklesiologie, vor dem sich auch jede empirisch angelegte Beschreibung von Pfarrer- oder Pfarrerinnenbildern bewähren können muß. Die Erwartung, das Amt solle auftragsgemäß und professionell geführt werden, besagt etwas ganz Selbstverständliches: Sie weist auf die spezifische Verantwortung hin, die die theologisch qualifizierten Glieder der Gemeinde mit ihrer Ordination übernehmen. Und sie mutet ihnen ein aufgabenspezifisches Können (Professionalität) bei der Ausübung ihres Berufes (ihrer Profession) zu.
(2) Eine notwendige Bedingung solcher Professionalität ist *theologische Kompetenz*. Der Weg der Ausbildung zur Erreichung des Berufsziels Pfarrer/Pfarrerin soll die Studierenden in eine Lern- und Bildungsgeschichte einbeziehen, die sich wesentlich durch den Gewinn theologischer Kompetenz auszeichnet. Ich muß an dieser Stelle sicherlich nicht die vielzitierten Grundaussagen des Entwurfs zum Begriff der theologischen Kompetenz wiederholen. Er ist in den Rückäußerungen zutreffend als „integrativer Mittelbegriff", als „diejenige *Grundfähigkeit*" charakterisiert worden, „die jederzeit und in allen Tätigkeitsbereichen des Pfarramtes verlangt ist" (Diskussionsbericht, 22.23). Absolventen einer theologischen Ausbildung sollen in der Lage sein, ihre beruflichen Tätigkeiten auf der Basis theologischer „Kenntnisse, Einsichten und Fertigkeiten" zu entwerfen, zu reflektieren, zu beurteilen, zu korrigieren und sie in eine erkennbare Beziehung zum Wort vom Kreuz als dem konstitutiven Zentrum kirchlicher Lehre zu setzen. Sie sollen theologisch so weit urteilsfähig geworden sein, daß sie

begründet wissen, was sie tun bzw. was sie nicht tun können. Ja sie sollen diese Urteilsfähigkeit in ihrer individuellen Bildungsgeschichte – die die Suche nach ihrer Identität einschließt – so weit verinnerlicht haben, daß sich auch von einer „Habitualisierung“ ihrer theologischen Kompetenz reden läßt.
Die „Grundsätze“ haben den Begriff der theologischen Kompetenz sehr bewußt prinzipiell gehalten. Es war das erklärte Ziel, die invariante Struktur der Entwicklung theologischer Kompetenz und ihrer Aufbauelemente ins Gesichtsfeld zu bekommen, damit dann um so begründeter über erforderliche Reformprojekte nachgedacht werden kann. Und es sollte zum Ausdruck kommen, daß theologische Kompetenz nicht in Konkurrenz zu den anderen, vielfältigen Kompetenzfeldern des Pfarrdienstes gedacht werden kann (z. B. pastorale, dialogische, hermeneutische, kybernetische, diakonische, spirituelle, ökumenische Kompetenz), sondern als deren tragende Achse zu verstehen ist. Hierbei werden sich auch Rückwirkungen von den unterschiedlichen Kompetenzfeldern auf die Ausprägung theologischer Kompetenz ergeben. Eine für die Führung des Amtes relevante Eignung ist jedoch ohne theologische Kompetenz nicht vorstellbar. Das Können an dieser entscheidenden Stelle ist von ausschlaggebendem Gewicht für alles pastorale Handeln.
(3) Möglicherweise ist der Begriff der theologischen Kompetenz deshalb so kontrovers diskutiert worden, weil er von der GK in engste Beziehung zu der in den Kirchen der EKD in Geltung stehenden Lehre und Ordnung gesetzt wurde. Aber hatte die GK eine andere Wahl, um die entscheidende Steuerungsgröße für den Aufbau theologischer Kompetenz namhaft zu machen? Theologische Kompetenz entwickelt sich jedenfalls nicht abseits von ihrem eigentlichen Bewährungsfeld, sondern bedarf der lebendigen Fühlungsnahme mit der in einer – hier: reformatorischen – Kirche geltenden Lehre, die die angehenden Pfarrerinnen und Pfarrer kennen, beurteilen können und eigenverantwortlich – d. h. in frei gewonnener Überzeugung – vertreten sollen. Die Kritiker der „Grundsätze“ befürchten an dieser Stelle Indoktrination. Das mag zum einen an einem den „Grundsätzen“ unterstellten formelhaften Lehrbegriff liegen, zum anderen daran, daß man zu schnell übersieht, daß sich die Studierenden die Einsicht in die „Vertrauenswürdigkeit und Zuverlässigkeit des Evangeliums“ (Grundsätze, 7) gerade nicht anlernen sollen (was die „Einsicht“

faktisch aufhebt), sondern daß sie diese Einsicht *selber* gewinnen sollen. Darf man der Wahrheit des Evangeliums noch zutrauen, daß sie den Menschen, die sich ernsthaft um sie bemühen, auch wirklichkeitserschließend vernehmbar wird?

Das Evangelium – der Text spricht auch zutreffend vom „Wort vom Kreuz" – als Botschaft von der Rechtfertigung des Gottlosen allein aus Gnade ist mit Sicherheit als der Kristallisationskern aller in den reformatorischen Kirchen in Geltung stehenden Lehre zu betrachten. Es wird nützlich sein, an die Weite des reformatorisch gefaßten Begriffes von Lehre zu erinnern: Doctrina evangelica zu sehen als ein komplexes Beziehungsgefüge von grundlegenden Äußerungen des christlichen Glaubens, die uns bei der Frage nach dem sich uns in Christus erschließenden Geheimnis Gottes auf die rechte Fährte setzen wollen, damit wir den sich unser erbarmenden Gott recht erkennen (und von falschen Göttern zu unterscheiden lernen) und in ihm unser Leben finden. Zitate aus den – wichtigen – Bekenntnisschriften allein tun's hier nicht, gewißlich aber „Kenntnisse, Einsichten und Fertigkeiten", die im Dialog zwischen reformatorisch geschulter Lesart der Wirklichkeit und den heutigen Realitäten gewonnen werden. Wer sich auf einen solchen Lernprozeß einläßt (der Begriff der Lehre impliziert den des Lernens), wird es auf keinen Fall als Zumutung zurückweisen, den Christen und Nichtchristen seines Wirkungsfeldes das Evangelium nahezubringen und ihnen verläßlich Auskunft darüber zu geben, weshalb er/sie Pfarrer/Pfarrerin einer evangelischen Kirche ist.

Bei den Rückäußerungen haben zwei wichtige Fragen eine herausragende Rolle gespielt, auf die ich noch kurz eingehen möchte.

a) Ergibt sich nicht aus der Orientierung an kirchlicher Lehre eine problematische Verlagerung der Aufmerksamkeit vom reformatorischen „Sola scriptura" als der norma normans auf die Lehrüberlieferung der Kirche? Antwort: Reformatorische Lehre setzt das „Sola scriptura" als Kriterium und Korrektiv ihrer selbst voraus. Das Hören und Lernen mit der Schrift wird von reformatorischer Lehre zwingend gefordert. So gehört es zur theologischen Kompetenz, „den Literalsinn des biblischen Offenbarungszeugnisses so klar zu beschreiben, daß dann die kirchliche Lehre auf ihre Evangeliumsgemäßheit hin überprüft werden kann" (Grundsätze, 31).
b) Favorisieren die „Grundsätze" nicht viel zu einseitig die

Identifikation der Studierenden mit der in Geltung stehenden Lehre, so daß die *kritische* Funktion der Theologie für die Lehre der Kirche marginalisiert wird? Antwort: Die „Grundsätze“ hatten auf dem Hintergrund der Konfusionen, die gegenwärtig gegenüber der Wahrheitsfrage zu beobachten sind, Anlaß genug, die Wahrheitsfähigkeit von Lehraussagen zu unterstreichen. Gleichwohl kann ja nicht behauptet werden, daß die in der Kirche in Geltung stehende Lehre so gepflegt wird, daß man in den faktischen Äußerungen der Kirche das Evangelium erkennt. Ebenso kann nicht gesagt werden, daß die Lehre der Kirche nicht entwicklungsfähig sei. Kritik ist angebracht, aber gerade auch Kritik setzt Kenntnisse, Einsichten und Fertigkeiten voraus. In diesem Sinne impliziert theologische Kompetenz viel rascher die Kritik an der vorfindlichen kirchlichen Realität, als den skeptischen Betrachtern des Entwurfs wohl bewußt war.

Ich stelle an das Ende dieser Skizze ein Zitat, das aus einer Thesenreihe der Theologischen Kommission des Bundes der Evangelischen Kirchen in der früheren DDR stammt. Die Kommission diagnostizierte in Gemeinde und Kirche eine problematische „Theologieverdrossenheit“. Sie verabschiedete im Juni 1988 eine Thesenreihe, in der es unter anderem heißt:

„Theologie im engeren Sinn ist das Bemühen, mit Hilfe wissenschaftlicher Methoden den christlichen Glauben darzustellen, verstehbar zu machen und gegenüber den jeweiligen Herausforderungen der Zeit zu bewähren. Dies erfordert bestimmte Fähigkeiten und eine entsprechende Ausbildung. Dazu gehört die Gabe, den Glauben anderen in Verkündigung und Lehre auszulegen . . ., Nichtchristen Auskunft zu geben . . . oder auch falsche und richtige Erkenntnisse voneinander zu unterscheiden . . .“

(Die Gemeinde braucht die Theologie – zur Kritik der „Theologieverdrossenheit“. Stellungnahme der Theologischen Kommission des Bundes der Evangelischen Kirchen in der DDR [1988], These 2.2.)

Auch das darf als ein Plädoyer für theologische Kompetenz verstanden werden.

Zu folgenden Punkten sollte ein Konsens angestrebt werden:

1. Für die Gestaltung und Reform theologischer Ausbildung ist das künftige Berufsfeld der Absolventinnen und Absolventen

entscheidend. Der Beruf des Pfarrers/der Pfarrerin in einer evangelischen Landeskirche kann als der Regelfall des künftigen beruflichen Einsatzes der Studierenden Evangelischer Theologie gelten, sofern sie nicht einen Lehramts- oder einen Magisterstudiengang gewählt haben. Anhand der berufsspezifischen Erfordernisse der künftigen Tätigkeit lassen sich unterschiedliche Berufsbilder entwickeln, die dem Wandel pastoraler Existenz in den komplexen Lebensbezügen der heutigen Gesellschaft Rechnung tragen. Von tragender Bedeutung bleibt jedoch immer das theologische Verständnis des Pfarrerberufs. Es fordert den evangelischen Begriff des kirchlichen Amtes, dessen Rechte und Pflichten durch die Ordination übertragen werden.

2. Mit der Übertragung des Amtes verbinden sich bestimmte Erwartungen. Sie sind nicht beliebig. So ist der Auftrag der Kirche, der im Missionsbefehl des Auferstandenen wurzelt, vorgegeben. Auf der Linie der reformatorischen Bekenntnisse ist er dahingehend formuliert worden, „an Christi Statt und also im Dienst seines eigenen Wortes und Werkes durch Predigt und Sakrament die Botschaft von der freien Gnade Gottes auszurichten an alles Volk“ (Barmen VI). Die Frage, inwieweit die Kirche aus diesem und für diesen Auftrag lebt, darf nicht verstummen. Besonders von den Inhaberinnen und Inhabern des Pfarramtes kann erwartet werden, daß sie sich in der Verantwortung gegenüber dem Auftrag der Kirche wahrnehmen und in der Lage sind, ihre beruflichen Tätigkeiten auf dem Hintergrund des Auftrags der Kirche zu sehen und auszuüben.
3. Auftragsbeschreibung, -entfaltung, -prüfung und -praxis sind jeweils nicht nur interpretationsbedürftig, sondern auch interpretationsfähig. Kirchliche Lehre im Sinne des reformatorischen Verständnisses von „doctrina evangelica“ ist zu verstehen als geistiges und geistliches Orientierungsgefüge der Auftragsentfaltung und Auftragsvergewisserung, das uns im Bemühen um Wahrheits- und Evangeliumsgemäßheit unserer Auftragspraxis unterstützt und fördert.
4. Es ist zu unterscheiden zwischen der in den evangelischen Kirchen geltenden Lehre, wie sie vornehmlich ihren Niederschlag in bekenntnishaften Lehrdokumenten („Bekenntnisschriften“) gefunden hat, und dem Prozeß ihrer Aneignung

im Spannungsfeld von Kritik und Einverständnis. Nach evangelischer Auffassung ist kirchliche Lehre nicht reduzierbar auf feststellbare und erlernbare Satzwahrheiten (die womöglich blind geglaubt werden müssen). Vielmehr kommt kirchliche Lehre erst dann zu ihrem Ziel, wenn die Einsicht in ihren Wahrheitsgehalt jeweils neu gewonnen worden ist und eigenverantwortlich vertreten werden kann. Eine entscheidende Aufgabe wissenschaftlicher Theologie besteht darin, den Wahrheitsgehalt kirchlicher Lehre argumentativ und überprüfbar sichtbar zu machen.

5. Die selbst gewonnene Einsicht in den Wahrheitsgehalt evangelischer Lehre ist die Mindestbedingung für eine auftragsgerechte Ausübung des Pfarramtes. In Verkündigung, Unterricht und Seelsorge sollen Menschen den befreienden Zuspruch und Anspruch des Evangeliums erfahren, um von ihm her zu leben. Wer Menschen in ihrer Ansprechbarkeit auf das Evangelium fördern möchte, muß selber verstanden haben, was er glaubt, braucht eigene Klarheit, um in seinem Reden und Handeln Klarheit zu vermitteln, soll Gewißheit empfangen haben, damit er nicht andauernd Ungewißheiten produziert und den Wahrheitsgehalt des Evangeliums verstellt.
6. „Theologische Kompetenz" bezeichnet die basale Grundstruktur aller pastoralen Kompetenzen, folglich besteht in ihrer Entwicklung ein vorzügliches Ziel theologischer Ausbildung.

7. Stellungnahme der Konferenz der gliedkirchlichen Referentinnen und Referenten für Fortbildung. Vorgetragen von Pfarrer Erhard Domay

Grundsätze zur theologischen Fort- und Weiterbildung
Villigst, den 10. 12. 1991

1. Die Fortbildungsreferentenkonferenz der EKD (FRK) hat noch einmal die Situation im Bereich der theologischen Aus- und Fortbildung – Phasen 1–3 – überdacht.

2. Sie hat noch einmal die folgenden Dokumente gesichtet:
   2.1 Empfehlungen zur Reform der theologischen Ausbildung 1972

2.2 Grundsätze für die Ausbildung und Fortbildung der Pfarrer und Pfarrerinnen der Gliedkirchen der EKD, Gemischte Kommission, 1988
2.3 Stellungnahme der FRK zu diesen Grundsätzen, April 1989
2.4 Diskussionspapier zur V. Würzburger Konsultation über Personalplanung in der EKD, 1989

3. Die FRK geht davon aus, daß sich die Situation in der Kirche erheblich verändert hat. Aus der traditionsgeleiteten gewachsenen Lebensgemeinschaft ist eine offene *Lerngemeinschaft* geworden. Es kann daher nicht mehr nur um Bestätigung und Vergewisserung des christlichen Selbstverständnisses gehen, sondern es muß auch um immer neues Fragen, um wiederholte Auseinandersetzungen, immer neue Begegnungen und insofern dann auch um gemeinsames Gestalten gehen.

4. Aufgrund dieser veränderten Situation hält die FRK im Blick auf die Fortbildung von Pfarrerinnen und Pfarrern die folgenden Punkte für wesentlich:
Grundsätzlich gehen wir davon aus, daß Fortbildung immer auf die Personen von Pfarrerinnen und Pfarrern, auf die konkreten Handlungsfelder (d. h. auch auf die in ihnen begegnenden anderen Mitarbeiterinnen und Mitarbeiter) und auf die personellen Erfordernisse der Kirche bezogen ist.
Ebenso gehen wir grundsätzlich davon aus, daß alle Dimensionen der Aus- und Fortbildung vorschauend und rückblickend (also epigenetisch) aufeinander bezogen und auf einer existentiellen Ebene integriert sind.
Wir knüpfen an die im Würzburger Papier genannten drei Dimensionen theologische Kompetenz, missionarische Kompetenz und kybernetische Kompetenz an und erweitern sie zu folgendem Schema:

theologische Existenz
geistliches Leben und
menschliche Reifung

		Befähigung in Kommunikation und Leitung	Ziel: kommunikative und kybernetische Kompetenz
	Befähigung in Verkündigung und Dienst		Ziel: kerygmatische, poimenische, miss., diakon. Kompetenz
Befähigung in theologischer Wissenschaft			Ziel: theologische Kompetenz
1. Phase Universität	2. Phase Vikariat	3. Phase Pfarramt	

- Phase 1 der theologischen Ausbildung: Den Schwerpunkt bildet die Befähigung in theologischer Wissenschaft. Das Ziel ist der Erwerb theologischer Kompetenz.
  Die beiden anderen Kompetenzen sind von dort aus gesehen Ergänzungen und Erweiterungen und machen die Dynamik der künftigen beruflichen Entwicklung sichtbar.
- Phase 2 (Predigerseminar): Den Schwerpunkt bildet die Befähigung in Verkündigung und Dienst. Das Ziel ist der Erwerb kerygmatischer, poimenischer, missionarischer und diakonischer Kompetenz.
  Von dort aus gesehen ist die theologische Kompetenz die Grundlage, die kybernetische Kompetenz ein Ausblick auf die zu erwartenden Berufsanforderungen.
- Phase 3 (theologische Fort- und Weiterbildung): Den Schwerpunkt bildet die Befähigung in Kommunikation und Leitung. Das Ziel ist der Erwerb kommunikativer und kybernetischer Kompetenz.
  Von dort aus gesehen sind die theologische Kompetenz und die kerygmatisch-poimenische und missionarisch-diakoni-

sche Kompetenz Grundlagen, auf die ein ständiger Bezug erfolgen muß.

Die theologische Existenz wird von allen drei Ebenen bestimmt. Die Integration der drei Schwerpunkte ermöglicht lebensgeschichtlich akzentuiert geistliches Leben und menschliche Reifung.

5. Die theologische Existenz, die alle drei Dimensionen integriert, wird von Phase 1 über Phase 2 zu Phase 3 hin immer umfassender.

Die Phase 3 ist noch entschiedener von den Strukturen, Bedingungen und Einflüssen der gesamtgesellschaftlichen Umgebung bestimmt als die Phasen 1 und 2. Zudem ist sie ein lebenslang dauernder Prozeß.

6. Die Berufspraxis erfordert eine ständige Überprüfung erworbener Kompetenzen, die sich einerseits als tragfähig erweisen müssen, andererseits aber auch einander durchdringen müssen, um zu neuen Ansätzen und Aufbrüchen kommen zu können.

7. Das Lernen ist an der persönlichen Lebensgeschichte ebenso orientiert wie an den Entwicklungen in Kirche und Gesellschaft. So legt sich etwa folgende Angebotsstruktur nahe:

- erste Reflexion beruflicher Erfahrungen und Erwerb kybernetischer Fähigkeiten;
- Neuorientierung im Berufsfeld, Schwerpunktverlagerung oder Spezialisierung mit der Inanspruchnahme beruflicher Beratung;
- Angebote zur Motivation und zur Konzentration, Hilfen zum Wahrnehmen von Grenzen.

Selbstverständlich setzt die lebensgeschichtliche Orientierung einen hohen Grad an Selbstbestimmung von Pfarrerinnen und Pfarrern voraus – eine Selbstbestimmung, die die Anbieter von Fortbildungsveranstaltungen zu respektieren haben.

8. Möglicherweise wird es zu Konflikten zwischen den Fortbildungsinteressen einzelner und den personellen Erfordernissen der Kirchen kommen. Es ist nötig, diese Interessen transparent zu machen und auf dem Weg eines beruflichen Beratungsprozesses zur Geltung zu bringen.

9. Die Vielfalt gesellschaftlicher Gegebenheiten und der auf sie bezogenen kirchlichen Handlungsfelder macht die Zusammenarbeit mit Aus- und Fortbildern anderer kirchlicher Mitarbeiterinnen und Mitarbeiter und die Aufnahme humanwissenschaftlich konzipierter Fortbildungsangebote notwendig.

8. Problemanzeigen aus der Arbeit der Süd-Konferenz

Die Gemischte Kommission hatte 1984 folgenden Auftrag übernommen: Sie sollte den Ausbildungsgesamtplan von 1978 „überarbeiten" und „die dabei bisher ausgeklammerten, aber inzwischen neu aufgekommenen Fragen nach den inhaltlichen Bestimmungen theologischer (pastoraler) Kompetenz aufnehmen, die inzwischen deutlich veränderte Situation der Studierenden bedenken und die sich abzeichnenden künftigen Herausforderungen für die Kirchen beachten" (Grundsätze für die Ausbildung und Fortbildung der Pfarrer und Pfarrerinnen der Gliedkirchen der EKD, 1988, S. 2). Die Kommission hat als ersten Schritt ihrer Arbeit die Eröffnung der Diskussion durch die Erarbeitung und die Veröffentlichung der Diskussionsvorlage „Grundsätze" gewählt. Der zweite Schritt war folgerichtig die inhaltliche Auswertung des Rücklaufs auf diese Vorlage. Der dritte und vorläufig letzte Schritt hat darin bestanden, das in dieser Diskussion gewachsene gemeinsame Problembewußtsein durch zwei Konferenzen zwischen Vertretern der beteiligten Institutionen zu fixieren. (Die Wiedergabe der Diskussion folgt der Reihenfolge, in der die Voten abgegeben wurden.)

1. *Stellungnahme der Vertreterinnen des VeTh/KThF (Votum 2)*
   a) Ein großer Teil der Diskussionsbeiträge teilt die fundamentalkritische Sicht der studentischen Stellungnahme. Grundlegende Revisionsbedürftigkeit bestehe hinsichtlich des Kirchen- und Amtsverständnisses, des Bildungsbegriffs und insbesondere des Begriffs „theologische Kompetenz". Vor allem wird die Kritik am Bildungsbegriff der „Grundsätze" hervorgehoben und die Forderung nach einem Bildungsbegriff unterstützt, der partizipatorisch und diskursiv ist. Ferner teilen auch einige Stimmen die Auffassung, die „Grundsätze" seien überhaupt keine geeignete Diskussionsgrundlage. Es

wird die Ansicht vertreten, sie wichen grundsätzlich und in nicht mehr konsensfähiger Ausrichtung vom Ausbildungsgesamtplan von 1978 ab.

b) Einzelne Beiträge kennzeichnen die „Grundsätze" als respektablen Versuch einer Füllung der Leerstellen des Ausbildungsgesamtplans insbesondere in Inhalts- und Methodenfragen. Das könne sachgemäß nur auf der Ebene von grundsätzlichen Aussagen geschehen, die für unterschiedliche Situationen Geltung beanspruchen und für einzelne Reformmaßnahmen den Horizont abstecken, ohne ihnen vorzugreifen. Insofern seien die „Grundsätze" als Ausgangspunkt einer breiten öffentlichen Debatte zu begrüßen, an deren Ende erst ein tatsächlicher Grundsatz-Konsens sichtbar werden könne. Ein solcher Diskussionsprozeß und seine Dokumentation sei unter protestantischen Bedingungen die einzige Alternative zur Beliebigkeit.

c) Mehrfach wird angesprochen, daß sich durch die Einheit Deutschlands die Gesamtsituation von Kirchen und Universitäten seit der Abfassung der „Grundsätze" verändert hat. Es müsse die Frage gestellt werden, inwieweit die Situation und die geschichtliche Erfahrung der Kirchen und Gemeinden in Ostdeutschland theologische Impulse zu geben vermögen, die auf eine in den „Grundsätzen" bisher zu wenig vorkommende Dimension hinzielen: die Bedeutung von Kirche und Gemeinde für die Ausübung des pfarramtlichen Dienstes (Barmen III und IV). Wie ist mit der Minoritätensituation umzugehen? Auch sei zu fragen, inwieweit die gesellschaftlichen Minorisierungserfahrungen in der ehemaligen DDR von Bedeutung für die theologische Ausbildung im fortschreitenden Gesamtprozeß der Säkularisierung sein können. Welche konkreten Reformansätze sind nötig? Gelten dafür andere Grundsätze?

2. *„Der Zusammenhang von Ausbildung und Berufsausübung der Pfarrerinnen und Pfarrer" (Votum 1 b, Birkhölzer – in Aufnahme des zugleich vorliegenden Votums 1 a [Kampermann] aus der Nord-Konferenz)*

Die Diskussion konzentriert sich auf sechs Fragenkreise:

a) Inwieweit hängt der Bestand Evangelisch-Theologischer Fakultäten an der Ausbildung zum Pfarrerberuf?

b) Welches ist die besondere Begründung und Aufgabe Kirchlicher Hochschulen neben den Theologischen Fakultäten?
c) Welche Bedeutung hat die Theologie im Bildungszusammenhang der Universität?
d) Wie sind bei grundsätzlicher Bejahung der Einheit der drei Phasen der Aus- und Fortbildung die jeweils spezifischen Leistungen der einzelnen Phasen zu beschreiben?
e) Sind konkrete Vorschläge zur Gestaltung des Studiums formulierbar?
f) Kann der Zusammenhang von 1. und 2. Phase verbessert werden, z. B. durch engere Kooperation zwischen Theologischen Fakultäten und Predigerseminaren?

3. *„Texte und Textauslegung in der theologischen Ausbildung“ (Votum 3, Balz)*

Die Ausführungen stoßen auf breite Zustimmung. Sie lösen einen Gesprächsgang aus, der in drei Richtungen führt:

a) Besonderes Interesse findet der weite Textbegriff. Er stellt vor die Aufgabe einer „Hermeneutik der Situation“. Angesichts dessen müßte geklärt werden, ob für eine solche „Hermeneutik der Situation“ die Frage nach dem Eigensinn von Texten überhaupt noch eine Rolle spielen könne. Ergibt sich daraus die Verabschiedung des Insistierens auf der Frage nach dem Eigensinn von Texten?
b) Im Anschluß an den weiten Textbegriff werden Konkretisierungen des hermeneutischen Instrumentariums vorgeschlagen: Wahrnehmung des Situationsbezugs und der ästhetischen Binnenstruktur der Texte; Ergänzung des historisch-kritischen Methodenensembles um humanwissenschaftliche Methoden; enge Verbindung der akademischen Exegese zur Bibelauslegung der Gemeinde; Übergang von der Auslegung des Textes zu der Auslegung der Situation durch den Text.
c) Ein derart konkretisiertes Auslegungsverfahren läßt erkennen, daß in der Exegese historische, systematische und praktische Gesichtspunkte eine Einheit bilden. Umgekehrt gilt damit, daß alle historischen, systematischen und praktischen Fächer in der Bemühung um die biblischen Texte eine gemeinsame Aufgabe haben. Diese Einheit muß in allen Fächern zur Erfahrung kommen.

Mehrere Beiträge vertreten die Ansicht, daß sich das Votum nicht mehr auf dem Boden der „Grundsätze" bewege, z. B. in der Frage des Textverständnisses, der Unverzichtbarkeit der Frage nach dem Eigensinn der Texte und im Insistieren auf dem Kanon als der norma normans der kirchlichen Lehre. Daran anschließend wird gefragt, ob nicht auch umgekehrt die Stellung der Exegese in den Reformationskirchen von Grundaussagen kirchlicher Lehre abhängig sei.

4. *„Die ‚Grundsätze' und die (Kirchen-)Geschichte" (Votum 4, Schneider)*

Die Ausführungen finden ein positives Echo. Nachfragen richten sich auf folgende Punkte:

a) Steht auch die Beschäftigung mit der Kirchengeschichte unter der Leitfrage nach der Wahrheit bzw. Richtigkeit von geschichtlichen Entscheidungen?
b) Welche Anleitung zur Gegenwartswahrnehmung ergibt sich aus dem Studium der Geschichte? Welchen sozialgeschichtlichen und politischen Ort hat die Kirchengeschichtsschreibung, und welche politischen Implikationen hat eine geschichtlich vertiefte Wahrnehmung von Gegenwart?
c) Was bedeutet die heute weit verbreitete Unfähigkeit, Religion wahrzunehmen, für das Studium der Kirchengeschichte?
d) Wie sind die relevanten Stoffe zu finden? Wie ist mit der Fülle der Stoffe umzugehen? Wie kann die epochenübergreifende Einheit der Kirchengeschichte im Unterricht zur Darstellung kommen? Wie ist eine „eurozentristische" Geschichtsbetrachtung zu überwinden?

5. *„Praxisbezug im Theologiestudium" (Votum 5, Ziemer)*

Das Votum findet breite Zustimmung – auch dort, wo es unter Bezug auf die Ausbildungsdebatte im Bereich des BEKDDR Modifikationen gegenüber den „Grundsätzen" einbringt. Es herrscht Übereinstimmung darüber, daß auch in die 1. Phase ein Angebot zur punktuellen Teilhabe an Praxiserfahrungen – etwa in Gestalt von Praktika, Blockseminaren, Praxisprojekten etc. – gehören muß. Dabei dürfe allerdings nicht übersehen werden, daß die Studierenden bereits über eigene Lebenserfahrungen und Erfahrung mit kirchlicher Praxis verfügen, die einer Theoriebildung bedürfen und ihrerseits neue Fragen an die Theorie stellen. Auch sei das Studium selbst als Praxis ernst zu nehmen.

a) Es wird darauf hingewiesen, daß angesichts des reichhaltigen Praxisangebots in der 1. Phase Kriterien für die Auswahl zu entwickeln sind. Dabei sei die Frage entscheidend, ob und inwieweit Praxiserfahrungen der Erreichung des spezifischen Ziels dieser Phase – Klärung des persönlichen Verhältnisses zur Sache des Glaubens – dienen. Dafür sei jedenfalls eine notwendige Bedingung die theoretische Vorbereitung und Auswertung solcher Veranstaltungen (Ansatz zur Methodenbildung). Angesichts der unterschiedlichen Lebenssituation und Bedürfnislage der Studierenden müsse das Angebot offen sein und flexibel wahrgenommen werden können.

b) Grundsätzlich wird – über die Formulierungen der „Grundsätze" hinausgehend – noch einmal an die spezifische wissenschaftliche Aufgabe der Praktischen Theologie sowohl im Blick auf alle theologischen Disziplinen und ihren Zusammenhang als auch im Blick auf die Befähigung zu Analyse und Theoriebildung erinnert.

c) Ferner sei die Klärung von Lebenserfahrung und Lebenspraxis eine Aufgabe aller Fächer und dürfe nicht in die Zuständigkeit nur einer Disziplin – etwa der Praktischen Theologie – abgedrängt werden.

6. *Stellungnahme der Konferenz der gliedkirchlichen Referentinnen und Referenten für Fortbildung (Einbringung Domay)*

Positiv aufgenommen wird der Grundgedanke, daß schon in der 1. Phase die Fähigkeiten grundgelegt sein müssen, die in der Fortbildungsphase verlangt werden. Dazu gehören z. B. Dialogfähigkeit, prinzipiengeleitete Flexibilität, Umgang mit Krise und Scheitern. Darum sei es sinnvoll, möglichst früh selbstorganisierte Lern- und Arbeitsprozesse einzuüben.

Es wird vorgeschlagen, daß die Rede von den vielfältigen Kompetenzen (theologische, kerygmatische, poimenische, missionarische, diakonische, kommunikative, kybernetische) zu ersetzen sei durch die Rede von „theologischer Existenz" in unterschiedlichen Handlungsfeldern.

7. *„Der systematische Ansatz des Entwurfs der Gemischten Kommission" (Votum 6, Beintker)*

Der Diskussionsverlauf zeigt einen komplexen Charakter. Er umfaßt Beiträge mit drei verschiedenen Schwerpunkten.

a) Zum Votum:

Die Darstellungsweise des Votums erscheint plausibel und wird begrüßt. Fraglich erscheint, ob die Sicht des Votums mit den „Grundsätzen" übereinstimmt oder von ihnen abweicht. Insbesondere ergeben sich zum Stellenwert und der Bedeutung des Bezugs auf kirchliche Lehre folgende Fragen:

- Wie ist das Verhältnis von Einsicht in den Wahrheitsgehalt der Verkündigung, Glaube und Lehre zu bestimmen?
- Wie ist im Umgang mit Lehre Indoktrination zu vermeiden?
- In welchem Sinn ist für die Kirchen Orientierung an Lehre unverzichtbar (Problem der Ordinationsverpflichtung)?
- Ist die Grundorientierung an kirchlicher Lehre ersetzbar durch die Grundorientierung an der Schrift?
- Wie verhält sich der Bezug auf kirchliche Lehre zu einer Weiterentwicklung des Bekenntnisses?

b) Erinnert wird an die Vielfalt der Ausbildungsaufgaben (Studiengänge) der Theologischen Fakultäten. Als unbedingt klärungsbedürftig erscheint das Verhältnis zwischen Grundsätzen für die Pfarrerausbildung und solchen für andere theologische Studiengänge, an denen Studierende unterschiedlicher Konfessionen und Kulturen teilnehmen. Dabei müsse auf die Einheit der Theologie und die spezifischen Belange der verschiedenen Studiengänge geachtet werden. In diesem Zusammenhang ergibt sich noch einmal die Frage, wie sich evangelische Theologie innerhalb der Universität begründet und darstellt.

c) Mehrere Beiträge kehren zur prinzipiellen Kritik an den „Grundsätzen" zurück und fordern konkrete Revision. Sie bemängeln unter anderem:

- unklare Verhältnisbestimmung zwischen „Grundsätzen" und vorgetragenen Voten;
- Ausfall des Themas „Praxisorientierung und Projekte";
- Fehlen eines expliziten Bezugs auf Ökumene und Judentum.

Teil IV
Der Ertrag der Diskussion über die „Grundsätze für die Ausbildung und Fortbildung der Pfarrer und Pfarrerinnen der Gliedkirchen der EKD“. Zusammenfassende Stellungnahme der Gemischten Kommission (1993)

Der Fakultätentag hat auf seiner Sitzung in Erlangen am 12. Oktober 1990 die Gemischte Kommission gebeten, diejenigen Punkte herauszuarbeiten, die sich in der Diskussion über die „Grundsätze“ als Konsens abzeichnen. Die Gemischte Kommission möchte dieser Bitte entsprechen, indem sie

- ihren Auftrag und ihre Zielsetzung sowie
- den Verlauf der kontrovers geführten Diskussion über die „Grundsätze“ in Erinnerung ruft und
- die Ansätze zur Verständigung zusammenfaßt, die sich für die Kommission als Ertrag dieser Diskussion herausgestellt haben.

A. Auftrag und Zielsetzung der Arbeit

Die Gemischte Kommission hatte den Auftrag, den Ausbildungsgesamtplan von 1978 „Theologiestudium – Vikariat – Fortbildung“ zu überarbeiten. Sie sollte die bisher ausgeklammerten, aber inzwischen als dringlich erfahrenen Fragen nach den inhaltlichen Bestimmungen theologischer (pastoraler) Kompetenz aufnehmen, dabei die veränderte Bildungssituation der Studierenden bedenken und die sich abzeichnenden künftigen Herausforderungen für die Kirchen. Diesen Auftrag hat sich die Gemischte Kommission zu eigen gemacht und zu einem konkreten Arbeitsprogramm ausgestaltet, das zwei Zielsetzungen umfaßte:

„1. Die Überprüfung der Konzeption der theologischen Ausbildung: Die inhaltliche Diskussion über das Wesen pastoraler (theologischer) Kompetenz, die im Ausbildungsgesamtplan noch ausgeklammert ist, muß unbedingt aufgenommen werden. Die praktischen Konsequenzen für die Organisation des Studiums, die sich daraus ergeben, können am Ende zu einer Präzisierung oder auch zu einer Revision des Ausbildungsgesamtplans führen.

2. Koordination der theologischen Ausbildung: Die laufenden Veränderungen in den Studienbedingungen (z. B. Neufassung und Änderung von Studien- und Prüfungsordnungen; Gewährleistung eines den Prüfungsordnungen entsprechenden Lehrangebots; Stellenwert der akademischen Ausbildung) müssen weiter beobachtet werden mit dem Ziel, das Theologiestudium an den Universitäten und Hochschulen im Bereich der EKD vergleichbar zu halten.

Beide Aufgaben erhalten ihre Dringlichkeit auf dem Hintergrund tiefgreifender Veränderungen der Rahmenbedingungen für das theologische Studium und den kirchlichen Dienst."[1]

Hinter dieser komplexen Aufgabenbeschreibung stand die Einsicht, daß *vor* der Benennung weiterer Reformvorschläge im einzelnen eine grundlegende Rechenschaft über das leitende Gesamtziel und die darin eingeschlossenen Teilziele, die wesentlichen Inhalte und das Methodenensemble der theologischen Ausbildung und Fortbildung gesucht werden müsse und daß demzufolge eine Grundlagenbesinnung erforderlich sei, die die interne Sachlogik und den Funktionszusammenhang der drei Phasen der Ausbildung und Fortbildung (Studium, Vorbereitungsdienst und berufsbegleitende Fortbildung) der Pfarrer und Pfarrerinnen in den Gliedkirchen der EKD so genau wie möglich erkennbar und benennbar macht. Die Gemischte Kommission ließ sich von der Auffassung leiten, daß jedes Reformvorhaben innerhalb der drei Phasen, insbesondere für den grundlegenden Abschnitt des Studiums, die selbstkritische und lernbereite Besinnung über seine *essentiellen* Bedingungen, Leitziele und praktischen Funktionsbezüge voraussetzt. Konkrete Reformmaßnahmen vor Ort sind immer wieder unerläßlich. Sie werden aber die Mängel und Defizite nicht überwinden, wenn sie ohne Rückbindung an ein sachgemäßes und tragfähiges Gesamtkonzept einfach aus einzelnen Mangelerfahrungen abgeleitet werden. Deshalb hat die Kommission ihre Arbeit zunächst auf die Grundlagenfragen konzentriert, die im Vorfeld aller Reformmaßnahmen stehen, und der Öffentlichkeit die „Grundsätze für die Ausbildung und Fortbildung der Pfarrer und Pfarrerinnen der Gliedkirchen der EKD" (1988) vorgelegt.

Das gewählte Verfahren und die sich an die Veröffentlichung der „Grundsätze" anschließende intensive und teilweise sehr kontroverse Diskussion führten dazu, daß bewußt die Revision des Ausbildungsgesamtplans zugunsten einer vorrangigen Klärung der Grundlagenfragen zurückgestellt wurde. Die Debatte zu konkreten Reformmaßnahmen wird nunmehr in den Vordergrund treten. Das wird freilich schwerpunktmäßig in den vor Ort für die Planung und Durchführung solcher Maßnahmen zuständigen universitären und kirchlichen Gremien stattfinden. Die Gemischte Kommission hofft, daß sie durch die bisher geführte

[1] Protokoll der Sitzung vom 10. Mai 1985.

Grundlagendiskussion in Stand gesetzt sind, sich an deren Sacherträgen zu orientieren. Weitergehende Hilfestellungen können von der Kommission nur in Form von Rahmenempfehlungen gegeben werden. In deren Erarbeitung ist sie eingetreten.

B. Zum Verlauf des Diskussionsprozesses

Die „Grundsätze" haben ein ebenso lebhaftes wie kontroverses Echo ausgelöst und eine intensive, nachhaltige Diskussion bewirkt. Der bis 1991 erreichte Sachstand der Debatte ist im „Diskussionsbericht"[2] festgehalten. Im Jahr 1992 hat die Gemischte Kommission dann zu zwei – nach regionalen Gesichtspunkten zusammengesetzten – Konferenzen eingeladen, um mit den Vertretern aller für die Gestaltung und Reform der Ausbildung und der Fortbildung verantwortlichen Institutionen in ein direktes Gespräch über den Ertrag der geführten Diskussion einzutreten und die Möglichkeiten einer Konsensfindung zur reformleitenden Voraussetzung der Ausbildung auszuloten.
Beide Konsultationen haben die sachlichen Schwerpunktsetzungen des „Diskussionsberichtes" bestätigt. Die wesentlichen Sachgesichtspunkte, die bereits in den Rückläufen geltend gemacht worden waren, wurden erneut zur Sprache gebracht, bekräftigt und zum Teil kontrovers diskutiert. Allerdings ist es möglich gewesen, ein gemeinsames Problembewußtsein zu erheben und dieses in Form von Problemanzeigen[3] schriftlich zu Protokoll zu geben.
Die Nord-Konferenz wählte dafür das Verfahren eines Fragenkatalogs, auf den sich die Anwesenden einigten. Die Süd-Konferenz ging einen Schritt weiter, indem sie über die Formulierung von essentiellen Fragen hinausging und die entscheidenden Ergebnisse des Diskussionsverlaufs schriftlich niederlegte.
In der Verständigung auf Problemanzeigen, die von allen Beteiligten vertreten werden konnten, machte sich ein entscheidender Fortschritt gegenüber dem im Diskussionsbericht festgehaltenen Diskussionsstand bemerkbar. Die Kritik an den „Grundsätzen" wird nicht verschleiert. Zugleich aber wird erkennbar, daß es –

---

2 Vgl. S. 81 ff.
3 Vgl. S. 153 ff. und S. 187 ff.

unbeschadet mannigfacher Differenzen - aussichtsreich ist, an entscheidenden Stellen nach Konsenspunkten zu fragen.

Der Ablauf der Konferenzen orientierte sich jeweils an den maßgeblichen inhaltlichen Schwerpunkten der „Grundsätze", zu denen einzelne Mitglieder der Gemischten Kommission, aber auch Konferenzteilnehmer gesprächseröffnende Einführungsreferate (Voten) hielten. Die Voten waren jeweils Gegenstand einer längeren Beratungsphase. Sie verfolgten unterschiedliche Ziele: Verdeutlichung, Explikation, kritische Kommentierung mit Verbesserungsvorschlägen oder prinzipielle Kritik an der Eignung der „Grundsätze" für die Lösung anstehender Aufgaben der Studienreform.

Die Voten haben insgesamt gesprächsfördernd und konfliktentspannend gewirkt. Das gilt insbesondere für die Ausführung zu Text und Textauslegung[4], für die Darlegungen zur Rolle der Kirchengeschichte im Theologiestudium[5], für die Interpretation des systematischen Ansatzes der „Grundsätze"[6] und für die weiterführenden Klärungen zum Praxisbezug des Studiums[7]. Diese Voten verstanden sich als Entfaltungen und Erschließungen leitender Aspekte der „Grundsätze". Sie erfuhren eine überwiegend positive Resonanz und übten eine nicht zu unterschätzende Wirkung auf den innerhalb der Konferenzen erreichbaren Klärungsprozeß aus. Sie belegen, daß ein kritisch-konstruktiver Umgang mit der Systematik der „Grundsätze" nicht nur möglich, sondern auch fruchtbar ist.

C. Ertrag: Zehn Leitgesichtspunkte für anstehende Reformmaßnahmen

1. *Notwendigkeit eines phasenübergreifenden Gesamtkonzepts*

Alle Gesprächspartner gehen davon aus, daß die Bemühungen um die Ausbildung und Fortbildung von Pfarrern und Pfarrerinnen in den Gliedkirchen der EKD faktisch ein Gesamtkonzept voraussetzen, welches

---

4 Vgl. S. 169 ff. und S. 204 ff.
5 Vgl. S. 210 ff.
6 Vgl. S. 174 ff.
7 Vgl. S. 216 ff.

- die Leitziele der Ausbildung und Fortbildung benennt,
- die einzelnen Phasen der Ausbildung und Fortbildung hinsichtlich ihrer sachlichen Schwerpunkte, ihrer spezifischen Bildungsformen und ihrer Methoden differenziert darstellt
- und im Detail aufzeigt, wie sich die Ausbildungsphasen und -schritte aufeinander beziehen, gegenseitig entlasten und in einen umfassenden kohärenten Bildungsprozeß einordnen.

Alle Reformmaßnahmen verlangen ein solches Konzept. Es ist das erklärte Ziel der „Grundsätze", ein solches Konzept auszuarbeiten und zur Diskussion zu stellen.

2. *Die Schlüsselfunktion des wissenschaftlichen Studiums der Theologie als erster Phase der Ausbildung*

Alle Diskussionspartner stimmen darin überein, daß dem wissenschaftlichen Studium der Theologie innerhalb der Ausbildungsphasen eine Schlüsselbedeutung zukommt. Mängel und Defizite, die sich in der ersten Ausbildungsphase manifestieren, sind später nur schwer oder gar nicht mehr zu korrigieren und auszugleichen.

Der Ort des Theologiestudiums ist die Hochschule (Universität, Kirchliche Hochschule). Sie bietet die Chance, unter den Bedingungen wohlverstandener akademischer Freiheit in einen intensiven und weitgefächerten Bildungsprozeß einzutreten und gründlich vertraut zu werden

- mit den durch die christliche Überlieferung weitergegebenen Einsichten in Ursprung, Verfassung und Bestimmung der Lebenswirklichkeit des Menschen,
- mit den institutionellen Ausprägungen des christlichen Lebens in Geschichte und Gegenwart und
- mit den Anforderungen, die christliche Überlieferung gegenüber den heutigen Herausforderungen zu bewähren.

Die gezielte Nutzung des Lehrangebots anderer universitärer Fachbereiche kann diesen Bildungsprozeß bereichern.

3. *Ausrichtung der theologischen Studiengänge auf die künftigen Berufsfelder*

Die Weite und Freiheit des Theologiestudiums an der Hochschule schließt die Ausrichtung der theologischen Studiengänge auf die künftigen Berufsfelder nicht aus, sondern ein. Das Erfordernis des Berufsfeldbezugs stellt sich für alle universitären Studiengänge und bildet in der Hochschulpraxis ein zentrales Kriterium ihrer Reform. Der theologische Studiengang, der zum Ersten Theologischen Examen als Voraussetzung für den Beruf im Pfarramt führt, ist so zu gestalten, daß seine Absolventen in den Herausforderungen ihres weiteren Ausbildungswegs und ihres künftigen Berufs bestehen können.

4. *Das Pfarramt im Kontext des Priestertums aller Gläubigen*

Die „Grundsätze“ verstehen das Berufsfeld des Pfarramts in seinem ekklesiologischen Horizont. Sie gehen dabei von den Grundzügen des evangelischen Verständnisses des Pfarramts aus, die in den Grundaussagen der Confessio Augustana umrissen, in der Leuenberger Konkordie (1973) von deren lutherischen, reformierten und unierten Unterzeichnerkirchen bekräftigt und in den folgenden Lehrgesprächen entfaltet worden sind.

Diese Perspektive bildet den Horizont, *in dem* alle sozialgeschichtlich bedingten empirischen Veränderungen des Berufsfeldes „Pfarramt“ wahrgenommen werden und zu verarbeiten sind.

Die Diskussion hat ergeben, daß die Perspektive auf das Pfarramt grundsätzlich und explizit mit der Perspektive auf die Gabenvielfalt der Gemeinde zu verbinden ist. Nur wenn das Pfarramt im Kontext des allgemeinen Priestertums aller Glaubenden gesehen wird, läßt sich genau erkennen und bestimmen, welches die spezifischen Gaben und Fähigkeiten sind, die die Gemeinde gerade von ihren Pfarrern und Pfarrerinnen erwarten darf, und auf welchen Wegen diese Gaben und Fähigkeiten in Ausbildung und Fortbildung entwickelt und gefördert werden können. Gerade die Betonung der Gesamtverantwortung der Gemeinde - wie sie in der 3. und 4. These der Barmer Theologischen Erklärung besonders hervorgehoben worden ist - schließt die Anerkennung ein, daß der Dienst im Pfarramt eine besondere, verbindlich geregelte Verantwortung wahrnimmt, die von den lutherischen, reformierten und unierten Kirchen mit der Ordination übertragen wird.

5. *Notwendigkeit eines Begriffs für das einheitliche Gesamtresultat des Zusammenhangs aller Phasen der Ausbildung und Fortbildung*

Um die verschiedenen Phasen der Ausbildung und Fortbildung sachgemäß aufeinander beziehen zu können, müssen sie als Gesamtzusammenhang bedacht werden. Das setzt voraus, daß auch dasjenige Resultat im Blick behalten und beschrieben wird, auf das dieser Bildungsprozeß im ganzen und in allen seinen Phasen zielt. Die „Grundsätze“ bezeichnen dieses Gesamtresultat des Zusammenwirkens aller Phasen der Ausbildung und Fortbildung als „theologische Kompetenz“.

Auch wer der Meinung ist, daß dieser Ausdruck unglücklich gewählt oder der Gehalt des Begriffs unsachgemäß bestimmt sei, kann nicht umhin, eine andere begriffliche Beschreibung für dieselbe Sache zu entwickeln, nämlich für die Gesamtperspektive, in der die Bildungserträge aller Phasen gesucht werden müssen. Die Gemischte Kommission gibt im Rückblick auf die Diskussion folgendes zu bedenken:

a) Der Begriff „Kompetenz“ wird in der theologischen und außertheologischen Literatur unterschiedlich gebraucht. Keine dieser Verwendungsweisen wird von den „Grundsätzen“ einfach übernommen. Vielmehr bestimmen die „Grundsätze“ den Sachgehalt des Begriffs „theologische Kompetenz“ selbständig. Sie verstehen darunter: die Fähigkeit, im Lichte dessen, was sich die Pfarrer und Pfarrerinnen jeweils als den Wahrheitsgehalt der kirchlichen Lehre selbständig in eigener Einsicht angeeignet haben,
   - die jeweils gegebene Praxissituation des Amtes – und sich selbst in ihr – angemessen wahrzunehmen und zu begreifen,
   - ihre gegenwärtigen Aufgaben und Probleme zu erkennen sowie
   - Lösungen sachgemäß und situationsgerecht zu entwerfen und
   - in sensibler Sicherheit durchzuführen.

Und sie benennen dann eine Reihe von Kenntnissen, Einsichten und Fertigkeiten, die zu den unverzichtbaren Voraussetzungen für den Gewinn und die Entwicklung dieser Fähigkeit gehören. Die kritische Diskussion des Begriffs „theologische Kompetenz“ wird fruchtbar, wenn sie sich auf diese inhaltliche Fassung bezieht. An ihr entscheidet sich z. B., ob der Begriff, wie behauptet wird, „technizistisch“ ist oder nicht.

b) Seinem Sachgehalt nach umfaßt der Begriff „theologische Kompetenz“ nicht nur Bildungsgewinne der Ersten Phase (Studium), sondern auch solche der Zweiten (und Dritten) Phase. Diese Weite ist erforderlich, um Leistungen der Ersten und der folgenden Phasen als Beiträge zu einem Gesamtresultat unterscheiden und zuordnen zu können.

c) Weil die Erste Phase grundlegend ist, müssen ihre Mindestbeiträge für die Erreichung des Gesamtresultats theologischer Ausbildung und Fortbildung besonders genau beschrieben werden. Die „Grundsätze“ machen dafür einen Vorschlag, indem sie die Kenntnisse, Einsichten und Fähigkeiten benennen, die im Studium als unverzichtbare Grundlagen theologischer Kompetenz zu gewinnen sind.

Das Ensemble dieser Kenntnisse, Einsichten und Fähigkeiten kann als „theologische Urteilsfähigkeit“ angesprochen werden. So verstanden ist der Begriff „theologische Urteilsfähigkeit“ im Begriff „theologische Kompetenz“ eingeschlossen. Deshalb kann er ihn nicht ersetzen.

6. *Textorientierung des Studiums*

Die Textorientierung des Theologiestudiums („Erfassen und Verfassen von Texten“) ist grundsätzlich bejaht worden. Dahinter steht die Übereinstimmung, daß der „Text“begriff so weit ist, daß er zugleich mit der Vielfalt sprachlicher auch vor- und übersprachliche Symbol- und Interaktionssysteme einschließt.

7. *Unverzichtbarkeit der Frage nach dem „Eigensinn“ der Texte*

Das Gespräch über unterschiedliche hermeneutische Theorien der Texterschließung, also über die Fragen der Ermittelbarkeit eines „Literalsinnes“ und der Rolle des Textrezipienten bei der Sinnproduktion ist kontrovers geführt worden. Hier hat das Konferenzvotum zum Textverständnis der „Grundsätze“ eine „Verständigung im Grundsätzlichen“[8] angebahnt:

Der Textbegriff muß weit genug gefaßt und vor Verengungen (etwa auf das geschriebene Wort) bewahrt werden. Ferner muß die Dimension der „Begegnung“ mit dem Text – insbesondere das Kommunikationsgeflecht zwischen Texten, Lesern/Interpreten/Hörern und Situationsbezügen – deutlich akzentuiert werden.

Dann gewinnt die interpretatorische Nachfrage nach dem „Eigensinn“ von Texten erneut Relevanz. Lernprozesse in der Begegnung mit Texten und die Kommunikation mit Texten setzen die Existenz eines „Eigensinns“ der Texte voraus und dessen tenden-

[8] Vgl. S. 210 ff.

zielle Erreichbarkeit. Gerade der Wechsel des Textes aus der Stellung des Objekts in die Stellung des Subjekts der Auslegung – das heißt also: der für die geschichtliche Wirkung des christlichen Zeugnisses grundlegende Vorgang der Auslegung der Situation durch den Text des Evangeliums – setzt voraus, daß der Text als Gegenüber zur Situation respektiert und so sorgfältig und genau wie möglich auf seinen „Eigensinn" befragt wird.

8. *Unverzichtbarkeit der Wahrheitsfrage*

Die „Grundsätze" sehen den Gewinn eigener theologischer Einsicht abhängig von der Stellung und Beantwortung der Wahrheitsfrage. Sie gehen davon aus, daß das Evangelium befreit, weil ihm eine wirklichkeitserschließende und realitätserhellende Kraft eignet, und daß es daher möglich ist, nach dem Wahrheitsgehalt von Texten zu fragen, die das Evangelium bezeugen (Schrift), zusprechen (Verkündigung) und denkend thematisieren (Theologie).
Die kontrovers geführte Diskussion hat klargestellt:

- (1) Der weit und dynamisch gefaßte evangelische Begriff von kirchlicher Lehre verlangt, daß deren Prozeßhaftigkeit, Unabgeschlossenheit und Korrigierbarkeit in Rechnung gestellt wird. Ihr Wahrheitsanspruch wird damit aber nicht hinfällig.
- (2) Die Stellung der Wahrheitsfrage bleibt verbindlich und unverzichtbar; auch dann, wenn zugegeben ist, daß sie innergeschichtlich nie endgültig und in manchen Fällen nicht eindeutig beantwortet werden kann.

Es hat sich gezeigt, daß der faire Streit um die Wahrheitsfähigkeit theologischer Erkenntnis ebenso legitim wie weiterführend ist und daß es in der pluralen Konkurrenz von Wahrheitsansprüchen der Entscheidungshilfen und -regeln bedarf, um zwischen dem Wahrheitsbezug und der Fallibilität von Wahrheitsansprüchen unterscheiden zu lernen. In solche Unterscheidungskunst muß die Ausbildung einüben. Sonst bleibt sie ihren Absolventen den Gewinn selbstverantworteter Orientierungsfähigkeit schuldig.

9. *Praxisbezug im Studium*

Es besteht Einvernehmen über den Erfahrungsbezug des Studiums. Das schließt den Praxisbezug ein. Die „Grundsätze" widersprechen nur einem kurzschlüssigen Praxisbezug des Studiums, der das Studium pragmatistisch überfremdet und die spezifische Chance des Studiums verstellt, sich ohne akute Nötigung zu praktikabler Nutzanwendung auf die Gegenstände und Probleme der christlichen Überlieferung einzulassen.

Darüber hinaus erwies sich – insbesondere im Anschluß an das einschlägige Konferenzvotum[9] – als Konsens:

Praktika und Praxisprojekte während der ersten Ausbildungsphase ermöglichen punktuelle berufsrelevante Erfahrungen[10]. Sie wollen das Studium der Texte (s. o. Ziffer 6) auf die Erfahrungen mit ausgewählten kirchlichen und lebensweltlichen Kontexten beziehen. Das kann die Studienmotivation erhöhen und den Lerneffekt steigern.

Bei der Auswahl, Planung und Durchführung der Praktika ist zu beachten: Die Praktika dürfen nicht studienverlängernd wirken. Sie sollen nicht neue Gegenstände neben den Gegenständen schaffen, die für das Studium normal und spezifisch sind (s. o. Ziffer 2), können aber neue Fragestellungen wecken, die die Beschäftigung mit und den Zugang zu diesen spezifischen Gegenständen der Ersten Phase erleichtern.

Das Studium ist selbst *als* Praxis ernst zu nehmen. In Seminaren, Übungen und Arbeitsgemeinschaften

- werden Erfahrungen mit theologischen Inhalten und mit Themen des Glaubens zum Gegenstand des Gesprächs,
- wird die Artikulation von Einsichten und Kritiken erprobt,
- wird die Dialog- und Hörbereitschaft geübt,
- muß das immer neue Risiko des Verfassens eigener „Texte" bestanden werden.

Auch das ist Praxis. Den theologischen Lehrern und Lehrerinnen fällt hier eine besondere Verantwortung zu. An dieser Erfahrung des Theologiestudiums als Praxis partizipieren alle theologischen Disziplinen. Sie fällt keineswegs überwiegend oder ausschließlich in das Gebiet der Praktischen Theologie.

10. *Einbringung und Verarbeitung eigener Lebenserfahrung*

Bildungstheoretische Einzelheiten sind kontrovers diskutiert worden. Alle stimmen darin überein, daß der Erfahrungsbezug für jeden Bildungserfolg wesentlich ist. Das Votum der Studierenden und die Stellungnahme der gliedkirchlichen Referenten für Fort-

---

[9] Vgl. S. 216 ff.

[10] Zum Beispiel in Gemeinde, Schule, Diakonie/Sozialarbeit, Wirtschaft/Industrie, Politik, Medien, Ökumene usw.

bildung haben nachdrücklich die Bedeutung der Reflexion eigener Lebenserfahrung für den Erfolg aller theologischen Ausbildung und Fortbildung unterstrichen[11]. Auch die „Grundsätze" weisen darauf hin und heben das Gewicht der persönlichen Identitätsbildung für das Gelingen der Ausbildung hervor.
Dieser Gesichtspunkt bietet ein erstrangiges Kriterium für die Auswahl von Studienstoffen. In allen Fächern sind vorrangig solche Themen und Texte zum Gegenstand des Unterrichts zu machen, die von sich aus Impulse zur Selbstreflexion freizusetzen vermögen. Die Unterrichtenden haben darauf zu achten, daß diese Impulse auch zum Zuge kommen.

---

11 Vgl. S. 161 ff. und S. 181 ff. sowie S. 195 ff. und S. 227 ff.

Mitglieder der Gemischten Kommission

Vertreter des Fakultätentages:
Professor Dr. Eilert Herms, Mainz (Vorsitzender)
Professor Dr. Michael Beintker, Halle (ab 1991)
Professor Dr. Horst Balz, Bochum
Dr. Klaus Breuer, Heidelberg
Professor Dr. Hans Schneider, Marburg
Professor Dr. Jürgen Ziemer, Leipzig (ab 1991)

Vertreter der Ausbildungsreferentenkonferenz:
Oberkirchenrat Klaus Baschang, Karlsruhe (Vorsitzender) (Mitglied und Vorsitzender bis Ende 1988)
Oberlandeskirchenrat Dr. Werner Hassiepen, Kassel (Vorsitzender) (Mitglied seit 1986; Vorsitzender seit 1989)
Oberkirchenrat Dr. Helmut Frik, Stuttgart (bis Ende 1988)
Oberkirchenrat Dr. Wolfram Conrad, Kiel (seit Anfang 1989; bis Ende 1991)
Oberkirchenrat Horst Birkhölzer, München (seit Anfang 1989; bis Ende 1991)
Oberkirchenrat Dr. Michael Jacob, Berlin (ab 1991)
Landeskirchenrat Dr. Wolfgang Engels, Düsseldorf (ab 1992)
Oberlandeskirchenrat Reinhold Fritz, Dresden (ab 1992)
Oberkirchenrat Dr. Gerhard Hennig, Stuttgart (ab 1992)

Vertreterinnen der Theologiestudierenden:
stud. theol. Dörthe Hütteroth, Erlangen (bis 1989)
stud. theol. Silke Steveker, Göttingen (1989 bis 1991)
stud. theol. Corinna Hektor, Marburg (ab 1991)
stud. theol. Juliane Rau, Halle (ab 1991)

Ständige Gäste:
Der Vorsitzende des Ev.-Theol. Fakultätentages: Professor Dr. Friedemann Merkel, Münster (bis 1988); Professor Dr. Gottfried Seebaß, Heidelberg (ab 1989 bis 1992); Professor Dr. Dieter Lührmann, Marburg (ab Ende 1992).
Ein(e) weitere(r) Vertreter(in) der Theologiestudierenden: stud. theol. Lars Fischer, Berlin (bis 1987); stud. theol. Hilmar Gattwinkel, Kiel/ Bochum (bis 1991); stud. theol. Frauke Lieberum, Hamburg (ab 1991).

Geschäftsführer:
Oberkirchenrat Robert Mehlhose, Hannover

Sekretär der Gemischten Kommission:
Studienleiter Dr. Martin Hein, Hofgeismar

Die Kirche hat Angst vor dem Menschen.

Als geübter Berater und Therapeut nennt David Jordahl die Dinge beim Namen: Das eingeschränkte Menschenbild der Kirche vom »Sünder«. Den Biblizismus der Theologie, die mit moralischen Ermahnungen Langeweile erzeugt. Die Ideologie vom Schwachen und dabei Liebevollen, die Machtkampf, Erfolg und Konkurrenz innerhalb der Kirche ausblendet. Die Verschleierung von Konflikten anstelle echter Demokratie. Die Verlegenheit gegenüber der Sexualität. Die Angst vor dem Traum als Offenbarung. Die Angst vor der Astrologie. Die Stilisierung einer protestantischen Schlichtheit, die den Gottesdienst zur bloßen »Lerngemeinschaft« macht und die Schönheit verdächtigt. Die Zersplitterung der evangelischen Landeskirchen, die ihr Bemühen um mehr Einheit und Ökumene Lügen straft. Ängste, die zugleich den Weg in die Richtung weisen, in der Wandlung und Heilung zu suchen sind.

David Jordahl
Die zehn Ängste der Kirche
260 Seiten, Paperback.

KREUZ: Was Menschen bewegt.

Die Zukunft des Christentums:

»Das Wort Teilhard de Chardins von der ›menschlichen Planetisation‹ besagt, daß die Menschheit bisher nur in Bruchstücken, in Menschheitsfragmenten, gelebt habe. Das Wort ›Planetisation‹ gehört zu den Prophetenworten, die der Menschheit auf den Kopf zusagen, was die Stunde geschlagen hat«, schreibt Schwarzenau.

Die biblische Erzählung vom Turmbau zu Babel und der anschließenden Zerstreuung der Menschen über die ganze Erde kann rückblickend als Segen verstanden werden: Sie führte zur Differenzierung der Kulturen und Religionen auf der Erde.

Aber die Gegenwart verlangt eine Gegenbewegung: das gegenseitige Sich-Berühren und Durchdringen. Gemessen an ihrem Anspruch, Weltreligionen zu sein, sind alle bisherigen Hochreligionen, ob Judentum, Christentum, Islam, Hinduismus, Buddhismus und chinesischer Universismus, gescheitert. Sie sind auf einzelne Kontinente und Kulturkreise begrenzt geblieben. Nicht von ihrer äußeren Gestalt und geschichtlichen Verkrustung her, wohl aber aus ihrem innersten Kern ist jedoch eine Begegnung und gegenseitige Durchdringung der Religionen denkbar.

Paul Schwarzenau
Das nachchristliche Zeitalter
Elemente einer planetarischen Religion
Reihe Kreuz Entwürfe
260 Seiten, Paperback

KREUZ: Was Menschen bewegt.

Petrus hat Angst vor der Macht und vor dem Heiligen.

»Die ganze Kirchengeschichte bis hin zur Gegenwart kann man auch verstehen als den permanenten Versuch, sich im Bannkreis des Heiligen die Macht des Heiligen vom Leib zu halten. Das neuzeitliche Christentum hat den Fremden sehr freundlich ins Haus geladen, hat das Heilige domestiziert. Aus Petrus, dem Menschenfischer, ist der Helfer geworden, er wirkt nicht mehr aktiv, sondern reaktiv. Er geht nicht mehr auf Menschen zu, um sich in ihr Leben einzumischen. Andere Mächte mischen sich ein, beschädigen sie an Körper und Seele, verführen sie mit Hoffnungsbildern von Freiheit und Glück.
Petrus wird noch immer gebraucht als Tröster, Betreuer und Helfer. Aber die Helferpraxis bleibt unter dem Diktat jener Mächte, die Opfer produzieren.« – So gefährlich die religiöse Macht auch ist, eine Kirche, die sich vor ihrer Wahrnehmung drückt, verfehlt ihre Sendung. Josuttis' Argumente zeigen den Weg in eine neue, zeitgemäße Kirchlichkeit, die den Mut hat, für die ureigentlichen christlichen Ziele einzutreten.

Manfred Josuttis
Petrus, die Kirche und die verdammte Macht
180 Seiten, Paperback

KREUZ: Was Menschen bewegt.